王 芳／著

天地间一场大戏

一个作家眼里的山西戏剧

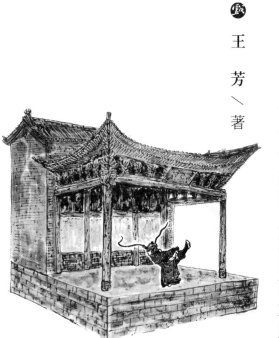

山西出版传媒集团

山西人民出版社

触及戏剧这个题目，就会觉得这是个很沉重的话题，从哪里说起呢？作为一个喜爱戏剧以及所有传统文化的人来说，它是日常，又是精神生活。近两年，我跟随山西省戏剧团体体验生活，也采访了大量的戏剧人，对山西戏剧现状有了大致的认识。把那些事那些人写出来，是我长久的一个想法。每个人所见所识都是局部，这是由人的局限性决定的，但这无妨我对戏剧和山西这块地域的热爱，只要爱，记忆就在，情感就在，乡愁也在，把它写下来，便无愧一个爱戏人的真诚。

　　不在看戏，便在看戏的路上。

——题记

戏剧：作为艺术的神性与世俗性

杜学文

童年时，曾在村里跟着奶奶。那是太行山深处的一个小村庄，高高地矗立在黄土堆积的山梁上。一出门，就是一道深深的沟，说有二三百米深恐不过分。但这沟里仍种着庄稼。村里人总是要沿着差不多九十度陡的坡道去沟底耕种，还要把收获的粮食拿回家。这里的人们一般住的是土窑，从土山的向阳面切一个立面，再从黄土中挖出各种形制的窑洞——单眼的，双眼的，里外间的，能够通往窑顶粮仓的，以及其他的。有点积蓄就住石窑，是从山上打出合适的石头运回村里，再用这些石头碹窑，这样的人家显然更富有些。不过，我在村里住的时候，人们已经差不多，没有太大的差别。奶奶当然是没有上过学的，但是知道很多"古"——关老爷、杨家将、薛仁贵、包公，以及黑心的陈世美，等等。似乎也不仅是奶奶知道，很多人都知道——特别是那些有点年岁的人们。他们基本上就是一部活着的历史字典，随便可以翻到你想要的地方。

那时以为这是天经地义的。后来却有点费琢磨。没有读过书，基本上不识字，更没有学过历史学、伦理学，但他们总会用这些"古"来教训孩子们。谁谁谁，是个不忠义的东西，不要让关老爷知道。仿佛关老爷哪天就会到我们的小山村，来教训那"不忠义的东西"。他们是怎么知道关老爷的？也许，他们的父母就是这样教他们的。或者，他们也曾听自己的长辈讲说过这些流传百代的故事。或者，他们……反正不是通过书本知道的。

在那些大山的皱褶里，星星点点地散落着大大小小的村庄。每个村都建有庙。庙里除供奉神佛之外，一定有戏台。这是一种社会文化学上的"标配"。你们村没有庙？在那一带这是很稀少很奇怪的。他们认为没有庙的村子肯定不是什么正经村子，甚至是不入流的所在。而那戏台，并非仅仅是娱神的，更重要的是教人的。好的村子，逢年过节，红白喜事，秋后闲时，是要唱戏的。唱的什么？就是这些"古"。锣鼓家伙，髯口水袖，丝竹悠扬，声越千里，这庙里庙外好不热闹。热闹之中，人们为角儿叫好，被那些生离死别的故事感动，"古"也就成为"今"的一种印记，留在人们的心里，说在人们的口中。不过，我在村里时，戏已经唱得很少。人们爱看的是电影。公社组建了放映队，一个村一个村地跑。电影比戏更逼真，但没有唱词，没有鼓乐，也缺少一些"现场感"。银幕中的"角儿"并不理会银幕外的看客，没有互动，只顾自己演，因此也就少了点什么。更何况，这些"角儿"与银幕外的人们一样，没有彩，没有妆，没有那种属于舞台的"作"。

有人说，戏剧源于古代之巫祝。尽管我并不认为这是戏剧形成的唯一源头，但也不能否认在远古时期，这种活动带有表演性质，而且具有某种神性。也就是说，戏剧在其最早的萌芽状态时期，除了表达人们劳动生活的情感之外，也具有祈祷神灵护佑的意味。那么是不是也可以这样理解，戏剧从其形成的本源来看，并不仅仅是一种娱乐活动，而更可能是一种祈神仪式。即使是远古时期，人们在劳动之余的乐舞表演，往往也带有庆贺、祝愿、回报的意味。这种潜在的心理即使是今天也没有消失，甚至在民间呈现出兴盛的倾向。说这么多，实际上想强调的是，我们不能把戏剧简单地理解为一种审美活动，或者肤浅地理解为一种娱乐活动。在其出将入相、生旦净末、鼓乐丝弦之中，还潜存着更为重要的文化意义——人类对自身存在的神圣感之追求。从这一点言，戏剧（当然包括戏曲）也许可以说属于艺术，但不同于一般的艺术。比如不同于工业化兴起之后出现的电影、电视剧，以及信息化时代的网络艺术形态——网剧、网络文学、短视频等等。这些当然属于艺术之一种，但是，其形成的基础是现代工业与信息业的发展，以及基于其上的产业化追求。这些艺术形式是作为产业形态出现的，而不是代表人类生存的神圣感出现的。因而，在戏剧之中，总是包含着人类的某种非世俗追求。它既具有世俗性质的产业属性，更具有非世俗的神性。相对于其他艺术形态而言，戏剧的程式化要求更高，传承的个人化色彩更强，基于现实的非现实性更突出，群体组织的帮会化特点更明显，艺术行为的神性意味更强烈。用一种不太准确的说法来描述，它是人类早期神性在人类活动中的体现与传播。这使其与一般的艺术形态区别开来。

在很多时候，戏曲演出之前要拜神，师傅收徒也要拜神。而演出本身也往往是为了还愿——向神佛献祭。梨园有属于自己行业的专用术语。仅一个"旦"就有很多区别。在这种文化形态之中，演出就具备了双重含义。一是与"神"的沟通，二是与人的沟通。而后者往往是教化世俗之人怎样才能具备使"神"满意的品格——忠、孝、节、义；呈现、思考人的命运，等等。或者简单地说，戏剧往往是用表演的形式来引导世俗世界的人们摆脱世俗纠缠，更多地拥有神性——崇高的、道德的、高尚的品格。就此而言，戏剧与其他艺术形式达成了一致——对人的精神与情感世界的提升与净化。

多年前，中国作协曾在太原召开过一次全委会。地方上的同志请参加会议的作家们欣赏"梅花版"的晋剧《打金枝》。大家有些担忧，因为参会的人们来自天南海北，恐对晋剧陌生，听不懂。但出乎意料，人们看得非常入迷。这当然有演出精彩的原因——六个"梅花奖"演员、四个"杏花奖"演员同台；舞美、音响、灯光等也非常讲究，可谓极为典雅。但更主要的，是《打金枝》的内容，可以说是中国传统伦理的哲学性艺术表达。其中的人物虽然简单，但涉及皇家与民间、子女与父母、夫与妻、功臣与皇帝等等，极为典型地表现了现实中多样的人际关系。这部作品似乎在告诉人们，如何处理好不同身份之间人与人的关系，形成一种和谐共处、互敬互爱的社会形态。这也就超越了简单地从某一角度来看问题的伦理现实，使每一个人都具备了"神"的色彩。尽管这是一部典型的传统剧目，但是仍然表现出浓烈的现实情怀——它超越了具体的时空，拥有了恒久的魅力。

由于戏剧这种"神性"品格，也决定其从业者并不是简单地以表演为谋生手段。他们在拥有表演的艺术性的同时，还承担着一种文化使命——传播世俗世界中的"神性"。这种"神性"就是一定文化形态的价值体系。千百年来，深深嵌入民众内心的那些耳熟能详的"人物"，往往是某种价值观的体现者，也从某种程度上成为民族文化的潜意识图腾。这种类似于图腾的存在，影响或决定了民族文化的价值体系能否形成、完善、壮大、传承。人们往往会表达自己对表演艺术的喜爱。这种喜爱的表层，是针对表演技巧的，其深层则是源于隐藏在表演艺术之后的价值体系的。如果没有这种表演形式的存在，长久以来那些并不识字的人们就缺少了一种有效承传的可能。也正因此，其从业者从整体来看，就不可能像一般人那样有舒适、享乐的生活。他们是命运的垂青者，是文化的挑山人。他们一代接一代地出现就表明，人类的命运仍然存在光亮与希望，我们永远能够感受到属于我们自己的生活、追求，以及更好更具神性的自己。

王芳在她的书中就描写了许许多多这样的人。他们起初并不知道生活将赋予自己怎样的使命，只是在懵懵懂懂之中走上了这样的人生道路，并越来越执着地走下去。他们所有的努力都是为了使自己在表演艺术上更完美，更具创造力。但他们也许并不知道自己担负着使更多的人能够具备超越世俗的神性，传承千百年来民族奋斗形成的图腾——文化的，价值体系的，现实秩序的。他们在"苦"的前提下享受人生的"乐"，在一片欢呼之中体验孤独，在喧嚣与躁动之中坚守初心。时光流逝，世事纷繁，新的艺术形式不断涌现。而舞台，仍然矗立。

似乎王芳也属于这样的人，也是在懵懵懂懂之中走近了舞台。但是，这样的舞台的确具有魅力。从为大型电视戏剧栏目撰写解说词，到为戏剧艺术家撰写传记，突然之间又活跃在戏剧评论的领域。她接触了很多的戏剧名家与戏剧爱好者，翻阅了很多的戏剧史料，随剧组下过乡、进过京，跑过大大小小专业的、乡间的、草台的、地摊的演出现场。她不认为自己是个谁，她与演员们一起打地铺，住教室，吃大锅饭，一个人在台侧流泪感叹，独自在孤灯之中心潮起伏。她尽可能地采访，以图走进戏剧人的内心世界；不厌其烦地查阅修改，希望能够表达得更好更准确。当这一摞书稿终于完成之后，她说："我不怕改，我不怕别人批评。"

王芳在人物采访上下了大功夫。她不仅着意于人物的经历，也专注于人物的细节，更直逼人物的精神情感世界——对戏的执着、热爱与不可舍弃。作为从业者，他们有自己的苦恼、软弱，但在戏上，却往往忘我、舍我。一旦进入"戏"的状态，就成为另一种存在——具有神性的形象，以及戏剧所形成的审美状态。他们的追求令人感动，使人感叹。而在那些活跃在舞台上的艺术家之外，还有更多的热爱戏剧的普普通通的人们——他们是这种艺术存在的土壤与基础。王芳也在戏剧艺术的基础理论上进行了梳理。特别是对戏曲形成、发展的历史脉络进行了回顾。这使她的叙述更为扎实厚重，在情的基础上又显现出理的品格，在感动读者的同时，使人深思。

因此，《天地间一场大戏》力图呈现以山西地域为主的戏剧形态——其形成、发展与影响；历史的纵的线索与现实的横的景观；舞台上的灵魂"角儿"与普通演员，舞台之后的演奏艺术家、舞美艺术家、组织管理者众多人等，以及不是演员的爱戏的人们形成的艺术生态等等。其中有对人物的细致入微的描写，也有基本能够勾勒出山西一带戏剧发展概况的史的描述；有对现实的呈现，也有对历史的回顾；有对未来的前瞻，也有对当下的思考；等等。全书以人物为主线，力图体现史的意味；以晋剧为主，但也顾及了包括晋剧在内的山西四大梆子与一些小剧种。她努力再现当下时代中戏剧艺术活的文化形态及其生命力，也暗示了某种未来的必然。当我们翻阅这样的书稿时，也就走进了中国戏剧文化的内核，并为之而感慨万端，潸然泪下。

天地间，一场大戏。这戏，总是在不断地上演。不管时光如何流逝，现实如何纷繁。

（作者为山西省作家协会主席）

分享王芳对戏的真爱

傅　谨

　　山西是著名的戏窝子，大凡是戏窝子，都有很多爱戏的人，有很多关于戏的人物和故事。当然，主要是戏曲，因为戏曲特别迷人，拢人。

　　王芳就是山西这个戏窝子里爱戏的极品，她不只有对戏的真爱，还用她精彩传神的文笔，把这些人物和故事写了下来，辑成这本书。王珮瑜有句妙语，说人分为两类，一类是喜欢京剧的人，一类是还不知道自己喜欢京剧的人，套用她的话，王芳的这些文字，就是为了和爱戏的读者和还不知道自己爱戏的读者分享她的经历与感受。这里有她对戏和戏人的观察和情感投入，有她细腻的心思，更有她优美的表达。在王芳笔下，无论是我熟悉的王爱爱、谢涛、任跟心、陈素琴等等，还是那些让我略感有些陌生的名字、从未谋面的戏曲界的同行，都化为一个个活色生香的人物形象，让人爱，让人怜，更令人敬。

　　爱，是因为他们都是国宝，这些优秀的戏曲表演艺术家身上，承载的是千百年来民族艺术的精华。那些站在舞台中间的名家，都散发着让人喜悦的光华，不过让人关爱的，还有众多籍籍无名的演员、乐师和相关的工作人员，因为把戏搬上舞台的并不只是名家，戏剧永远都是这个共同体协同努力的结晶。而这所有戏剧的创造者们，他们都背负传统的积淀，都怀着对戏曲的热爱倾心奉献，都是戏的精彩不可或缺的组成部分。爱戏，就要像王芳那样，爱这个整体。

怜，是因为这个时代对戏曲这门伟大的艺术真的不算公平。我说的主要还不是指王芳书里描写的那些令人痛惜的现象，比如剧团下乡演出时种种恶劣的生活条件，还有他们菲薄的收入，他们人生中经历的各种波折。人生不易，每个行业都有每个行业的担当，既然选择了这个行业，就应该适应这个行业的生态，苦与乐，得与失，端在人的选择。我更想说的是网络时代艺术的娱乐化，加上各种外在的干预，直接导致戏曲行业整体的衰败，它让戏曲行业的人们怀揣绝艺而备受冷落，尤其是信心在很大程度上被摧毁。晚近这二三十年里，戏曲人的苦主要不是在生活上，而是在心理上。尽管这些年里情况已经有明显好转，然而被破坏了的戏曲生态要想修复，又谈何容易！

敬，是因为这些优秀的表演艺术家无不经历了常人难以想象的艰苦的从艺之路，观众看到的是他们在舞台上的光彩照人，然而为了这一刻，要流汗、流泪甚至流血，"台上三分钟，台下十年功"并不只是华丽的比喻。王芳写出了这个群体令人尊敬的品行，他们在传习和演绎经典艺术的同时，也在优秀民族文化的熏陶下，养成高尚的人格。我不是说戏曲行业里的都是完人，他们也都是凡胎肉骨，有着常人一样的喜怒哀乐，难免也有局限、弱点，不过从整体上看，他们确实是这个社会和这个时代最可敬的人。

王芳写出了这一切，她的这些文字，都基于她和戏人接触的亲身体会。数十年来，我也接触过许许多多戏剧人，从殿堂级的大师，到民间戏班里的杂役，所以读王芳的这些文字时，要更多一份亲切感。

所以希望更多人读王芳，所以，我要向所有人推荐这本带着王芳对戏的真爱的好书。

（作者为中国文艺评论家协会副主席）

目 录

CONTENTS

目
CONTENTS
录

目 录

CONTENTS

下 部 · 寻 找

目 录
CONTENTS

楔　子

我爱戏。

从小就爱。

几十年来，经历着人生的沉浮，跌跌撞撞地求生，经历着柴米油盐的烦琐，却始终没有忘了把自己搁置于戏中，去消减人生的忧烦。那些水袖轻扬，那些手眼身法步，那些粉墨翰影，流不尽天下旷男怨女泪满江，道不完古今戏凤弄蝶花沾裳，无时不在，下了眉头，就上心头。天南地北地追过，放低姿态去坚守着，人生的况味都在其中了。

因为爱，所以爱。

每当看到那些戏曲人为之颠簸为之奋斗为之委屈为之耗尽人生，我热烈地呼喊过；每当站在台下看戏，长久伫立，如入魔怔，蓦然间发现白发苍苍中夹杂着我这样的红装素裹，不由感慨良多。在无数个深夜，我辗转反侧，哭哭笑笑，我竟然说不清自己的情感。

当我用文字完成了对自己的救赎，对戏曲的爱也就有了几分思考。从我开始，我为什么爱它？它与我们的生活又是怎样的牵连？它为什么会流传千年？那些光鲜的舞台形象背后又有什么样的欢悦和疼痛？那些支撑着千年传承的人，又与传统文化是什么样的关系？这些人，包括所有的戏剧形式，与时代有什么样的关系？

想来，这么爱戏的我，竟然是懵懂的。

那么，我去寻找。

一个一个地找，一人一人地谈。

我想打开他们的心扉，我想探寻到一点儿秘密。

我想，在戏里戏外，见天地，见众生，见本性。

名单一点点在我手里成型。循着这份图，去寻找我心中的桃花源，从一开始，我的心里就涌动着澎湃汹涌的情感，如果有人觉得这是负重之行，那还没有真正地爱上它，爱上它，你就会沉迷，就会身不由己。

看久了，走久了，我就想写出他们，写出这些人，写出这些事，写出我的爱恨交加，写出也许别人不知道的故事。这就是我创作这本书的初衷。

它是我一个人的精神地图。

上部　遇见

我在岁月中遇见那些戏中人，又经过岁月的淘洗，我和他们同呼吸共悲喜，他们以文化的符号站立，他们在时代的大潮中，成为弄潮儿，也成为沉沦者，可他们幽微的内心深处，有多少话语欲诉未诉？

第一章
以香港记者的一次寻找代替戏曲史

偶尔一次书写的冲动像投石入河，涟漪扩展成无数美丽的环，多少关于戏的记忆就像涟漪下的河水一波一波地涌来，让我辗转反侧，让我寤寐思服。心，像黄河一样奔腾，脑，却像乱麻一样纠缠，我该从哪里说起呢？怎样才能把我几十年的积累都嵌入其中？

正在纷纷乱乱间，香港学者杨葵的一条留言，让我的心绪终于平静下来。她说："咱们那次的《采风》节目介绍到英国了，我把英文版光盘给你寄去。"

我很开心，我们的足迹，我们的水袖飞扬已经到达英国了，这远超过我可以到达的诗和远方。

事情要从头说起。

认识杨葵是因为朋友 xuzhuo（我更愿意叫他"虚竹"，因为金庸，因为在我们老家 zhu/zhuo 读音相同）的介绍，认识虚竹更有意思，他是北京人，在日本留学，但却利用有限的回国时间，自费千里奔波，寻找我们要消逝的戏曲因子，很多我们从来没有听说过的小剧种小腔小调，他都找到了，并且作了音像和文字记录，他得知我的老家（山西潞城）有迎神赛社的资料和演出，就登报寻找，我在《上党晚报》的夹缝中竟然看到了这则消息，我就联系了他。随后我们加了微信，常有互动，他回国后，会邀请我参加他的寻找老戏曲的行动，而我总是因为各种原因未能成行。得知香港方面要来山西寻找戏曲的东西，便给他的朋友杨葵介绍了我。

于是，我和杨葵成了朋友。也知道了香港方面要来山西的原因。

香港的戏曲演出，以粤剧为主，兼演昆曲等剧种。粤剧属皮黄腔系统，因唱腔以梆子、皮黄为主，又叫广东梆黄。既然声腔中有梆子，这梆子又是怎么来的呢？

香港电台电视部《采风》栏目为此开始了寻找之旅。

在寻找的队伍中，杨葵是他们的顾问。杨葵从中国艺术研究院戏曲研究所的专家口中，得知梆子的起源是山陕梆子，山陕梆子的直系亲属就是我们现在流行于临汾、运城两地的蒲剧。那么，来一趟山西，就是他们的必然行程。

很快确定了来山西的行程，2016年9月5日到达。

在此之前，需要订购火车票，麻烦的是，他们的身份证都无法购买，又托我买，我又打听又尝试，最后在"在哪儿网"用他们的临时签证依次买好了他们的往返车票。我一直记得我当时的小心眼，非要他们先打款来，我并未见过他们，现在的社会这么复杂，万一被骗怎么办？也是在他们走后，我才羞惭惭地想，这样的小心眼真是不必要，世界上骗子只是少数，自己有多么的狭隘。

就这样，我从太原出发，他们从香港来，差不多同样的时间到达临汾，打车前往早就订好的酒店，杨葵对我说，不要再去定酒店了，咱们两个一起住，这样可以省一个人的住宿费。确实，这次是私人订制的帮忙，单位不能报销，让他们给我报销也不合适，因为我所能帮的忙确实有限。于是，和香港来的杨葵女士住在了一起。

虽然车票都是我订的，我却记不住所来的人员名字，加杨葵一共是五个人，只努力地记住了领头的邓编导。因为，我们有一段有趣的对话，他操着一口香港味的普通话，和香港电视剧里的发音差不多：

你有英文名字吗？

没有。

为啥没有？

我是中国人，不需要有英文名字。（这个问话，很让我惊讶，我非得有英文名字吗？后来杨葵告诉我，香港人几乎都有英文名字。我记得，当时我有一瞬的不愉，就这样回答他。其实，这个问话对于他们来说，很平常。）

那你中文名字叫什么？

　　王芳。

　　那好，你英文名字就叫 Wang Fang。（他操着英腔说，我听得目瞪口呆。）

　　随后几天，我和邓编导交流得最多。

　　简单地用过晚餐，各自休息，保证第二天的采访。

　　夜晚，我和杨葵交流我们的信息。首先，确定我们对戏曲的热爱，然后知道我们是同类人，因为这个喜爱，宁愿做一个孤独的朝圣者。关系一下子拉近了，接着聊到大篇幅的话题，就是这次来山西的起因。

　　杨葵先简要地介绍粤剧。

　　粤剧主要流行于广东全省、广西粤语地区和香港、澳门等地。和全国各剧种生成原因大致相同，是在民间歌舞百戏中滋生的。珠江三角洲一带很富饶，神诞节庆多，迎神赛社等活动也就相对的多，这就是粤剧诞生的土壤。

　　粤戏声腔的形成，可以追溯到明代中叶，上承南戏和元代杂剧的声腔体系，沿唱南北地方流行的曲牌。明万历年间，弋阳腔和昆山腔远播大江南北。广东是全国的商贸都市及对外的交通口岸，境内官商云集，政经活动频繁，因此也带来了各种不同的外省声腔，先是弋阳腔、昆山腔，后来很多山陕籍商人到达广东广西地区，西北秦腔（即山陕梆子，当地人一直把山西晋南地区笼统归入秦地）也就此传入，道光年间当地的戏班改唱秦腔梆子（时至今天，老一辈的粤剧听众仍旧称旧日听曲为"听西秦"）。咸丰同治年间，湖南湖北的皮黄生成，传入广东，于是当地戏班改唱梆黄，奠定了粤剧声腔的结构和规模。声腔基本定形以后，本地戏班加入岭南粤语文化特色，粤剧向城市化、舞台化、戏剧化发展，以粤语唱梆黄为主，加入了大量的粤语小曲、杂曲和歌谣，沉淀了不少的昆弋牌子旧调，保留和沿用了全部的传统锣鼓，这就是今日的粤剧。

　　这是她掌握的信息，之所以这次来山西，就是来寻找源头的，也就是说寻找粤剧里的梆子元素。

　　我就我掌握的信息，勉为其难地给人家介绍。

　　在戏曲史上，梆黄二腔都属于板腔体。板腔体的结构实际上由一对上下句组成，韵律分明，上下句可以不断重复歌唱，其实就是中国传统音乐中的

"说唱"体式，如南方的"弹词"，北方的"鼓书"。清代的梆黄，先是使用了七字上下句的格式，又演变为十字句式，戏曲歌唱演绎有不同的板式规定，一般由一定的板眼节奏及速度组成，有"中板、快板、慢板、散板"等，这就是"板腔体"，与元杂剧、昆曲这样的"曲牌体"有了很大的不同，是中国戏曲音乐从"曲牌体"向"板腔体"转变的一次变革。板腔体的样子，在现在的蒲剧中还能见到。

既然寻找梆子元素，要知道什么是梆子。梆子，现为虽然是剧种名称了，但它其实是打击乐器，由两枚枣木构成，以两木交击作响，成为声腔音乐的标记。现在的梆子戏乐队里还都保存着这个代表性乐器，但不一定是枣木的了。

之后，我们谈到中华戏曲史。谈到我们的简单看法，在这一点上，我们知道的大致相同。

《毛诗序》中说道："情动于中而形于言，言之不足，故嗟叹之，嗟叹之不足，故永歌之，永歌之不足，不知手之舞之足之蹈之也。"戏曲的起源便是这样的缘由。

王国维认为，后世戏剧，自巫和优出。古代的巫，歌舞以悦神，一般为女子。巫之后，优兴起，以调谑而乐人，一般为男子。巫优兴于商周。至汉武帝元封三年，角抵戏兴，开始在巫优的基础上演说故事，依然以戏谑为主。三国两晋南北朝时，外族入主中原，与西域诸国交通频繁，龟兹、天竺、安国等乐传入中原，中原的歌舞戏有了曲。戏曲的雏形产生了。唐朝开元年间，滑稽戏兴。宋代又兴起傀儡戏，宋人宴集，歌舞相兼，又综合当时的小说，以及存留的古曲，合成诸宫调（现存有董解元的《西厢》），加之有前人留下来的滑稽戏，后人谓之杂戏。分为北戏和南戏。到了金代，始有院本一说，院本就是行院（倡伎所居）演唱之脚本。

历史到了元朝，元杂剧兴起。主要兴起于北方，综合宋金之杂戏、诸宫调、小说、宋词、大曲成一定之体段，角色逐渐齐全，在乐曲更新和曲文代言两个方面取得了进步，成为现代戏曲真正的源头。

元杂剧兴起时，蒙古人刚刚问鼎中原，出现了一大批以关汉卿为首的杂剧家，其中有几个山西籍的——比如说关汉卿是今山西运城人、白朴是今山西河曲人、吴昌龄是今山西大同人、李寿卿是今山西太原人、石君宝是今山西临汾人、郑光祖是今山西临汾人、乔吉是今山西太原人——他们的剧作在戏曲史上占了一席之地。山西可谓是杂剧大成之地。王国维就极为推崇元杂剧，谓之为有意境、自然之色也。元杂剧是随着历史的演变一天天递嬗而来的，荟萃了所有形式和曲作的精华。元朝覆灭之后，元杂剧也衰落了。一种新的戏曲诞生，那便是承继了前人的传统，又有所革新的昆曲。

南戏源于宋朝，到了元朝，元杂剧兴起时南戏没落。元朝统治后期，北杂剧南移，与南戏结合，南戏又开始兴起，促成了"四大声腔"的诞生，它们是"海盐腔、余姚腔、昆山腔、弋阳腔"。

明中期嘉靖年间，魏良辅出现了，魏既熟悉南曲，也熟悉北曲，当时的南曲平直而无意致，魏兼南、北曲之妙，尽洗乖声，将弋阳腔融入昆山腔中，"度为新声"，"足迹不下楼"达十年，终于将昆山腔改革成一种新的被称为"水磨调"的剧种，在演奏中，加入了箫管协奏，将弦索、箫管和鼓板等乐器融合在一起，有了强大的伴奏乐队，到这个时候，昆曲诞生。

之后便是戏曲史上著名的"花雅之争"。

昆曲在经过各阶层文人的参与后，确立了自己的雅乐正声地位，其他民间地方戏曲统称为"花部"，花即杂、俗、乱、不纯，也名乱弹。

花雅在清朝初年，还是"彼此擅长，各不相掩"的，它们并峙争胜，形成了一大景观。康熙后期，各地方剧种开始兴起。就京都来讲，花雅之争共有三个阶段，第一个阶段是昆曲与弋阳腔，渐渐地京都人不再对昆曲感兴趣。第二个阶段是昆曲与秦腔，秦腔兴起一段时间，又回归昆曲。第三个阶段是昆曲与徽班，三庆、四喜、春台、和春四大徽班进京，花部开始繁荣，这便是日后的京剧。

花雅之争过后，随着民间文化和地方剧种的兴起，昆曲没落。

这就是大致的戏曲发展脉络，每一个剧种都与这个过程有着千丝万缕的联系。

我们聊到半夜，杨葵用微信和邓导确定了采访要去的地点，以及需要联系的人。

之后，我陪同他们用了3天的时间在晋南地区进行采访。我们找到了山西师范大学戏曲文物研究所、临汾市蒲剧院、运城蒲剧团等单位，与车文明、王星荣、李文等专家进行了访谈，还采访了任跟心、王艺华、吉有芳等艺术家。正值运城市蒲剧团梅花版《西厢记》（四位梅花奖演员同台，王艺华饰张生，武俊英饰崔英英，景雪变饰崔母，吉有芳饰红娘，这在蒲剧史上也是首次，四位的精彩表演吸引了大量的观众，也是推广地方文化的一次有效尝试）上演，我们观看了该剧。还拍摄了《西厢记》的发生地普救寺，去了稷山马村段家墓看了金代戏剧砖雕，看了几个古戏台，到戏曲文物研究所参观了戏曲文物……在对实物的记录和专家们的讲述中，我们对蒲剧有了从文字到文物、舞台的直观认识。

这个过程，对于香港记者来说，是一次源头的寻找，是一次采访式的记录，对于我来说，也是一次丰富自己戏曲积累的经历。

综合专家们的意见，梆子的来源、形成和发展大概是这样的：

梆子戏刚刚诞生时，民间称为"乱弹"，清代时称为"山陕梆子"。梆子戏产生于晋陕豫交界的地方。这里之所以能够诞生蒲剧，是因为有着深厚的文化积淀和历史渊源。

仅仅拿晋南来说，在山西始终被称为中华祖脉，在这里，随便攥一把泥土都能挤出文明的汁液。黄河从黄土高原奔腾而来，在这里拐了一个弯，就抱起了这一块土地，就衍生了炎黄子孙，就产生了尧舜禹等原始社会的部落领袖，对人类的生存繁衍、文明发展有着别的地方不可比拟的效用，至今"致君尧舜上，再使风俗淳"，依然是广大士人的终极追求。

《吕氏春秋·古乐》中记载："帝尧立，乃命质为乐。质乃效山林溪谷之音以歌，乃以麋革置缶而鼓之，乃拊石击石，以象上帝玉磬之音，以致舞百兽。"记载的是先民以乐舞的形式狩猎劳动的场景。临汾陶寺遗址出土了泥埙、土鼓、鼍鼓等原始乐器，用于乐舞。传说中，舜在此做五弦之琴以歌《南风》。春秋时期的大乐师师旷就出生在这里，善辨音，精音律，可招玄鹤舒翼而舞。这些都说明，先秦以前，晋南地区已具备戏曲的雏形。

及至汉代，晋南歌舞百戏繁盛，汉武帝曾数次亲祀汾阴后土祠，用歌舞享祭，盛大隆重，之后，汉宣帝、汉元帝、汉成帝、东汉光武帝都曾于此祭祀，对晋南地区的乐舞百戏有了很大促进。南北朝时期，此地乐户众多，可以供官民祭祀演出、节令赛社活动所驱使。唐代，晋南地区处于东西北三都之间，这里的音乐歌舞就与西安洛阳相通，开元年间还曾于闻喜县设太平乐府教坊，唐明皇也来此祭祀后土。宋代，依然有帝王来此祀后土。都城开封还在勾栏瓦舍间或临时搭建的乐棚歌舞娱情时，晋南地区已经有了砖木结构的"舞亭"建筑出现。这时诸宫调已在民间出现，董解元创作的诸宫调《西厢记》，故事发生地就在晋南运城永济普救寺。金代诸宫调在晋南地区广泛流行，晋南有许多戏曲文物，诸如金代戏台、金代墓葬都证明了此地乐舞百戏已经演进到有故事情节、有简单化妆的戏剧表演阶段，此时戏剧演出既娱神也娱人。这时的晋南民间流行锣鼓杂戏，是赛社时的主要内容，元宵节前后在寺庙演出，以锣鼓敲击过门，有少量的曲牌，其对后世的戏曲有一定影响。到了元代，晋南地区文学兴盛，出版业繁荣，诸宫调演唱盛行，元杂剧很快在此地成熟了，洪洞广胜寺的壁画"尧都大行散乐忠都秀在此作场"就证明了当时的演出情况。元杂剧的兴起，还造就了一大批的剧作家，以关汉卿为代表的杂剧创作创下了戏曲的辉煌史。元杂剧衰微以后，晋南地区还有锣鼓杂戏、影戏、傀儡戏、诸宫调、鼓子词等演出，当然也有一些杂剧演出。

明初朱棣靖难之役后，许多宫廷乐户被弃，他们聚集在晋南地区。晋南民俗好祀鬼神，每年祭赛之事，需要乐人和戏班参与，扮演各种故事，在这个基础上，就诞生了新的声腔和演出班社。在北曲遗响、山陕民歌、锣鼓杂戏的共同作用下，梆子腔就要诞生了，这时候的声腔还被称为"土戏"，之后的万历年间，青阳腔传入，昆曲也在明末传入，祭神之时用昆曲，只有误戏时，才用土戏补充。民间土戏保留了自己的东西，又吸取青阳腔和昆曲的东西，结合成自己的声腔，被称为"乱弹"。

清初人刘献廷在《广阳杂记》中写有"秦优新声，有名乱弹者，其声甚散而哀"，这是乱弹的最早记载。这时的乱弹，多流行于山西的蒲州地区和陕西的同州地区，清代时的外地人习惯视平阳地区为西部范畴，因而也多将乱弹称为"秦腔"，当然，晋南地区的方言也属秦语音区，也是一个原因。清乾隆四十二年（1777），朱维鱼在《河汾旅话》中记载："村社演戏剧，曰梆子腔，词极鄙俚，事多诬捏，盛行于山陕。"因此乱弹又名山陕梆子，此时梆子因为贴近百姓生活，也就深入百姓的日常生活中。之后梆子一直兴盛，名伶郭宝臣是山陕梆子的泰斗，进京演出，与京剧的谭鑫培齐名，二人交往甚密，互授剧目，郭宝臣还进宫为慈禧太后演出，形成很大影响。经过长时间的演出和规范，梆子确立了生旦净丑四大行当，剧目繁多，在同光年间，臻于成熟。

直到20世纪20年代时，蒲州梆子与同州梆子在板式、唱腔、声腔、韵律上还极其相似，无大的差异，演员可以互相搭班，黄河两岸的班社还可以同台演戏。之后，蒲州梆子改称蒲剧，有老声腔的传承，也有形式和声腔上的部分革新，一直到今天。而同州梆子，在陕西向南向北向西发展，被统称为秦腔。有专家说，今天的秦腔已经不是当初的同州梆子，从这个意义上讲，山陕梆子的渊源要从蒲剧中寻找。

梆子腔，一经成熟，就通过商人、官员和军人带向了全国各地。

向北——

明朝，这一块土地上的商人一直向北，到达内蒙古与山西交界一带，建起戏台，演神酬神。穿过长城，山西商人的足迹到达辽宁，这时候为了对抗女真族的兴起，辽宁同时布置有军队，军队中有许多来自山陕地区的士兵，这两个途径，把梆子腔带到了辽宁。那时候，当地人也有把这个梆子腔叫作"晋腔"的。据说当年李自成的军队打到哪儿就把梆子腔带到了哪儿。

到了清朝，内蒙古、北京、东北、张家口都有梆子腔。乾隆时期，京城人把山陕梆子通称为秦腔，这也是后来的人们总是认为秦腔早于蒲剧的一个节点，其实现在的秦腔和蒲剧同宗同源，都是山陕梆子发展的后来者。秦腔（当时京城的叫法）在京城参与了戏曲历史上著名的"花雅之争"，也曾经在争鸣中胜出。当然能进入北京，自然是因为山西商人在京城经营着票号、钱庄、当铺、粮食、杂货等行业，晋南的梆子腔也就和商人一起在京城站稳脚跟，后来这一股势力留在了北京，创立了京梆子。梆子腔随商人一起进入河北、天津等地，又发展出了卫梆子、直隶梆子。虽然新中国成立后，把京梆子、卫梆子、直隶梆子统称为河北梆子，但它们的唱法实有不同。

在山西本地，梆子腔向北发展，发展出了北路梆子，北路梆子至今盛行于晋北和晋西北，以及内蒙古、甘肃、陕北等地。梆子腔到达晋中之后，形成中路梆子，如今也称晋剧（称晋剧还有一段渊源，也是历史发展的产物）。梆子腔到达晋东南，结合本地的迎神赛社活动以及说唱艺术，发展出了上党梆子。北路梆子、中路梆子（晋剧）、上党梆子和蒲州梆子（蒲剧），一起被称为山西的四大梆子，实际上，蒲州梆子才是源头，说它是"母戏"，并不为过。

2017年公布的戏曲剧种里，新添了"口梆子"这个新剧种，据知情人讲，其实就是流行在口外的梆子腔，和中路梆子如出一辙。

向南——

清初商人们把梆子腔带入河南，发展出了豫剧。带入山东，形成了山东梆子。江苏、贵州等地，也有梆子腔的演出。流传到安徽地区，与当地音乐结合形成徽剧，后来徽剧进京，发展出了京剧。实际上，整个大江南北都有梆子腔的影子，只是有的地方已不可考。

梆子腔随着商人、官员们的足迹还有战争的影响，沿着汉水踏入湖北以后，被称为"西皮"，湖北人习惯称一段腔口为一段"皮"，梆子腔是从西面来的，也就被称为"西皮"，与当地的二黄合流，被称为"皮黄腔"。皮黄腔继续南传，到达东南沿海一带，与当地已有的其他腔逐渐整合，发展出了"梆黄调"，也就是粤剧。

至此，梆子腔遍布全国，成了一个梆子大家庭，是戏曲史上光辉灿烂的篇章。

听完专家们的讲述，采访完毕后，香港记者大发感慨说，没有想到山西是这样的山西，没有想到山西有这样丰厚的戏曲遗存，更没有想到，3天的采访5天的行程对于他们来说，是一次洗礼和冲击：蒲剧从远古的蛮荒时期，踏着《大风歌》和《南风歌》而来，唱着新时代的铿锵之声，傲然于中华戏曲之林，面对任何一个剧种都底气十足。还有洪洞广胜寺的壁画来不及看，还有黄河壶口来不及去，越看越觉山西文化根底雄厚，可惜日程有限。

他们离开的时候，我对他们说：我们这儿就是明清戏曲的集散地、元杂剧的诞生地、唐宋祀神的落脚地、秦汉百戏的产生地、商周歌舞的探索地、尧舜先民的活动地，更重要的是，我们是中华文明的发源地，若不来，你会后悔，来了，你便会爱上它。山西欢迎你！

他们离开了，我便把这件事忘记了。我所求不多，只要能宣传我们的戏曲，我做了便好，不问结果。之后，我没有再与杨葵和邓导联系。

第二年，杨葵给我回话，《采风》节目在香港播出，获得空前的效果，尤其在戏迷中引起很大反响，任跟心、武俊英他们的表演，以及对山西的介绍在香港人中留下很深的印象。

我很开心。真的，镜头里没有我，也许只有我知道我与它有渊源，但我很自豪，这是一种很新奇的体验，它应该会永久地存在我的记忆里。

　　香港的节目，我们在这边收不到，于是，杨葵后来在去五台山的途中，绕道太原，给我送来了节目光盘。来不及见面，我赶到食品街去见她的时候，她已经走了，只把一盘来自香港的音像资料留给了我。深夜，我迫不及待地打开，那几天的经历又一幕幕地回放。想象着香港人看到它，与我此刻的心情一样，盛满了骄傲，那是我们共同的戏曲，那是存蓄在中国人心里的DNA。

　　又是一年后，我拿到了英文版的光盘。

　　也确实，这段经历一直很鲜活地存在我记忆里，带着我的英文名字，以至于今天忍不住打开它，开启我的朝圣之旅。

第二章

生生死死在戏曲中沉沦

流传千年的戏曲，是靠无数人一代又一代、一点点一滴滴传下来的，人，是载体。

山西是戏曲大省，四大梆子享誉全国。

戏曲浸润着山西人的生活，伴随着太行山的巍峨，伴随着黄河水的奔腾不息，人们与山河同在，在丰裕或贫瘠的物质生活之后，创造着自己的精神生活，扮起戏来，所在的哭笑都埋藏其中，渐渐地，与时代更迭一起，四大梆子诞生了，诸多小剧种也诞生了。

山西戏曲大观园的繁荣，也托起了许多光芒四射并饱蘸血泪的戏曲人，这些人，无数次地出现在重要场合，也无数次地被人提起或书写，他们的命运是一首首时代欢歌或悲歌，他们几乎是宿命般地活在戏曲里，这是他们的源头或者是他们的江河。他们，为什么是他们？他们又为什么如此？

寻找这些人，寻找这些把生命都给了戏曲的人，也许就能找到戏曲流传千年的秘密。

1.死在舞台上的魏长生

前面追溯梆子的源头，一直追到四大梆子如何形成。在特殊的地域和时代，历史带着必然性，山陕梆子登场。承载着这个形式的是人，所以，每个时代里出现的人，就是我追踪的目标。

提起山陕梆子，自然进入人们视线的第一人就是魏长生。

陕西剧作家陈彦在写随笔《秦腔》的时候，专门辟一章节《最火的男旦》

来讲述魏长生的故事，无独有偶，山西作家毕星星在写《大音绝唱》（《河东文化丛书·蒲剧卷》）的时候，也专门留出章节《起落浮沉魏长生》在讲同样的故事。秦腔与蒲剧同宗同源，因此这两篇文章虽出自不同的人之手，却在时空中交汇，互相映照，闪烁着独特的人文光芒。可事情往往不是独和偶的关系，还可能有第三方的出现，让历史丰富起来，于是更有意思的事出现了：著名剧作家郭启宏以魏长生为蓝本，写出了河北梆子剧本《花雅运河》，就此魏长生从陈彦和毕星星的书本中走出来，以文字为底，渐变还魂，变成人物形象，将要立在舞台上——他从戏曲中来，又回到了戏曲中。

那么，魏长生是什么样的人呢？

首先，魏长生是男旦。

男旦是戏曲表演里的一个行当，过去戏班子里没有女人，女性角色都是由男人来扮演的，也就是"男旦"，或者说叫"乾旦"。众所周知的男旦，肯定是梅兰芳，梅以绝艳丰姿的女性塑造，风行国内国外。而魏长生要比梅兰芳早了上百年，且在社会各阶层中的轰动效应，不亚于梅，是他把他所改造和拥有的山陕梆子，带上了历史制高点。

魏长生，原名魏朝贵，字宛卿，于乾隆九年（1744）出生于四川金堂县，在家里行三，又称魏三，父亲早早就去世了，家里属于贫穷户。古时，穷人家的孩子，很多都会送进戏班子里去，吃百家饭穿百家衣，图个温饱，能活下去。魏长生还不完全是这样，他小时候颇像《窦娥冤》里的张驴儿和《红灯记》里的李铁梅的合体，拣过破烂，当过流民，混过帮派，做过学徒，13岁那年，终于混来混去，混进了陕西同州的一个梆子戏班中，从此，他的人生固定在这里，也对自己进行了人生改造。

魏长生进入的戏班叫"梆子乱弹班"。

那时候，山陕梆子已成型并流行起来，一直被当地人称为"梆子""乱弹""土戏"。在此之前，孔尚任在《桃花扇》上演后被康熙罢官，罢官后应平阳知府刘棨的邀请，于康熙四十六年（1707）来到山西，他要到平阳纂修《平阳府志》。孔尚任写了大量的描写山西风情的诗词，其中一首《平阳竹枝词·乱弹词》写道：

乱弹曾博翠华看，不到歌筵信亦难。

最爱葵娃行小步，氍毹一片是邯郸。

孔尚任说，如果不是亲眼在歌筵之上见到，也难以相信乱弹竟然会如此招人喜欢，孔尚任还说，他最喜欢看到葵娃（据郭士星考注，是流行于当地的一个旦角演员）行小步，也就是戏曲里旦角的跷功，这种表演引得人们纷纷邯郸学步。

之所以提到这首词，说明了在康熙年间山陕梆子就已经有相当规模。魏长生进入了这个梆子班，也就进入了让他着迷的一个艺术世界，这不仅仅是混一口饭的问题。

还要简单介绍一下乱弹。山陕梆子在早期伴奏乐器是以三弦、月琴等弹拨乐器为主，因此被称为乱弹，也有学者认为相对于当时的戏曲现状来说，梆子是瞎胡闹，所以被称为乱弹。

孔尚任写的是平阳的情况，魏长生进入的是同州的梆子班，平阳演的也是同样的梆子，起源点在蒲州，也就是现在的运城永济。同州蒲州，隔着一条黄河，说着同样的秦音，也唱着同样的梆子腔，那时候，它们是一体的，还未被分化出秦腔和蒲剧两个剧种。

其次，魏长生是有天分的艺术大家。

魏长生是穷孩子，进入戏班里，终于结束了流浪的状态，他懂得求生的艰苦，于是在梆子班里，狠练功夫，吃了常人所不能吃的苦，十几年间练就了一身绝艺。对旦角艺术，魏长生做出了一定的革新，有两样被各种史料记录了下来：一是贴片。这项技术至今还在舞台上使用，贴片可以改变戏曲演员的脸型，让人选择合适的审美。二是跷功。也就是演员"踩跷"模仿小脚女人走路，这样的形态让女人飘逸唯美，有"瑰丽俏姿"。

魏长生绝艺已成，下一步：晋京。

此时的北京，正是乾隆年间，社会稳定，经济繁荣，各种戏班都会进入京师亮相。而此时的旧戏，诸如昆弋京腔都已不再被人关注，观众喜好新声，一个大的戏曲环境正在等待魏长生的到来。

乾隆三十九年（1774），魏长生带着他的梆子班初入京师。一时间，京师刮起了魏旋风，举国若狂，魏长生"厚实的功底、灵魂的嗓音、俊美的扮相"让昆弋等戏黯然失色。那时就有人对魏长生做出了评价：《燕兰谱》说："京班多高腔，自魏三变梆子腔，改为靡靡之音矣。"《啸亭杂录》记载："长生因变之为秦腔，辞虽鄙猥，然其繁音促节，呜呜动人，兼之演诸摇衰之状，皆人所罕见者，故名动京师。"后来，日本著名戏曲史家青木正儿这样评价魏长生：旦色界辟一新纪元的天才，得写实之妙者。

总之，魏长生成为时人追捧的对象，比之现在追星，不遑多让。

这种风头并没有持续多久，魏长生就被逐出京城。被逐的名堂是表演"淫秽"。怎么就是这么个罪名呢？

魏长生演出的第一本戏是《滚楼》。

郭启宏先生在写作剧本《花雅运河》时，曾委托我寻找两个老剧本，一是《烤火》，一是《滚楼》。

《烤火》是蒲剧的老本子《少华山》中的一折，曲润海先生（曾任山西省文化厅厅长，后调任文化部艺术局局长）将此折戏扩展重写为晋剧《富贵图》，至今还在演，郭启宏先生于是专门到太原观看了晋剧《富贵图》，他对《烤火》一折，大加赞誉，虽然此《烤火》已不是魏长生的《烤火》，但大约还是能知道当初的旦角是如何的曼妙。

可《滚楼》的剧本太难找，托了几个朋友，从各种资料收集档案里都没有找到，最后还是中国戏曲学院的教授傅谨先生在《陕西传统剧目汇编》里找到了一个汉调咣咣的抄存本。傅教授拍照给我传来。说起来有意思，傅教授知道我要找这个剧本，大惑不解，问我，这是粉戏，你找它干啥？我懵懂着，不知怎么回答。后来，我才知道粉戏的意思，就是色情戏……

我大致知道这个剧本的内容，叙述的是骊山老母的弟子张金定下山，与王子英结为夫妻，其中重要情节是王子英和张金定抱住在楼上滚。这个"滚"，滚得有多妙，剧本里没有展示，大约滚得太好了，被人诬为"有伤风化"，所以成了被逐的理由。

不过，我想，原因并不一定是这个，一个男旦再和男人在戏台上滚，能滚出什么来？不过是演戏而已，重要原因应该是魏长生太红了，红得别人无法生存，如此，只能是他的离开。

魏长生壮心不已。乾隆四十四年（1779），他再次入京。加入已经快立不住脚跟的"双庆班"，又是《滚楼》，又是魏旋风。这次他再来，不是他一个人的兴盛，而是振兴了一个剧种，其他戏班逐渐衰微，艺人纷纷加入梆子班谋生。

如此这般，魏长生在京城待了八年。这是魏长生人生中最关键也最红火的八年。

乾隆五十年（1785），官方发令禁止山陕梆子的演出：

> 嗣后城外戏班，除昆弋两腔仍听其演唱外，其余秦腔戏班，着步军统领五城出示禁止。现在本班戏子，概令改归昆弋两腔。如不愿者，听其另谋生理。倘于怙恶不遵者，交该衙门查拿惩治，递解回籍。

这时的北京已不适合魏长生生存，乾隆五十三年（1788），魏长生离京，孤帆远影下扬州，在这风景如画的江南，魏长生任旋风刮遍。正欲再次返京时，嘉庆三年（1798）和嘉庆四年（1799），朝廷再次下令禁戏：

> 嗣后除昆弋两腔仍照旧准其演唱，其外乱弹、梆子、弦索、秦腔等戏，概不准再行唱演。
>
> 所有京城地方，着交和珅严加饬禁，并着传谕江苏安徽巡抚，苏州织造，两举证盐政，一体严行查禁。

禁令一下，魏长生没了发挥的余地，又因别的事，被遣回四川。在故里的日子，其实挺愉快，这里有他的知音，他和许多戏剧家一起，对川剧进行了改造。

但这一切不是他的最终目标，他心心念念着京城的辉煌，仿佛只有在京城，才是他的灵魂栖息地，于是，嘉庆五年（1800），在朝廷无法对京城梆子围剿之后，魏长生在民众的期望中再次踏上晋京之路，自然，成熟的魏长生和他的技艺同时让京城观众臣服，但是壮心不已的暮年，却已无法支撑他的理想。

最后一次演出，魏长生盛装扮上，演出剧目《背娃进府》（已失传），他提着一口气，唱完最后一句，退场，当同戏班的艺人们抬着他出场谢幕时，台下热闹得像过年，但这个时候的魏长生，早已魂归离恨天，他的最后一口气咽下于最后一个动作结束时。

无法得知，他最后一刻，心里是不是还恋着他的戏和他的观众，也无法得知，他对这个世界是爱还是恨。

陈彦说：这种壮行，对于一位舞台表演艺术家来说，真是再也精彩不过的戏剧结构学上的豹尾，至今想来，也是让人眼含热泪的。

魏长生走了，但因他而刮起的山陕梆子旋风却不会停息，甚至渐成气候，走向更好的明天。

之所以要回忆这一段令人唏嘘的过往，是想让大家对过去有一个认识。在唐诗宋词元曲都已经衰落之后，甚至昆曲也度过了它的辉煌期之后，在文人和民众的共同取舍下，中华文脉到了明清小说成熟期，中华传统文化到了梆子兴盛期。魏长生就是一个重要代表。

是曾经的华彩乐章，才让我们可以看到今天的来路。

安住当下，佛教如是说。

我们该关注和思考的，还是现在，于是我们开启现代的大幕。

2. 承前启后的"晋剧皇后"，风情万种"爱爱腔"

前文所说，山陕梆子逐渐在山西衍变出四大梆子。四大梆子在历史的绵延中，各自开花结果，经历着各自的兴衰荣枯。

从哪里说起呢？既然在时光的变迁中，晋剧以省剧的面目出现，那么就从晋剧讲起吧。

步入新时代以后，在我的目光所及中，有一个人，她以光彩的形象、良好的口碑让广大观众一直记着她、念着她。这一记着念着，就是长达几十年火热不息的热爱和崇拜。

她是王爱爱，她是"晋剧皇后"，她是观众封的"晋剧皇后"。

而我在没有到太原工作之前的日子里，是不知道怎样与这样的艺术家建立联系的。

2018 年 9 月，"首届戏友戏迷戏曲保护论坛"在朔州召开，当时重要的组织者是被誉为"梆子厅长"的曲润海和郭士星两位老人。我作为一个无名小卒，因为写过几篇关于戏曲的文章，也在被邀之列。在赴朔州的大巴车上，我第一次真正见到早就闻名的"晋剧皇后"，她不多言，只是笑，偶尔说话，

王爱爱

也是先在脸上挂着甜甜的笑，尽管已经近八十高龄，声音依然甜美。

会议结束回来的路上，我们见证了一个奇迹。一个名叫王爱爱的小姑娘经人牵线，那天见到了真正的名家王爱爱。这个小姑娘的妈妈爱戏，生了女儿，就给女儿起名王爱爱，纪念自己喜爱"晋剧皇后"的青春年华。一直到这一天，机缘巧合，这位1979年出生的小王爱爱，等了30多年后，终于见到了79岁（差两个月80岁）的王爱爱，见到了她妈妈爱了一辈子的王爱爱。当天晚上，我在自己的微信平台发出了名为《王爱爱真的见到了王爱爱》的文章，一时点赞无数。

从朔州回来的很多个日子里，我常常会回忆起那三天的情景。王爱爱老师毕竟已经接近八十岁的年龄，她的腰不好，在去朔州之前还病着，但这届论坛得以召开，主办方只提了一个条件，就是必须邀请到王爱爱，老厅长郭士星答应了。这样的关于戏曲的会，关于戏曲传承、保护和发展的会，以民间的名义，聚拢一些常年为戏曲奔波的人，是不容易的，因此老厅长出面以自己几十年的交情作背书，邀请王爱爱。当王老师知道这个会议的召开和她有关系的时候，毫不犹豫地答应了。

晚上的聚会，朔州方组织得隆重，很多爱戏的观众听说王爱爱来了，从各地赶来，现场没有座位，他们就站着，不管前面有多少节目，静静地等，等到最后。最后的压轴，王爱爱终于在各方注视下出场了，还未从观众席走到台上，观众丛中已是欢声雷动，当"四月里麦穗儿黄"的唱腔一起，全场彻底沸腾了。我无法表述出那种热切和激动，我是第一次见到观众对他们心目中的皇后的狂热。旁边的人看到我还算比较冷静的样子，对我说："你怎么不鼓掌？这是王老师的代表作，我们听了几十年，真好哇！"一句严厉的批评，好像我做错事的样子，我赶紧鼓掌，心里却在琢磨：一个近八十岁的老人，嗓音竟然还是这样的甜美，她为什么会如此引人疯狂？这样的现象有什么样的意义？

会议结束了，那个声音一直在我脑子里回荡。

一直到那天，我走入王爱爱老师的家。敲开门，她对我笑，她说她在等我。她说，看到我写的"两个王爱爱见面"，加上平时曲润海和郭士星两个老厅长不遗余力地夸赞，决定找我。她说，正在进行一个音配像的工作，想找我来跟踪，并写点东西。原来她想把她的代表作，几十年前曾经留下录音资料的剧目，比如《打金枝》《金水桥》等等，让跟她同时代的田桂兰、马玉楼、王宝钗的弟子们来对应扮演剧中人，这样音配像，就把老剧目完整地留下来了。

我欣然接受。

原来，是那篇以网络语言写出的小文叩开了"皇后"的"宫门"。

多少年后，我终于可以和这样的大艺术家发生交集。我也得以从她身上去寻找我要的东西。

王爱爱晋剧艺术的最大贡献，应该是留下了不可复制的"爱爱腔"。

而"爱爱腔"的形成，要从她小时候谈起。

她的启蒙来自自己的奶奶。

之所以能走了唱戏的路子，跟她的家庭是有关系的。

1940年6月，王爱爱出生于山西榆次南关村。

榆次也就是现在的晋中市，可以说整个晋中地区，都是晋剧的发源地和兴盛地。明末清初，山陕梆子或者说那时候已经有了明确的"蒲州梆子"的说法，随着商人的足迹或者战争的影响，流布到山西中部汾阳、孝义、太谷、祁县等地区，结合当地的民歌、秧歌、民间小调等地方元素，保留了蒲州梆子慷慨激昂的艺术特色，同时形成婉转细腻的抒情风格，产生了一个新剧种"中路梆子"，这个剧种一经形成，便向山西中、北部及陕西省、内蒙古和河北省扩散，成为梆子大家庭里的重要一员，1949年后，改称"晋剧"。

晋中是晋剧的根据地，自然这里的戏曲大树枝繁叶茂。咸丰九年（1859），榆次聂店富户王钺成立了"四喜班"，"四喜班"是晋剧最早的班社。同治初年，平遥"日升昌"的二掌柜侯殿元成立"同春园"，祁县金财主渠源淦建立了"聚梨园"，徐沟的李玉和办起了"五义园"。这一时期，晋剧艺术逐渐完善、定型，影响也越来越大。

随着时代的起起落落，到了王爱爱出生时，榆次兴办过诸如"兴盛"班、"双聚梨"班、"荣梨园"班、"晋风园"班等，这些班社云集了一批名角，如"说说红"（须生，高文瀚）、"盖天红"（须生，王步云）、筱桂花（小旦）、程玉英（青衣）、郭凤英（小生）、牛桂英（青衣）等。

王爱爱出生的家庭和晋剧缘分极深。她家是大家庭，她记得家中车马都有，算成分，应该算是资本家，她的爷爷叫王金奎，自己花钱蓄养戏班，一生爱戏如命，养了三个剧团，娶过三房妻子，其中两房都是戏曲艺人。王爱爱的奶奶是爷爷最小的老婆，就是上面提到的当时有名的筱桂花。

王爱爱自己说，她唱戏，是爷爷奶奶的心愿，也是奶奶打出来的。

她不得不唱戏。全家都唱戏。无从选择。她的两个姑姑学了戏，还有其他亲属也学戏，全家就是一台戏。

她竟然怯怯地问，这算不算世家？

我赶紧斩钉截铁地说：算！

奶奶不是一般人。

奶奶筱桂花是山东人，13岁时拜在孙凤鸣门下学唱评剧。15岁时在大连岐山舞台成为台柱子。16岁时与李金顺同台演出，并深受李派唱腔的影响而被冠之以"李派演员"的头衔。19岁进入哈尔滨，演出《马寡妇开店》《王少安赶船》《花为媒》等剧一炮而红。她和李金顺、白玉霜、刘翠霞被誉为"奉天落子"的"四大名旦"。她所演唱的剧目亦被列为评剧的传统剧目。等到李金顺退出戏曲舞台之后，她就成了奉天落子的主要代表人物，活跃在评剧舞台上。她以高亢明朗、刚健奔放为自己的演唱风格。曾拜身上脚下功夫都非常过硬的"自来香"（张永贵）为师，后来又拜在晋剧"四大名旦"筱吉仙（张宝魁）名下，融两位师父之所长，练就了一身硬功夫，身段动作、台步、圆场都十分精熟，一招一式干净利落，表演情真意切，挥洒自如。她唱的《红鬃烈马》《同恶报》等受到了广大民众的喜欢，并且还掀起了一场"筱桂花热"。人们纷纷称誉她为"评戏泰斗"，"评戏大王"，"韵艳亲王"。

王爱爱出生后，奶奶因为一辈子虽也有过辉煌，却因自己的嗓音不够好，而没有到达舞台的最高境界。栽培王爱爱，成为奶奶最大的心愿。

打一出生，王爱爱天天经历的就是唱戏的氛围，日日听到的就是晋剧腔。王爱爱知道，是环境造就了人的道路，这样的家庭情况，让她打小就没有想过去上学。这条路是她的必然选择。和奶奶学戏，王爱爱也愿意，她是崇拜奶奶的，生旦净末丑、唱念做打舞，奶奶全能来得。

7岁，在我们要上小学的年龄，王爱爱开始走上了自己与戏为伴一生的人生之路。

为了练好嗓子，每天早晨，不管风霜雨雪，奶奶都把王爱爱带出去，面对着墙，喊嗓子，奶奶站到一定的距离之外——听，一句一句地听，一字一字地听，有一个音不准，奶奶的鞭子就挥过来，有时候是巴掌打脸，左右开弓地打。打完了，掂起她来扔好远，继续唱。

真的很疼。可是，疼也不敢说，泪也不许掉。继续唱。

继续唱，一直唱到每一个字，在很远的地方听起来都是一清二楚的。

"都说爱爱腔好听，怎么个好听？老百姓说，听王爱爱唱，不用看字幕，吐字清，这就是最简单的说法，为了这个不用看字幕，受了多少罪啊，以至于都说我不是王家亲生的孩子，一定是抱养来的。虽然受了罪，挨了打骂，我却要感谢我奶奶，是她给打出了爱爱腔的底子，我吃了一辈子。可现在的孩子，谁还会这么打他们啊？要知道，功夫都是苦出来的。"她说了一口太原话，也许是榆次话？我吃不准。

唱，过了关，身上功夫也必须过关。为了达到这一点，奶奶采取的几乎算是不人道的做法，晚上睡觉不能枕枕头，要把两只脚当作枕头垫在脑袋下面；跑圆场的时候，用一条带子把双腿绑住，她在前面跑，奶奶在后面跑，跑慢了，奶奶会踩到她的脚，跑步子大了，又会摔倒。严格的训练让她有了扎实的腰腿功夫和稳健的跑圆场的台步。

这样练功，很苦，可奶奶说，苦也得练！

苦也得练！半夜被奶奶叫起来喊嗓子去，上午一上午学唱，跟着琴师鼓师，下午一下午练功，到了四五点钟，奶奶要口对口传戏，晚上还要学道白，好在，她记台词特别快，这一点还能少挨打。晚上睡觉都是跟奶奶一起睡，随时会教戏。

多少年过去，现在回想起来，不记得苦了，只记得累。一年里，唯一盼望的事就是过年，过年的时候就可以不练功了，能睡上个囫囵觉。

那时候在又苦又累中过活，不知道什么叫快乐。

但很快，快乐就来了。

练功一年，8岁时，王爱爱加入了榆次市新生晋剧团。同年，她就迎来了第一次登台，演出的是《凤仪亭》中的"拜月"，她扮演貂蝉，这是她的开蒙戏。拜月是讲貂蝉被王允收留后，心情郁闷，到后花园拜月，抒发对董卓的愤懑之情，恰被王允听见，便觉得可利用貂蝉设连环计灭掉董卓、吕布二人。

经晓以大义，貂蝉应允。王爱爱当时年龄小，根本够不着台上的椅子，还是站在侧幕里的奶奶出来，一把把她抱了上去。站在台上，她看起来也那么小，但却演得活灵活现。就这一出场，榆次就轰动了，都知道了舞台上有一个小爱爱。

第一次上台，害怕不？

不怕，奶奶在台上，奶奶站在侧幕里，根本不敢害怕，还得表现好呢。

之后，她又转入榆次专区晋剧团，相继演出了《教子》《明公断》《樊梨花》《回龙阁》等不少传统剧目。她既有小旦的身上功夫，又有青衣清亮的嗓子，所到之处都能赢得广大观众由衷的喝彩。

在这期间，王爱爱碰到了她的第二位老师（如果奶奶是她第一位老师的话），程玉英。

程玉英是晋剧程派创始人，主攻青衣。十岁拜"说书红"高文翰为师，先学须生，后学青衣。在长期的舞台实践中，练出了一种清亮婉转、以气托腔、嗨嗨不绝、跌宕起伏、爽朗脆气、旋律和节奏千变万化的"嗨嗨腔"。代表剧目是《教子》。1956年，程玉英到榆次专区人民晋剧团义演一个月，后来留团担任团长兼主演。王爱爱此时是榆次专区晋剧团二分团的领衔主演，在程玉英的指导下，王爱爱的《算粮》《教子》这两个折子戏的水平已经远远超过了她初登舞台之时，具有了王爱爱表演的鲜明个性。这时她演出的大戏《明公断》《樊梨花》《回龙阁》《游西湖》等成为观众喜爱、脍炙人口的佳作。

受"嗨嗨腔"艺术营养的滋润，王爱爱的演唱技巧更趋成熟，被观众誉为"金嗓子"。1957年在山西省第二届戏曲会演中演出《游西湖》、1959年在山西省戏曲现代戏调演中演出《朝阳烈火》分别获奖。王爱爱逐渐在山西省有了名气。

遇到程玉英老师的这一阶段，是王爱爱艺术走向成熟的过渡期。

演戏的快乐，让她找到了人生价值。

从1950年到1959年这段时间，她已经懂得娴熟地运用各种表演手段和技巧，创造舞台艺术形象。

她说：演员到了舞台上，要演人物，现在的演员们都错位了，一直在演自己，这是不对的，到了台上，一心撅劲讨彩，这就跟人物差得太远了。戏曲首先是美的，高雅的，躁不得的，我们应该遵循老师的教导，不要卖弄自己，艺术不能践踏，来不得半点含糊。

我只能频频地点头。

1960年，20岁的王爱爱被选调到山西省晋剧院青年团，这是全省最富代表性的晋剧表演艺术团体，这里集中了丁果仙、牛桂英、郭凤英、冀美莲、梁小云、乔玉仙、刘俊英等一批艺术造诣很深的老一辈表演艺术家，也集中了张一然、刘元彤（梅兰芳的弟子）、方冰、温明轩、赵步颜、王辛路、李守帧、刘和仁、陈晋元、刘柱、张步兴等一批艺术素质很高的编剧、导演、作曲、演奏和管理人才。

王爱爱没有想到，她曾经听说的老师们一下子就集中在她眼前了。她喜欢这个环境，这个环境，也为她提供艺术滋养。我懂那种感觉，在一个节目里，郭宝昌（电视剧《大宅门》的编导兼导演）常常会说一句：我是见过真神的。郭宝昌所说的真神是指当年的梅兰芳和程砚秋，小的时候就看梅和程唱戏，那一代大师的形象和人格给他留下深刻的印象，是真神。新中国成立后，以"丁（果仙）牛（桂英）郭（凤英）冀（美莲）"为代表的一批艺术家，把晋剧带上了一个高峰，他们都是里程碑式的人物，在王爱爱的眼里，是真神级的人物。

她在这里遇到了她的第三位老师——晋剧表演艺术家牛桂英。

牛桂英是晋剧牛派艺术的创始人。9岁从艺，拜"二牛旦"李庭拄为师，先学须生，后学青衣，13岁正式登台，后常与"毛毛旦""十二红""水上漂"等名家在太原、内蒙古、张家口一带同台演出，名声大震，1947年进京，演出四年之久，成为"丁牛郭冀"中牛派创始人，牛派艺术的特点是行腔委婉，讲究字眼，讲究韵味。

王爱爱聪明，她认真汲取了牛派艺术的长处，仔细分析程、牛两位老师的演唱艺术，根据自身的条件，巧妙地化牛腔入程腔，把二者的艺术精髓融会贯通，加以创新，既保持了程派热情、奔放、刚劲、挺拔的特点，又吸收了牛派稳健大方、委婉缠绵的风格，同时还借鉴了郭兰英喷口有力的民歌唱法，逐步形成了一种新的流派唱腔。"爱爱腔"呼之欲出。

上次，咱们在朔州唱的那一段《四月里》，观众说那是你的代表作？我问。

她笑：是的。

1961年，王爱爱随山西省晋剧院青年团晋京演出，以《含嫣》《见皇姑》《算粮》等剧目，赢得首都观众的高度评价，曾九进中南海为毛主席、周总理等国家领导汇报演出，受到称赞。她的名气也随之飞出了娘子关。山西人民广播电台保存有王爱爱当年在《含嫣》中扮演刘雪梅时的一段精彩录音，至今听来仍觉得清新悦耳，让人感到从心往外散发的舒坦。这个唱段是含嫣的嫂子刘雪梅在去采桑的田间小路上演唱的，题目叫《四月里》。唱腔的第一句"四月里南风吹动麦梢儿黄"，王爱爱唱得清脆、舒展，特别是"吹动"两个字的润腔，突破了传统格局和唱法，新颖脱俗，像在演唱抒情民歌。"蚕生才如蚁，蚕成两寸长，早晚常厮守，移箔避热复避凉"这段唱，唱词为长短句，在唱腔设计上，打破传统板式结构，由"十三咳"直接转入夹板、二性，演唱起来有很大难度。然而经王爱爱巧妙演唱后，就带有了鲜明的王氏风格，四月里的景象就出现在眼前，草绿花红，鸟语花香，清新洒脱，像唱戏歌。当年一曲《四月里》一面世，响彻了省城，轰动了京城。这段美妙的唱段，也就成为王爱爱的成名之作，也是"爱爱腔"形成的重要标志。

但她的艺术还未臻化境，历史却出现了拐点。

她调到省里没多久，一切就变得不正常了。

那时候，她并不懂，只是觉得有不寻常的氛围在酝酿，进了晋剧院的大门，一直是静悄悄的，不排戏也不演出。幸运的是，这个时候，她的嗓子出了问题，省委宣传部就派她去北京治嗓子，顺便到中国音乐学院去听课。那一段的课，对她的唱腔影响也很大，只是到了回来她再排戏的时候，才懂得了老师讲的内容。

从北京回来，"文化大革命"就开始了。那个时候讲究出身，她是"黑五类"，只能接受劳动改造，由于她所在的青年团是省委直属的，受到的冲击还不厉害，人员每天都被拉到南宫去练功排戏，省委书记亲自带队。

那个时候只能演现代戏。可她不能上场，只能给人跑跑腿，给人倒茶送水，帮人化妆。

她没说她的心情。但我懂得，一个好演员自己不能上场，却得给别人化妆，然后看着别人登上舞台，那绝对是种痛苦，这种痛苦可以从毕飞宇的《青衣》中找到痕迹。

那一段时间，对她的人生影响是很大的。尤其是她经历了一代大师丁果仙的悲惨遭遇以及凄惨离世。

她失眠，当时就是靠吃安定才能入睡，她就像惊弓之鸟一样，生怕一有风吹草动，就会被带走。这安定，她吃了几十年。比如说，我要来采访她，必须提前预约好准确时间，不然，如果有人不在预料之中敲门，她就会心惊肉跳。她在很长的时间内，只要有可能都是低头出门，低头回家，走路靠着墙根走，靠着墙根回。她从不与人争角色。她极少说废话，能不说话绝不说话。

我也是在采访过程中，在这种有一搭没一搭的谈话中，才发现这一点的，经常就陷入停顿了，这让健谈的我也有点儿不知所措，但我知道原因后，心里升起许多怜惜。

70年代后来就没有原先那么风声鹤唳了，可以排戏了，王爱爱主演过两个现代戏，一个是曾遭"四人帮"残酷打击的现代戏《三上桃峰》，一个是晋剧移植现代京剧《龙江颂》。这两个戏的作曲在唱腔设计上，突破行当局限，打破了传统晋剧音乐的模式，注入了新时代的音调和气息，在晋剧传统音乐的继承和发展方面取得了突破性的成就。王爱爱在这两个戏中的表演和演唱，更加充分展示了她的艺术才华，给观众留下了难以忘却的记忆。熟悉这段历史的观众都知道，《龙江颂》和《三上桃峰》的演出，标志着王爱爱流派艺术，进入了一个非常成熟的阶段。

可又有多少人知道，她和这两个戏的特殊经历呢？

先说《三上桃峰》。这是产生于特殊时代的一个戏，也是山西文化界的一件大冤案。一匹马和两个村子的故事，写成了戏，先是在基层演，后因那个年代实在没啥戏，就把这个戏抓到省里来，曾代表山西进北京演出，可是在演出前，风云突变，这部戏忽然被抓成典型批斗，说是为刘少奇鸣冤，"四人帮"把它定为大毒草，矛头直指周总理，全国开始批斗，无数人被牵连其中。主演王爱爱当然也被批，省委书记谢振华因此丢官。就在得知这个戏已经要批判了，他们还让《三上桃峰》继续演，演是为了批斗，演员们在台上哭得唱不成。江青后来为了安抚演员，又安排他们再次进京演出《龙江颂》，当然还是王爱爱主演。王爱爱为了这两个戏，吃尽苦头。

"文化大革命"结束后，全国的文艺氛围发生大转变。进入80年代，传统戏恢复，王爱爱不仅先后恢复了《打金枝》《算粮》《金水桥》等传统剧目，还排演了《出水青莲》《春江月》等新编剧目。这一时期，她被评选为全国"三八"红旗手，参加了全国第四次文代会，荣获全国第三届"金唱片"奖（丁果仙曾获得第一届"金唱片奖"），还被评为山西省"十大女杰"之一。随着年龄的增长，她的表演艺术更加娴熟。新的历史时期，给了她新的艺术生命，由身到心的磨炼，让她的演唱日臻成熟。也是在这个阶段，观众喊出了"爱爱腔"这个说法，这一喊就是几十年。

这个风情万种的"爱爱腔"，怎么会如此？为何会如此？

她对我说："爱爱腔不能归功我一个人，这里面有程（玉英）老师、牛（桂英）老师的成分，有作曲家们的集体贡献，我只是在最合适的时候遇到了他们，是他们成就了我。"

这是她的态度。

说到"爱爱腔"的形成，曲润海先生是这样说的：一个流派代表的形成，除师承关系外，都有一个高水平的合作默契的创作班子，特别是编、导、音乐创作人才。王爱爱身边有这样的班子。这也正是当时"爱爱腔""爱珍腔""俊英腔"形成的原因。

这样一批艺术家，成就了80年代山西戏曲的繁荣，他们是"文化大革命"之后文化沙漠的宠儿，当然也是从千辛万苦中熬出来的佼佼者。时代在无序的黑暗之后，在文明被愚昧、野蛮摧残之后的精神离乱中挣扎了出来，向曾经传承有序的文脉伸出了拯救之手，这些佼佼者被接纳，我们看到了戏曲美好的样子。

都知道，王爱爱有个称号"晋剧皇后"，我很想知道，这个无冕之王的称号，从哪里来的？怎么来的？有什么样的故事？

可让我没想到的是，这个称号的来历却很简单。

有一次去北京参加中老年戏曲调演，当时演出很火爆，省外的人首先叫出了"晋剧皇后"的称号，墙内开花首先是墙外香，随后传回省里。让人没想到的是，这一称号，获得了从城市到乡村、从领导到媒体的全部认可，没有一个人提出异议，这，真是不可思议。

这是个偶然事件。它是那样的简单，简单到你瞠目结舌，却又生发无限感叹。

不论"爱爱腔"还是"晋剧皇后",都是观众喊出来的,不用领导指示,不用文件支持,观众在对晋剧表演艺术的饥渴中用真心真情呼唤自己的艺术家,所有人,用自己的热爱表达对"晋剧皇后"的真心崇拜。

她到达了她能到达的高度。她成为时代的标志,成为晋剧界乃至戏曲界一座高峰,几乎难以逾越。

正确的历史观认为,历史是由偶然性和必然性组成的,偶然中包含着必然,必然性是由大量的偶然性表现出来的。偶然性和必然性是相互依存、相互补充、相互作用的关系。"晋剧皇后"是偶然事件,那么,这个事件背后的必然性呢?

要先从"晋剧皇后"是怎么样的皇后,开始说起。

那天,在进行王爱爱艺术音配像的现场,我缠着田永国先生,为我讲故事。田永国是王爱爱几十年的搭档兼朋友,他做过王爱爱的领导,陪伴过王爱爱演出,见证了王爱爱几十年的坎坷和辉煌。田先生讲出来的故事,听得我心潮澎湃。

还是在80年代吧,他们带团到晋北一个村子演出。一听说"皇后"王爱爱要来,一个村子都惊动了,他们奔走相告,全村出动。那时候到乡下演出,都是到百姓家里吃派饭,要住在老乡家里,事先,村子里就进行了合理分配,然后,一家出一个人来,把自己要负责的人领回自己的家。没想到的是,演出的车子刚刚到达村口,全村人就都挤过来抢他们的"皇后"……王爱爱最后跟了老两口回家,因为那老两口淳朴而简单的一句话"我们年龄大了,我们就是喜欢你"就打动了她。老两口几乎是带着感激的泪和骄傲的笑,领着王爱爱回家的。回到家,更让人没想到的是,这个平日安静的家,竟然在接下来的几天里,门庭若市,每天全村的人都会来探望。探望离开的人都会跟没有来探望的人说,以前咱们听说王爱爱的话,都是假的,什么她架子大啊,什么她不喝村里的水啊,什么她喝的水都是从太原带来的啊,假的,假的,都是假的,王爱爱就跟咱亲人一样,跟咱们一样,又朴实,又平易近人。于是传来传去,这个老两口的小家就更拥挤了,全村人都来送饭送吃的,拣他们平时舍不得吃的、自己认为最好的送来。作为回报,王爱爱更加用心地唱戏给他们听。以至于,多少年后,这个村子还把这段历史作为谈资一代一代地讲下去。

TIANDI JIAN YICHANG DAXI
天地间一场大戏

还有一次，他们带团到张家口演出。张家口是有名的戏窝子，这里的戏迷是见过世面见过排场的，也识戏懂戏。去的路上，正碰上那年冬天第一场雪，风雪交加，气温陡降，这场风雪冻病了王爱爱，感冒咳嗽发烧让她忧心，这样的状态怎么唱给观众们啊！他们商定，开窗说亮话，把真实情况告诉观众，不欺骗不隐瞒，于是在第一场戏开演前，田永国作为主持人，先来了一段开场白：我们知道，张家口是山西梆子的故乡，今天的主演王爱爱得了风寒，但我们不辜负观众的期待，王爱爱将带病为大家演出。真实的告白，不欺骗的态度，让现场掌声如雷，也赢得了大家的谅解。王爱爱还是王爱爱，即使带病演出，还是神色自如，依然唱得情满腔足。第二天，分散各地的观众们买了药、熬了粥、做了鸡蛋汤，纷纷赶到他们演出的后台来，舞台上到处是药，空气里弥漫着鸡蛋汤和粥的清香，那个场面太壮观了，也太感人了。连当地宣传部、文化局里的领导们都赶来，和剧团和乡亲们水乳交融在一起。也许是精神治愈，第二天，王爱爱就神奇地恢复了，唱响了当地，听过的朋友都说，还是这个味道啊，没听过的都说，王爱爱就是王爱爱，名不虚传。至今回忆起来，田永国说，那样的场面，想起来就温暖。是啊，想起来就温暖，这样的暖，能暖一辈子。

还有一次，到内蒙古的巴彦淖尔盟演出。谁知道，刚一到当地，听说"皇后"王爱爱要来，瞬间就轰动了。巴彦淖尔也是晋剧的故乡，盼王爱爱来，是观众们心头最大的愿望。本来，演出计划安排在盟剧场，可是每天剧场外，都聚集了大量的人，这很不安全，考虑到安全问题和观众的期盼，盟领导决定把演出地点改在能容纳八万人的体育场。即使是这样大的场地，依然挤得满满当当，盟政府只好出动全城的公安武警来维持秩序。八万人的场地啊，那时候的声光电都没有现在先进，我有个疑惑，那么多人，能听得见吗？田先生告诉我，当然不可能都听见，很多人就是赶来期望见王爱爱一面。当天演出完，观众们就像事先约好一样，都不走，他们就是要看看卸妆后的王爱爱什么样。每个地方都挤得水泄不通，王爱爱在公安们手拉手形成的人墙中，走出来，走过长长的一段这样的"人"路，好不容易才挤到了她要坐的车子旁。可是，这只有很少的一部分人真正见到了王爱爱，场内更多的人群情激奋，大声呼喊。实在没办法，公安们和王爱爱商量过，就把她抬到了轿车顶部，王爱爱站在轿车上，面对黑压压的那样热情的观众，她跟大家挥手致意，向大家绽放她美丽的笑容。观众们更激动了，如痴如狂，有大喊的，有叫好的，有喝彩的，有呼喊名字的，有喊"皇后"的，全场汇成一股大合唱一般的气流、涌动、沸腾不已。持续了十几分钟，王爱爱才得以在警车的护送下，离开了体育场。

我知道，这样的故事体现的就是王爱爱这个"晋剧皇后"的人民性。她接地气，她与人民没有距离感，人民喜欢她。他们到草原上从来没有去过的地方演出，依然还是有牧民们能认出她。当问到怎么会认出呢？有的说在电视上见过，有的说是爷爷们讲过，爸爸们讲过。"皇后"的声名就是这样在长辈们的诉说中、在人们的口口相传中流布广远的。那些个年代，并没有复杂而先进的传媒手段，也还没学会包装推销，王爱爱就到了这样的程度，凭什么呢？

我四处请教，大家说的无非是两个字：德和艺。

德，埋在她骨头里，她从乡间来，她处处记得自己的原生身份，她化德于唱于演于处事，平易近人，从来都把自己放得很低，低在尘埃里，再在尘埃里开花。

艺呢？

追踪她的艺术道路，可以发现，她的奶奶对她进行了成功的艺术启蒙，给她打下了坚实的艺术底子。她的第二位老师程玉英，对她进行更加宽泛的艺术引领，在唱腔和发音上，对她施加了重要影响。她的蜕变主要发生在进入省晋剧院的岁月里，她的第三个老师牛桂英对她进行了进一步规范和改造。

在跟着牛老师学戏的日子里，王爱爱自是如饥似渴，而牛桂英对这个弟子更是倾囊相授，非常严格。大家都说她的代表作就是《四月里》那个唱段，但大家不知道的是，就这么一段唱，牛老师在她身上用了多少功夫：一共三十几句唱，她竟然学了一年。她刚到晋剧院时，榆次口音很重，牛老师让她停下来，先学发音，每个字的读音要学准了，归韵了，再开始唱，一个字一个字抠，整整花费了一整年的时间，这才有了风靡全国的"爱爱腔"。大家都说她演的《打金枝》里的皇后好，可大家不知道就这么一个角色，她是怎么成功的：从第一个出场亮相开始，牛老师就盯紧了她，一出场，老师就撵她：回去！步子怎么能那么大？重来，又被老师撵：回去！一点儿也没有皇后的高贵劲儿。再出场，还是被老师撵：回去！背上没戏。一个角色，竟然连亮相都出不来，她急，急死了，越急越不会，那时才20岁出头的年纪，体会皇家风范有点困难，让自己的脊背都出戏，也是那么难，急过，哭过，只能一遍遍重来，她知道，这是朝最高目标攀登呢。无数遍地出场之后，终于让老师满意了，这才一步步开口唱，又是无数次地重复，直到唱念做都过了关。这样的磨砺才出来一个让观众如醉如痴的"皇后"。

直到现在，她都感激老师在她身上下的功夫。中华戏曲就是这样，没有尺度可以追寻，一切来自言传身教，一切来源于前辈的无私，也来源于自己的真切领悟。写出来的教育方式，往往不能抵达真正的艺术之精髓。只有先传承下来，原封不动地传承下来，再转益多师，宗数家之长，才有可能成为真正的自己，真正的大家。不然，只能让观众看到艺术的衰减。

有了这些，够了吗？

不够。

还得几十年如一日地去演去唱去琢磨去规范去领悟去化艺于戏。王爱爱从未懈怠自己每一场演出，不管是在城市还是在乡村，都是一样的，风里来雨里去，一场一场地演，一句一句地琢磨，一板一板地唱，她的苦功下在平时，这才把所有的从老师们身上学来的，以及在北京学习时领悟到的，还有自己琢磨到的，融会贯通，唱到潇洒自如，演到游刃有余，活到让所有人喜欢。以至于已经八十高龄，我们依然能听到她甜美的嗓音。

等我见到她时，她已经削减了旧时代在她身上留下的痕迹，开始变得活泼开朗，愿意与人交流，也喜欢与年轻人交朋友。老人很可爱，但说起艺术，还是很严肃。

这样的点滴相叠加，才是一个"晋剧皇后"的心路历程和真实背景。说起这样的"皇后"，就像前面所讲，没有一个人提出反对意见，除她之外，说起谁，都会有不同的声音。时代不同了，人们已经不再对戏曲演员有这样的追捧，也再难有人有机缘在艺术上达到她这样的高度。

就像我在朔州遇到的现象一样，这么多年来，王爱爱不管走到哪里，依然是观众最欢迎的角儿，观众爱她，特别爱，近乎疯狂，只要有晋剧的地方，她永远是主角，她永远是皇后。

90年代，她退下来了，为了把"爱爱腔"传下去，她开始收徒。她说：

"我要把这微薄的体会传给徒弟们，让他们为晋剧发挥作用，他们分布在许多地方，有省里的，有地方的，我告诉他们，艺无止境，不能光学我，还要学别人的东西，要博采众长，转益多师，要夹起尾巴做人。"我很惊讶，到了现在，她还要徒弟们夹起尾巴做人。其实，这正是她传承的艺德。

2004年，山西戏剧职业学院成立戏曲教学指导组作为传承晋剧的重要基地，王爱爱被聘为荣誉院长兼戏曲教学指导组组长，开始了她的职业传承。之后，她成为晋剧的国家级非遗传承人。她要尽一个非遗传承人的责任，把戏校的工作当作自己的第二课堂，按时去巡查进度，即使是武打课，不合适的时候也要亲身示范，这是她能尽的对戏曲的义务。她说："咱们戏曲难哪，这是几代人的心血，到了现在，戏曲比其他艺术门类就差了一截，怎么才能博采众长，把晋剧再提升一步，让它跟上时代，我不知道，我80岁了，只能做这么一点事了。"等我修改此文时，王爱爱艺术传承音配像工程已经录制完毕，王爱爱的代表剧目《打金枝》《见皇姑》《算粮》《教子》《祭桩》《金水桥》《采桑》《龙江颂》大小八个剧目，以几十年前的录音，如今弟子们的配像相结合，给山西戏曲留下了传承教学的珍贵史料。

很多人问过，为啥王老师不是梅花奖？

她自己说，她错过了得奖的时间。

事后，我曾就此事问过曲润海先生，曲老是这样对我说的：王爱爱所遇的坎坷更大，《三上桃峰》以后，她一直不顺。粉碎"四人帮"以后，她丈夫被打成"与'四人帮'有牵连的人和事"，成了清查对象，她也受了牵连。演《杨门女将》，她只能当杨门媳妇，也得披起靠来，却不能张开口唱。后来霍士廉、罗贵波到山西，搞"清查善终"，才"善终"了。她没有不停地找领导要这要那。记得她只找过我一次，给她的承包团起了个"永春团"名字。王爱爱为什么没有得梅花奖？任跟心、郭泽民获得首届梅花奖，在省内并没有引起多大的反响，但省文化厅领导却是清楚的，重视的。因为他们的剧目是省文化厅副厅长鲁克义和省剧协共同抓的，给北京送录像是我和文化厅顾问邓焰去的，知道并不容易。文化厅是1983年组建的，当时顾不上考虑梅花奖的事，到1986年，新组建的青年演员培训班，有了眉目，已经能走台口演出，文化厅就考虑给晋剧院推梅花奖了。由于王爱爱比田桂兰大两岁，首先考虑推王爱爱。由我出面，到爱爱家动员她。爱爱说她现在不带团了，去不成。

我说让青训班给配戏，青训班的须生、小生、花脸、小旦都可以。她迟疑了一下说，她已经签订了几个台口的演出合同，毁合同对不起老百姓。再以后，王爱爱超过了45岁，就没有机会了。王爱爱处事低调，对评奖一类的事，向来不争，心态平静。她艺术至上，观众至上，对奖项并不在意，她依然是晋剧皇后！

从曲老的话里，能品味出一个老艺术家淡泊名利的心思，也让人心疼。

从王爱爱的经历中，也可以看出，她出生的时候，还是戏曲比较辉煌的时代，那时候家庭蓄养戏班，因此有她奶奶这样的名角嫁给她爷爷的现象，她的家族都在唱戏。她又经历了从个人戏班到人民演出团体的变化。她的身上反映着戏曲的道路。在艺术上，她除了从小习艺，又接续了"丁牛郭冀"那一辈人的艺术成就，发展出了自己的特色，是真正的承前启后。她吸收前辈们的艺术特点，机智糅合，把晋剧变得更有品位，变得高雅。也由于她的人民性，她把晋剧唱给了更多的人，远超过曾经的晋剧覆盖范围。

她和她那一代人，把晋剧送上了又一个高峰。

她艺术至上，观众至上，她低调平和，不争不抢，百姓爱她，她是真正的德艺双馨。

"晋剧皇后"不是虚名，那是喜爱戏曲的人自愿为她加冕。

3.任跟心：从"三晋第一梅"到"一树梅花绽满园"

山西是戏曲大省，还有一个原因是梅花奖最多，这个中国剧协办的奖项，尽管后来多有诟病，它依然是一个行业的检验标准。对于山西来说，第一届梅花奖的采撷是一件美丽如花的事，对山西戏曲的推动是可以肯定的。这个事件在很长的时间内，鼓励和带动着山西戏曲事业的发展。回过头来看，尽管当时曲老说在山西还不是那么有影响，但在戏曲界的反响是很大的。这一次评奖，可以说是因为任跟心他们，因为蒲剧而直接催生的。这也直接影响了后来几十年的戏曲之路，梅花奖也成为剧协主办的一个影响戏剧发展的重要的全国性奖项，后来有上百人荣获梅花奖，但其含金量，与第一届是没法相比的。尽管后来人们对梅花奖有诸多非议，但这个奖迄今为止依然是人们追逐的艺术目标。

任跟心

在说到"第一梅"之前，要先谈到蒲剧。

现隅居于晋南的蒲剧，最初不是这个样子，毕星星说起他的蒲剧，文笔优美得如人饮酒，举杯邀明月，把酒问青天。

当年，它入京参与到"花雅争胜"的历史节点中，风靡京城。魏长生之后，蒲剧名角郭宝臣入京，出入宫廷，生活丰裕，风光无两，但他还是认为自己是误操贱业，所以不教徒弟，更拒绝子孙继承。蒲剧的鼎盛时期，郭宝臣回到了老家。留下了名声，没留下继承者。当时的皮黄在走上坡路，日后成了京剧，而蒲剧的主将在退缩，蒲剧占领的京城逐渐为皮黄所充斥。毕星星说："大幕徐徐合上，蒲州梆子被遮掩在幕后。隔墙响起皮黄，他在京的辉煌就此合上大幕。一个时代结束了。从此他有了一个另外的名字：地方戏。"试想，如果那个时候，蒲剧的辉煌有一批人来传续，哪里会有京剧的兴起？可历史就是这么吊诡，各有各的宿命。

蒲剧错失了成为国剧的机会，在地方上也还红火着。对于曾经的辉煌，人们问过，为什么也没成为省剧？而是由中路梆子占领了这个名头？

查找了资料，还真有一段故事。

这中间出现了一个人物叫墨遗萍，本名李毓泉，书香门第，早年与运城地下党联系，开始了他的革命生涯。1931年"九一八"事变后，墨遗萍鼓动民众推翻国民党河津县党部，成立"抗日救国会"，并办起"露天学校"，积极向民众宣传抗日。是年冬，墨遗萍第一次加入了中国共产党。1933年起，墨遗萍成为国民党政府通缉的要犯，逃亡，期间为党工作。1935年10月，长征红军到达吴起镇，墨遗萍做了省委的文书，随后第二次入党。墨遗萍在延安，他主编的《函友》周刊报，得到了毛主席的肯定和表扬。也曾经和艾思奇等组建文学组织及剧团。1942年整风时，墨遗萍离职受审，听候甄别时，开始了蒲剧的创作。他参加业余剧团，既当演员，又任编导，此时正是抗战最艰难的阶段，墨遗萍创作并参加了蒲剧《河神娶妻》《正气图》《洪承畴丑史》等剧目的演出。蒲剧在陕北一直有着深厚的群众基础，墨遗萍的作品极为鼓舞人心。1944年，得到平反的墨遗萍的工作重点便倾斜到戏剧专业上来。新中国成立后，来到太原工作的墨遗萍担任了山西省剧协副主席，且创办了山西省蒲剧学社，任社长。次年任山西省文教厅创作组组长，兼省文艺丛书社主任，同时筹办省蒲剧学社直属剧团，实为省蒲剧实验剧团，即后来的省大众蒲剧团。组成蒲剧团的人，是墨遗萍从西安"要"回太原的王秀兰、筱月来、张庆奎等蒲剧大家，抗战期间从晋南到西安求生存，已经是西安名声响亮的角儿，算是定居西安了，墨遗萍要人，他们都陆续到了山西省城太原的蒲剧团报到。成立晋剧的事，也提上日程，北路梆子、中路梆子的名角、剧团也都汇聚到了省城太原，上党梆子的人也在准备北上太原。这次本意是组成晋剧，以后四大梆子这样叫："晋剧·蒲州梆子"，"晋剧·上党梆子"，"晋剧·中路梆子"，"晋剧·北路梆子"。墨遗萍写了剧本，省主要领导提出意见。墨遗萍自己觉得不痛快，把蒲剧团人马直接带走了，弄到了晋南行署所在地临汾。他自己任晋南蒲剧院副院长。随后，北路梆子的人也走了，上党梆子的人还没有来得及来呢，只剩下中路梆子的人。晋剧不能不成立。唯一留在省城太原的中路梆子就直接升格成晋剧了。蒲剧的历史就此改变。当然晋剧的历史也因此改变了。

原来还有这样的故事。也确实，蒲剧是退居于晋南了，成为地方戏的一支。尽管蒲剧的前身山陕梆子是梆子戏的鼻祖，蕴藏着戏曲财富，但也只能在时代的冲击中一路退守为一个地方戏剧种。

又是几番衰落，经过了"民国五大演员"（晋南专区为了推出蒲剧名牌，1958年在全区搞了一次民意测验，投票选举自己喜爱的名演员。投票结果依次为：王秀兰、阎逢春、张庆奎、杨虎山、筱月来。至此，蒲剧五大名演员诞生）的兴盛之后，蒲剧沉潜下来，一直到任跟心他们出现。

任跟心的意义在于对蒲剧艺术的全面接续，并且在时代迎来文艺绽放时适时开出花来，她又在最好的时候转身，把蒲剧艺术再传续下去。

写任跟心的人特别多，写得最好的，我认为是毕星星的《继往开来任跟心》，不落俗套，不跟风。太多的人写她，我便想放弃这个想法。而让我思想有了变化，是在东方卫视的真人秀节目《喝彩中华》中，临汾的小演员们技惊四座，让王珮瑜、徐帆等评委们大加惊叹，也饱含热泪，我们戏曲艺术的诸多好，原来在这里。这些小演员们竟然都来自临汾蒲剧院小梅花蒲剧团，深入了解，原来，都是任跟心以及临汾蒲剧院倾20年心力培养出来的已经在全国颇有口碑的"小梅花"。

寻找任跟心，就这样排上日程。我在临汾蒲剧院见到她，她一点儿也没有大演员的派头，像邻家大姐，轻声慢语。她说，能不能不要写我？写写我的小演员们，写写我们蒲剧院，是他们共同撑起了临汾蒲剧，这是一棵菜的精神。

当然会写，她所做的一切值得探讨并推广。

任跟心获得第一届梅花奖的路程并不算坎坷。

1984年，第一届中国戏剧梅花奖在北京开评，来自晋南地区的任跟心、郭泽民雀屏中选。这是多少年以来未有的奖项，也是自"文化大革命"以来文艺振兴的第一个奖项，是中国戏剧最高奖项。和他们一起获奖的还有叶少兰、刘长瑜、李维康、李雪健等人，都是有口皆碑的艺术家，占据着戏剧艺术的最高峰，这也可想而知这个奖的分量。

一夜成名天下知。

从少年习艺到梅花初绽，任跟心的艺术路要从头说起。

她说话的时候，满眼的快乐，仿佛这一生就是快乐堆积起来的。她说起她的童年，我听得也眉飞色舞。从小，她的艺术感觉就出奇的好。任跟心家兄妹九个，她行八，家里条件并不好。但她快乐，她用所有的时光来歌来舞，去地里干活唱，在家里炕上舞，她的观众就是家人。这是她的天赋。

1974年，任跟心考到临汾艺校。她刚考上艺校的时候，舞台上、学校里还都是样板戏，样板戏特殊的样式需要的都是高大上的人，她个子小，排不上队，就默默地练基本功。课上了两年多，大概粉碎"四人帮"不久，恢复传统戏的消息就传来了，学校马上转向，放弃现代戏，改教传统戏，她们这一代应该尽快成为蒲剧的台柱子。这个时候，她的个子也长起来了，长到1米60多，这是旦角最好的个子，她的基本功也练得差不多了。

她至今记得，选中她来学《挂画》的情景。她的老师是王秀芳，和蒲剧五大演员都是同期的艺术家，只是名气没有他们大，王老师坚持让任跟心学《挂画》，老师看中她练功的韧劲，后劲大的人才能长期站在舞台上，尽管现在并不出众。为了她，老师和学校吵翻了天，学校领导最后还是决定让她学。《挂画》是蒲剧名旦王存才的拿手绝活，那时候有一句传言："宁看存才《挂画》，不坐民国天下"，可见这出戏的好看程度。能把这出戏给了她，这是她的造化，她懂。她暗暗地下决心，自己一定要练出来。为了达到最好的平衡效果，没有椅子，就把砖头立起来，每天站上去练。别人有半个小时的吃饭时间，她每天只有 10 分钟。她也没有寒暑假。为了在舞台上能笑出个样子，她练得脸都疼了。她的基本功更是自我要求到了严苛的地步，她主攻小旦，却自己练下了刀马旦的底子，这让她受益一生。就是这样的精神，让老师们看在眼里，喜在心里，那时候，除了王秀芳老师，还有其他几位老师，都是五大演员的徒弟，他们是手把手、一对一把一手功夫教给她的，她把蒲剧旦角的看家戏《挂画》《表花》《烤火》《拾玉镯》等都学到手了。她说，她永远感谢自己的授业恩师们。

这是些十岁出头的孩子，连基本生活都不懂的孩子，老师们和他们同吃同住，照顾他们的日常起居，她说，那时候得到的教育和爱，再不会有了。是啊，时光洪流滚滚向前，再无法回到过去。

1978 年改革开放开始了，文艺战线也真正地百花齐放起来，山西戏曲在老厅长曲润海那一帮人的豪情满怀下开始了新征程。这一年，第一届戏曲学校汇演在太原举行，任跟心她们代表临汾艺校出征，一出《挂画》演完，她赢得所有人倾慕的目光。这一年，她在戏曲圈内小小成名。

1979 年，他们这一批学生毕业，临汾蒲剧院以他们为底，又从各县抽调骨干，成立了青年团。他们肩负着蒲剧传播和传承的双重使命。

1980 年，山西省戏曲优秀青年演员评比演出，任跟心获一等奖。

1981 年，全省中青年演员调演，包括任跟心在内，临汾获得六个最佳。

1982 年，全省青年演员评比，任跟心以及郭泽民、崔彩彩获最佳奖。

这一批奖项的获得标志着这一批孩子成熟起来，蒲剧这种历史悠久、家底雄厚的地方剧种，一旦没有了束缚，马上就会显出光彩，自五大演员之后，经过了几十年的沉寂和萧索，蒲剧"百代英灵附体，百年祥光化育，一门古老的艺术终于滋养出一个青春的精灵，蒲剧代代人的积累，仿佛要在她身上找到一个爆破口"（毕星星语），蒲剧要走上更高更远的路了。

1983 年 10 月，临汾蒲剧院派任跟心、郭泽民、崔彩彩等人组成赴京演出团，带着《挂画》《跑城》《救裴生》《火焰驹》《周仁献嫂》等剧目，接受首都人民以及文艺界的检验。他们最初在吉祥剧院、长安剧院、广和剧院首演，谁知竟然惊动了高层领导，继而进入人民大会堂、中南海去演出。一时间，小小的蒲剧轰动京城，当年魏长生晋京受皇帝青睐、五大演员横扫京城的场景又再次重演，蒲州梆子春风吹又生。演出期间，老专家们就召开座谈会，戏曲元老张庚、郭汉城，剧协主席曹禺，文艺界老领导周扬，京剧大师阿甲等专家都盛赞这些年轻人，他们是每一个细胞都会说话，戏、技、艺完美结合、水乳交融，尤其是《挂画》，这是无声的绝唱，来自蒲剧几百年久远的魅力让他们倾倒了。剧协常务书记刘厚生当场决定，由《戏剧报》《戏剧丛刊》出面，向全国推荐任跟心、郭泽民和崔彩彩三位青年演员。至此，蒲剧在北京刮起了旋风，40多天的演出，他们演完了北京的所有剧场，且场场爆满。老专家们一致认为，不能让这些孩子们就这么回去，已经讨论过的梅花奖，必须提上日程。等到他们载誉回到临汾的第二年，第一届梅花奖揭晓了。

之后，崔彩彩也获得梅花奖，眉户演员潘国梁、许爱英也相继斩获梅花奖。五朵梅花开放在尧之都城。

第一届梅花奖的获得，奠定的不仅仅是蒲剧的地位，还记录着山西戏曲冲刺的脚步，发出了时代的最强音。任跟心并没有停止她的艺术探索。

但，人生路艺术路都不是一帆风顺的。有时候，退缩是为了前进，也许前进必须先有退缩。

改革开放四十年，经济挂帅，90年代是戏曲面对时代大潮最艰难的一个阶段，很多院团难以为继关门了，很多演员直接走穴去了，戏曲在时代的风中凋零着。

任跟心没有逃过这个时代，团里发不了工资，大部分人员都下海了，任跟心没戏可唱，也尝试着去做生意。那时候她已经是人大代表了，也认识一些场面上的人物，他们教她怎么批发，怎么零售，她就和郭泽民一起，在临汾开起了杂货铺，从火腿肠开始做起，然后是烟酒，两家人骑着三轮奔波在送货接货的路上，晚上还要算账，那时候，经济正是上行期，一天有时候也能挣个几百块，他们一开心，当晚就吃掉了，两家人就是图个快乐。即使是送货路上，他们也唱着他们的蒲剧腔，痛并快乐着。之后，他们又开过歌舞厅，在包间拿着话筒唱蒲剧。

挣了些钱，可是干着干着，却越来越不开心，这样的生活，怎么过也没有唱戏快乐。30岁到40岁之间，人生最好的十年啊，黄金时光就这样浪费了？他们是蒲剧的中流砥柱，就这样不管不顾地活着？他们两个想到这儿说到这儿，马上关闭了所有的生意，决定只有一个字：回。

回他们的蒲剧院。

回他们喜爱的蒲剧中。

回他们成千上万的戏迷中去。

世间事，万物归一，灵魂深处的那个需求才是真正要抵达的故乡。

恰值此时，临汾蒲剧院也经历了阵痛。让他们回来，是领导及戏迷共同的愿望，也是形势所需，名演带团，这在其他地方已有先例。

任跟心先是挑起蒲剧团团长的担子，能不能干好，她心里没底，在团里层层开会，当然，置疑的也有，壁上观的也有，冷嘲热讽的也有。有一天，有位老艺术家，也是她的老师，就说了一句话：跟着娃好好干。就是这句话，让任跟心相信，团里都是好同志，即使有小困难，也一定能克服。那就干，好好干！

当了一个团的领导，和以前只做演员是不一样的，忙，实在是忙，一忙起来，脚不沾地，妈妈病重，她只回家见了妈妈一面，告诉妈妈，她很忙，闲了再来看老人家，然后就奔赴她的战场。就在任命为团长一周后，妈妈撒手离开了人间，她哭，她痛，但她要干的事太多。回想起来，是妈妈对她的严格教育，形成了她坚毅的品格和与人为善的修养。如今才知道，童年的温情陪伴成了一生的温暖记忆，太可贵。可是连悲痛都没多少时间沉浸其中。

只干了两年，领导们又决定把蒲剧院的担子也放在她肩上。

面对临汾蒲剧的局面，她没有怨言，也不能有怨言，当蒲剧人把她送上高高的领奖台上时，就注定了她需要在关键时刻力挽狂澜。

她的人生和艺术搭档郭泽民，只说了一句话：干——干不好，还干不坏？面对着这位一进蒲剧团就在一起的搭档，任跟心百感交集。艺术上，他们有默契，人生路途，这位汉子不离不弃，用全部的心力来支撑她，不是没有红过脸、吵过闹翻过，但在面对他们最喜欢的蒲剧时，他们从来都是一致的。她很感谢这些年这位搭档的付出，扛得起流言蜚语、顶得住惊涛骇浪、从不计较职位的高低和金钱的多寡，是真正的汉子。

尽管没有想过这个位子，也不知道能不能挑好这个担子，但那么多注视和期待的目光，让任跟心没有退路。

她去向老领导们请教，向她的授业老师们请教，找到了自己前行的方向。

首先得有戏。

面对涣散过的市场，面对涣散的人心，面对青黄不接的生存状态，面对蒲剧的大滑坡，只有抓出一出好戏，才能凝聚人，才能解决目前的问题。

一出好剧需要一个好剧本，贾平凹的小说《土炕》映入眼帘，她找人把它改编了出来。这是一部催人泪下的好剧目。一个叫杨三妞的女人嫁给了木墩，新婚之夜，三妞和木墩救了红军战士龚娟，并把龚娟留下的孩子抚养大，几十年风雨啊，木墩牺牲了，养女被龚娟接走，"文化大革命"中，养女受牵连，又把自己的女儿再次送回，"文化大革命"后，杨三妞把养女母女送走，在自己的土炕上走到了生命的尽头。就在一盘土炕上，杨三妞护养了红军三代人，经历了三次生离死别之痛。

这是一出不同于以往的现代戏，没有戏曲程式可借鉴，只是演人的生命和心灵。能不能把这出戏排演出来，是戏曲史上的革命，也是蒲剧院能不能再次腾飞的关键。

全团人都知道这出戏的意义，都在尽力。

排练场上，经常排练到全场哭。这出戏太重了，肩负着老师、朋友、戏迷以及全临汾人的希望，他们别无他途，只能踏踏实实地搞。音乐，一遍一遍地重复修改；唱词，逐字逐句地斟酌。

这出戏要从一个女人的青年演到中年和老年，相当于三个角色。为了解决造型，任跟心去街上扯了便宜布头，找人做成她要的行头。为了解决自己嗓子方面的弱项，她找了声乐老师，白天在排练场排戏，晚上跟老师学发音，一个声音一个声音地找发音位置，解决了自己科学发声的问题，也找到了三个角色之间的声音转换方法。

终于，等到了《土炕上的女人》上演。

超出他们预期的是，此戏一经上演，就成了火爆无比的大戏，当月连演28场，场场爆满。多少人夜晚寻来，顾不上吃饭，却在演出完后，等着把心爱的礼物送给演员们。观众的眼泪再一次成就了蒲剧艺术。

2001年，任跟心阔别京城十八载，再次带着《土炕上的女人》杀回来。北京又一次轰动，观众们喊出了"蒲剧万岁"，专家们端着盒饭等发言，盛情研讨，认为这出戏把戏曲程序完美地无形地化入现代戏中，以此为标志，中国戏曲现代戏成熟了。

不由得不惊叹，传承了四百年的蒲剧，每一次出现都是惊天动地的。这种现象和它所处的小小的地域实在不相符，但也正是这黄河岸边的古老土地，抓一把泥土都能攥出文明汁液的地方，才能实现这种狂放的呼喊吧。

一出戏，成就了编导演乐等参与的每一个人。

这一年，任跟心梅开二度，蒲剧实现大翻身，牌子更加响亮，演出多了起来，演员工资可以按时发放，临汾蒲剧院的人，走路都会笑出声来。

任跟心的梅开二度，是山西戏曲史上第一个二度梅，也因此成就了她"三晋第一梅"的美誉。

早些时候，她白天排着戏，在排戏的间隙，骑着自行车，穿梭在临汾城里，实在焦头烂额。没办法，她坐在家，还会有人上门讨债来。她为了蒲剧，舍得下自己的声望和口碑，好在对方都会卖她面子。她和同事经常在银行之间奔波，往往这笔钱还没拿到，另一笔钱就需要还账，有时候就是几秒钟的时间差，也能把人急死，只能一个电话一个电话打出去，去求人。一两年之内，所有问题都迎刃而解了，员工分上了房子，演出也能照常进行。她终于可以歇歇了。

如果换了别的地方，她这样的艺术家，完全可以坐享其成，但她却不行，肩负重任，在蒲剧最关键的阶段，她得为蒲剧放下身子、舍了面子，去哀求，去铺排，如同蜡烛，只求照亮这个世界。

排着戏，焦头烂额地走在解决经济问题的路途中，同时，她还招了一批蒲剧新人。

招新人就是招收一个班的学员进行定向培训，这是临汾蒲剧院的传统，也是老院长赵乙的意见。她几次说到，戏，必须养人，没有人，也就没有戏。

任跟心他们所成立的蒲剧青年团，是蒲剧院的第二代，在他们之前，60年代成立过第一个青年团。

起因是当时的五大演员太火了，火到他们不上台演出就无法进行，没有这五大演员，剧团就没有台口。面对这种情况，领导们决定，让五大演员停止演出，专心带学生，同时成立青年团，这样传帮带，不长时间，以王天明、杨翠花、田迎春、裴青莲为骨干的阵容整齐、演出水准很高的团体就出来了，1963年赴京演出获得成功，很快就得到了观众的广泛认可。这算是蒲剧院取得的成功经验。

当第一代青年团的演员们成为蒲剧的中坚力量，青年团也在时代的发展中成为实验团之后，80年代又成立了以任跟心他们为主干的第二代青年团。青年团一成立，就演火了，为求看他们的戏，临汾以及外地的人能打破头，甚至有人把为看戏被打而留下的疤给人看，认为那是他们的荣耀。一出戏，全市人轮流着看，直到全部都看完，去外地演出，已经不是一票难求能形容的，那时候，全国谁不知道山西有个青年团啊！马上，全省就在各大剧种中都成立了青年团，一共成立了10个青年团。虽然由于地域的关系，他们后来极少代表山西出去，但在那个时代，是蒲剧青年团走南闯北，为山西梆子登台挂帅。

任跟心担任院长后，老院长赵乙对她说：跟心啊，培养艺术人才，二十年一个大轮回，十年一个小轮回，是时候该成立青年团了。

说到这里，要说一说这位赵乙。赵乙先生是蒲剧界的权威。任跟心写过这位老师、这位恩公、这位老领导。这位可敬的老人、老院长是蒲坛巨擘，一辈子编、导、演、排，为蒲剧的传承立下汗马功劳，蒲剧的所有本子几乎都经他的手，旧戏重新编排，新戏重点打造，就连五大演员的戏都经过他的手，遑论青年演员们。老人家培养了太多的蒲剧人才，蒲剧的几次兴盛，都与他有关系。任跟心也是，初期的《烟花泪》，后期的《土炕上的女人》都有老人的滋养。任跟心敬他、重他、念他也承袭他。

老人家语重心长的话，任跟心懂。她是这句话的受益人，也是这句话的实施者。

这就是成立临汾艺校定向班的由来，《土炕上的女人》在排演之前，定向班就已经招生完毕。这次招来的学生用的是艺校的毕业证，由他们来请老师教授专业。

提起这段经历，蒲剧院副院长杨峰叹息着，那是一段什么样的日子啊。为了招到学生，他们要带着印有任跟心和郭泽民的小广告到乡下去，一个村一个村地跑。给人家做工作，到处发放自己的小广告。杨峰院长也是和任跟心一批的艺校生，学的是音乐，他说，几十年过去，这招生情况简直与他们那时候不能相比，以前是几万人参加招考，现在是他们走下去，苦口婆心地招人。只是几十年，却已发生天翻地覆的变化。一段时间的奔波，招上来几十个人，最大的14岁，最小的9岁，还80%的父母都是从事这个行业的人。

找到闲置的场地，70个孩子，演员、乐队一划分，开始封闭学习。老师聘请了一拨又一拨，任跟心和郭泽民是必须给孩子们上课的，甚至把给他们授业的老艺术家也请来当老师。尤其是乐队，还得一对一地学习。这一批孩子一样又是浸透着蒲剧人的心血。到后来，演员也是一对一地教。不管条件多么艰苦，他们心里是有一种信念的，必须像上一辈对待他们一样，带出一支硬邦邦的队伍来。

任跟心说，那时候真的太疲累了，排新戏，带团演出，处理大小经济事务，还要给孩子们上课，经常累得发不出声来。她知道，不能这样下去了，她得有取舍，思前想后，她放弃了自己，她主攻花旦，花旦演员一旦年龄大了就不占优势，而且她已经是梅花奖了，早已全国驰名，而孩子们却在关键时期，那是蒲剧的未来。

她这一思考，人们再也没有见到任跟心的舞台形象：她用自己去换蒲剧的未来。

这些未来的孩子们自从得到老师们的亲传，在临汾的各级汇演中已经崭露头角，但他们就像曾经的任跟心一样，需要更大的舞台。

机会说来就来了。

2003年非典期间，所有学校都停课了，剧团也没有了演出，这个定向班反正是封闭的，任跟心就和郭泽民他们集中给孩子们授课，几十天下来，这些孩子们是飞跃着成长的。训练完毕，任跟心带着他们到郑州参加由中国戏剧家协会举办的"第七届中国少儿戏曲小梅花荟萃活动"，这次活动中，这些孩子们摘下了五朵"状元花"，他们分别是第一、二、三、五、七名，还有一些孩子获得"金花"，又是一次漂亮的出击，孩子们一亮相，就惊艳全国。从郑州回来，得到了临汾市领导的高度赞扬，给孩子们授业的老师们视贡献不同而得到不同的奖励，也由此开始，临汾市申请举办了第九届小梅花荟萃活动。

再成立一个青年团，已经具备了条件。

中国剧协很看重这批孩子，并授意这个团可以用"小梅花"这个称号，就叫"小梅花蒲剧团"。于是在2005年，蒲剧第三代青年团建立了起来。全国也只有这一个小剧团是中国剧协命名的，在这尧帝的土地上，提起来，真值得骄傲。

风风雨雨又是二十年。

之后，这些小梅花们便在各种活动中出现：

参评山西省的戏曲最高奖"杏花奖"，这批孩子有十几个获奖。

2009年，国庆60周年庆典，小梅花团晋京，演出《尧颂》和一部分折子老戏，河北梆子老艺术家刘玉玲说，全由青年演员担纲的、这样水准的演出，这在全国是头一份，临汾了不得。

2016年，小梅花团参加在石家庄举行的"全国梆子大汇演"，一样获得好评，大家都说，像这样没有梅花奖演员领衔的剧团，只有临汾一家，这是个了不起的团，培养人才方面，临汾走在了全国前面。这对那些天天喊叫青黄不接的院团是个绝好的启示。

也许这些成绩能补偿得了我们很早就在舞台上看不到任跟心的遗憾吧。

可是回想起来，却是悲欣交集。

这些孩子来的时候，总是有很多事情让人措手不及。男孩子，年少，血气方刚，有时候就和周围村庄的人发生冲突。有一次，竟然和社会上的"光头帮"发生了冲突，双方皆有受伤。三个孩子被送进医院，任跟心他们这些领导们半夜被叫到医院，守着孩子们，直到转危为安，提心吊胆的一夜过去，他们还得去想办法安抚村子里的人，还要和对方谈判，还要找关系去疏通摆平这件事。这样的事情处理了好几次。女孩子，也得紧紧地照看她们，生怕恋爱了，生麻烦。就像当初他们的老师对待他们一样，任跟心他们一样在这些孩子们身上倾注了心血，这才理解了当初他们的老师有多么不易。

苦点，累点，都没啥，可是挡不住人才流失。即使是成为小梅花以后，还是难以解决这个问题。有的孩子，好好的就跑了，到处寻找，再把他们找回来。有的孩子竟然被拐去传销，好在他们还自己回来了。有的孩子去了别的剧团，有的孩子做生意去了，有的孩子再也不唱戏了。刀马旦离开了，大提琴离开了，打击乐离开了……损失那么大，他们欲哭无泪。就连任跟心最喜爱的女演员，已经传承了她所有戏的弟子，也离开了这里，任跟心和她断绝了联系，可这个孩子每次传统节日都会到蒲剧院来，给自己的老师也是妈妈放下点礼物……任跟心难解心结啊。直到有一天，这个孩子再次站上舞台，任跟心悄悄去看戏，并把意见写出来发给她。

走的走了，但这些年，更多的人留了下来，人才也越来越齐全。就是这批孩子，有的学了导演，有的学了作曲，有的学了灯光，有的学了舞美，一个完整的戏曲团体齐刷刷地站了起来。

一样的，还是要抓精品，2017年，小梅花团排出了新戏《老鹳窝》。他们邀我去看。当"要问故乡在何处，山西洪洞大槐树，要问故乡叫什么，大槐树下老鹳窝，老鹳窝是家，家是老鹳窝"这主题乐一起，我热泪盈眶。小梅花的新戏立住了，小梅花长成了，一树梅花开满梨园，无意苦争春，一任群芳妒。

任跟心及临汾蒲剧院的一树梅花值得借鉴，只有这样20年的轮回，一批批的人沉下来，再带出一批，才能让戏曲艺术永远挺立。毕竟，一个人的艺术生命是有限的，戏曲生命的长久远大于个人的得失，在这里没有英雄主义，只有像向日葵一样地围绕戏曲本体旋转，这才是传承的最佳途径。反观更多的院团，中年艺术家们舍不得让台，自己已经唱不动了，依然占据舞台，年轻人无法在舞台上得到锤炼，等多少年过去，就会发现院团或剧种是青黄不接的局面。为此，这样的经验应该大书特书。

从大梅花的盛开，到小梅花的绽放，任跟心和临汾蒲剧院一起走过了四十年的光辉历程，他们在改革开放的时代里，经受着时代的考验和洗礼，他们站得正，走得直，心中有蒲剧，心中有戏曲。为保留传统文化的种子，他们每个人都把人生和精力奉献在了这里，请原谅我，不能一一写出他们的名字。我今天写任跟心，不是写她一个人，而是写一群人，他们共同走着一条路。

我离开的时候，任跟心他们正着手做让"小梅花"升级为"大梅花"的工作。2000年到现在，马上又是二十年，他们也在筹备再招收一批小演员的工作。希望这二十年的轮回更有光芒，他们这些人也对得起老领导们的嘱托，对得起自己一生从事的这个"热耳酸心"的事业。

蒲剧现阶段有这些人撑着，虽居于晋南一地，相比其他剧种，却饱满而有实力。蒲剧里保存着的绝活，带着中国戏曲最伟大的程式美。任何一个时候，只要需要，蒲剧随时可以出发。不是国剧，没关系，不是省剧，也没关系，它不会衰落，不会埋没，它的深厚完全可以拯救自己。

也不是没有疑问的，比如说，任跟心之后，谁又能成为蒲剧的一面旗帜？这二十年的轮回是不是能再传承下去，让蒲剧江山代有才人出？

这只能留给后人去做，也留给后人去写了。

而我却守在家乡一隅，看着自己写下的这些文字，想着蒲剧的辉煌与退守，有热泪涌出。

4.谢涛：山西戏曲的领跑者，在须生和红颜之间隐现

　　　　1984年，任跟心他们刚刚获得第一届梅花奖，全省轰动，李立功书记亲自带队欢迎，欢迎的人群中有王秀兰、王爱爱、孙昌、张智等人，等大家都发完言了，李立功书记问，还有谁发言？17岁的谢涛站起来说：祝贺他们捧回梅花奖，不久的将来，我也要得梅花奖。全场哄堂大笑，除了谢涛自己。

　　　　十二年过后，当年发言的那个小不点儿，真的捧回了梅花奖，而且在又一个十二年后，她凭借《傅山进京》又梅开二度。

——题记

如果问一个女人，最在意的是什么？我想，多数女人的回答应该是容貌。

如果问一个男人，最在意的是什么？我想，多数男人的回答应该是力量。

容貌和力量为人所重，各异其趣，但是不是可以让这两点结合在一起，并呈现一种张力，让人深深着迷？有没有这样的人可以做到这一点？这样容貌和力量的结合，有什么样的意义？这样的样本又为戏曲提供什么样的贡献和增值机会？

为此，我思索了很久。

前面说到戏曲舞台上有一个行当，叫"乾旦"，魏长生、梅兰芳就是这样

谢
涛

的行当，跟"乾旦"对应的，还有一个行当，叫"坤生"，意思是女人扮男人，越剧艺术几乎都是这样。剧作家陈彦说：在艺术创造上，异性相互用另一种视角去审视窥测对方内心隐秘，有时会达到同性所不能企及的效果。"乾旦"是这样，"坤生"也是这样。说起有名的"坤生"，深深地恋过梅兰芳的"冬皇"孟小冬是，光彩照人的裴艳玲是，红遍大半个中国的王珮瑜是，在山西，谢涛是。

就在我动笔写下此文之前的 2018 年 11 月 30 日，由郑怀兴编剧、石玉昆导演、谢涛领衔主演的《傅山进京》在太原青年宫进行了商演。

这样的商演尝试在晋剧史上，甚至在整个山西都是首次，在此之前，也就是去年，谢涛和一个文化公司一起，尝试进行商演，当时他们选择了十年未与观众见面的《范进中举》，这部戏是谢涛打开上海之门，让晋剧再度回归上海滩的作品，是谢涛个人艺术史上的里程碑。第一次商演，上座率达到了90%，初步尝试有了一点效果。一年之后，谢涛再发力，把《傅山进京》拿出来，再次检验自己的思路。

对于商演，谢涛认为，这是一条必由之路，一个角儿的艺术魅力是不是有长久的光芒，一个剧目是否能经得起市场的考验，一个剧种是不是有让大家信服的经典作品，这都需要交给观众或者交给市场去衡量。

她是忐忑的。

她又是自信的。

忐忑来自，《傅山进京》不像《范进中举》已与观众久违了10年，而是从诞生之日起，就连续上演，演了10年，到现在为止，已经演了600场，城市演、乡村演、过节演、比赛演，在没有停歇的演出中，观众还愿意掏出一大把银子来支持票房吗？更何况，半个月之后，改革开放40周年精品剧目展演还有此剧，而那时的票价只有30元，要知道，现在的商演，最好的票价定在了300元啊。

虽然忐忑，但是谢涛就是要做蹚过男人河的女人，这个必要的历程，必须硬着头皮上，这是为晋剧为戏曲为真正的艺术寻求一条路，这些年，戏曲已经从高高的神坛上走下来，它弱于太多的艺术，不能说，大家一面享受着高品质的演出，一面喜欢着谢涛，却不能接受把艺术换算为等量的价格。这种尝试，在北京上海等文化大都市也许不是问题，但在山西是。

自信来自对自己对团队的信任，来自这部剧作11年来常演常新的舞台实践。每一次在舞台上与傅山相遇，谢涛都体察到一个士大夫的骨气，那是对现实的失望以及思考之后的再次投入。谢涛相信，傅山不会让观众失望，郑怀兴的才情不会让观众失望，而舞台呈现的唯美和"和而不同"的理念不会让观众失望，11年来在观众心中积攒下的口碑都不是假的。

自信还来自这次在宣传和推广方面做足了功课，很多个平台早早开始了动作，谢涛的大型海报时时出现在人们面前。

决心和决定已下，等结果。

没有想到，开售一周，票已基本售罄，300元的好票尤其在很短的时间内被搜刮一空，50元的低价票也风卷残云一般售出，到最后，闻讯而来的观众们只能买到150元的中间档次了。

谢涛放心了。

谢涛感动了。

从全国各地赶来的观众充满了剧场的空间，有的是自己买票来的，有的是儿女给买了票的，有的是看了还想看的，有的是纯粹来看角儿的，有的是第一次走进剧场体验的，当然更有早早就在"涛迷群"（谢涛的粉丝群）里的很多戏迷。

总之，灯光亮起的那一刻，大家面部表情是一样的，齐刷刷的兴奋。

舞台上，谢涛全情投入。

舞台上的谢涛与傅山合二为一，在亲情中落泪，在强权下抗争，在奴气前批判，在对峙中展现智慧。

有人说，看到谢涛，为她的艺术泪目。

岂止如此啊，演出结束后，观众久久不肯离去，不用发令，齐齐地聚集到台前，谢涛带着她的团队一再地谢幕，观众打出了"涛涛我们爱你"的牌子，欢呼的热浪，一浪高过一浪，当主持人问出：还来不来？观众们，就是那些上了年岁的老人们，齐齐地高喊：来！

我感动到落泪。

不忍再让这样的气氛袭击我脆弱的神经，我离开了剧场。

商演，谢涛探索的一条路径，一条坚守艺术家的自信、让投入与产出达到最大平衡、培育有效市场的一条路径。

愿这样的商演多起来吧。

谢涛为什么能在市场的检验中，依然有这样的魅力？她为什么经得起反复而长久的审视？

我反复地触摸并体察着她的艺术之路。

有一次，谢涛下乡演出，正在化妆时，接到电话，某个村子点名要看《于成龙》。这个电话有点意思，谢涛在不知不觉间停下了忙碌的手，要知道农村一直坚持看传统戏，《点帅》《打金枝》等老剧目演了又演，都能倒背如流了，也拒绝看新戏，如今能在乡下推广的，也就是后来排出的《烂柯山下》。今天竟然指名道姓地要演出《于成龙》。谢涛有点纳闷。

谢涛把电话打过去，想问个为什么。

对方的回答，也能听出点不好意思：村民们要点咧，全国各地的人都在看，从电视上看到都说好，不能光让城里人瞧，我们也要瞧，我们也想瞧瞧好不好。

放下电话，谢涛有好久不吱声。

那一晚，也是一个让人铭记的夜晚。

点了就演。平时村里看戏习惯要看3个钟头以上，遵从百姓的习惯，就在《于成龙》前面加上一段折子戏《舍饭》，谁知折子戏一唱完，竟然停电了。这一停，就停了两个小时。大家都说，这下子完了，人肯定走光了。乡村的夜晚，长达两个小时的等待，空旷里的夜里没有任何声响，换谁都会不耐烦的。两个多小时后，寂寂的夜里忽然大放光明，不知谁喊了一声"来电了"，霎时，又热闹起来。答应了的演出，一定是要演的，可观众什么情况呢，大家心里没底。锣鼓响起，大幕拉开，可是，没有想到，抬眼往舞台下望去，台下竟然满满当当地坐着人。一时间，谢涛感动到泪落，那晚的《于成龙》她是百感交集演完的，她能体会到传统文化的回归以及人们对名角名戏的渴望程度。

演完回家的路上，关于《于成龙》的细节再一次浮上心头。

2017年4月7日晚，第27届"上海白玉兰戏剧表演艺术奖"颁奖典礼在上海举行，谢涛是带着晋剧《于成龙》来的。坐在台下，她出乎自己意料地安静，她的外表是安静的，内心也是安静的。来之前，就被告知她获得了"特殊贡献奖"。除了这个奖项以及"终身成就奖"外，其余奖项都是在现场才宣布。

当宣布她获得"特殊贡献奖"后，全场掌声雷动。谢涛依稀还记得颁奖词是：晋剧《于成龙》主题好立意好，做到了专业呈现，鼓励传承创新精神，同时奖励谢涛常年在基层演出。颁奖之后，谢涛做了即兴发言，她说："这个奖项沉甸甸的，它不单单是颁给我个人的，也是颁给我们晋剧这个地方剧种的，感谢上海，感谢上海的观众还有老师。"发言之后，谢涛还作为获奖嘉宾，演唱了《于成龙》的经典唱段。

那天给她颁奖的是著名京剧表演艺术家尚长荣。尚长荣是京剧四大名旦之一尚小云的公子，他虽没有继续乃父的"尚派"艺术，但他在花脸领域也达到了很高的高度，尚先生的《贞观盛事》《曹操与杨修》《廉吏于成龙》都获得好评。这时，尚先生虽已卸任中国剧协主席一职，但他塑造的形象活在观众心中。谢涛知道，为了演好于成龙，尚先生曾来山西于成龙的故乡多次采风，当《廉吏于成龙》成功上演之后，又以一元钱的价格把自己的《廉吏于成龙》著作权让渡给了于成龙的故乡，自此，这一版本的《廉吏于成龙》被山西多家剧团排演。在创作自己的《于成龙》（初名《布衣于成龙》）之初，谢涛曾多次研习尚先生的剧本和表演，她对尚先生是倾慕的，没有想到这次会从尚先生手里接过这个奖项。这是两个"于成龙"的握手，是山西文化在上海滩的一次精神闪耀。

颁奖完毕，谢涛静静地坐在台下，她知道这个奖项的分量。也忽然明白，之所以有今天，是因了山西文化的滋养和积淀，这是对传播山西文化的肯定。

上海白玉兰戏剧表演艺术奖诞生于1989年，绽开、展露于上个世纪90年代剧艺探索创新、事业改革转型时期，是由上海市文学艺术界联合会、上海市文化广播影视管理局、上海市文化广播影视集团和上海文化发展基金会主办，上海文广新闻传媒集团、上海戏剧杂志社、上海市演出公司、上海市演艺总公司承办。虽说是上海地方奖项，却因参与人员的规格之高、评奖的相对公正，成为当今中国戏剧领域主要评奖活动之一，已得到国内外戏剧界及有关权威媒体的普遍赞扬。

到2019年，白玉兰奖已经走过了30个年头，在这30年中，"白玉兰奖"

不仅成为中国戏剧砥砺前行的见证者与呵护者，更成为中国戏剧重铸辉煌的建设者与创造者。"白玉兰奖"分为三个10年三个阶段：第一个阶段为守成阶段，第二个阶段为整固阶段，第三个阶段为发展阶段。谢涛经历了第二个阶段和第三个阶段，重点在第三个阶段，这个阶段戏剧整体回暖，且体制机制多样化、创作理念方法现代化、作品质地形态网络化，引领了创作风气，引导了社会风尚。

谢涛是幸运的。

在谢涛之前，"上海白玉兰戏剧奖特殊贡献奖"只颁给了坂田藤十郎、裴艳玲、刘厚生、焦晃、王盘生、马科、娄际成，都是文艺界响当当的人物，谢涛名列第八位。

获得这个奖，谢涛环顾四周，再看看那些在她之前领奖的人，她没有也不敢有一丝儿的骄傲，她知道自己的路还很远，喧闹的现场，她反倒沉静下来。

从2005年开始，到2017年，谢涛带着太原市晋剧艺术研究院已经五进上海了，四次获得"白玉兰奖"。上海这个曾经的商埠、如今的文化大都市，真是晋剧的福地啊，也是谢涛的福地，曾几何时，这里穿梭着丁果仙他们先辈人的身影，如今自己也来了。

回顾往事，2005年，自己带着《范进中举》来到这里，上海人给予最大诚意的接纳，也由此，《范进中举》登上法国巴黎"中国戏曲节"的舞台，2008年、2009年从这里出发，晋剧绝活登上了俄罗斯、日本、美国、加拿大的舞台。

上海把晋剧送到了国际级的舞台，晋剧人通过这里的海风看到了世界，世界也把目光通过这里的帆樯，看到了隅居于并州城的晋剧。

以"白玉兰特殊贡献奖"为标志，谢涛夯实了她作为晋剧乃至山西戏曲领军人的地位。

谢涛说：坐在台下，千般念头辗过脑袋，想到那些日子，体会自己说不清楚的孤独，想哭。

我懂，谢涛为这些年走过的路而哭，为宏阔的现实世界和梦一般的理想而哭。

而我体味的，又不同。

我想起那张流传很广的照片。

《于成龙》在排演之初，由于是清朝戏，为了贴近人物，需要剃掉头发。谢涛终归是个女人，一直留着一头波浪般的秀发，她爱美，哪个女人不爱美呢？她在意自己的容貌，哪个女人不在意容貌呢？自古青丝如云，演绎多少故事。

谢涛去问导演曹其敬，剃？

她是存了小心思的，如果导演坚持，是不是有办法可以不剃？女人们都知道，蓄一头青丝，那得好多年。问过多少男人，他们对女人魅力的回答都是"长发飘飘"。谢涛也多少次对镜贴花黄，为自己的秀发得意过。如今，却要剃掉了！拥有的时候，也许没有那么在意，不能拥有了，就变得万般珍惜。

曹其敬是当代著名戏剧导演，其作品屡屡获奖。曹导有男人般的声音和毅力，看明白了谢涛的小心思，还是笑了笑，剃！

剃！

谢涛也知道，应该剃，纵有多少女人心思，可在舞台上，她是须生，她是老生，她是男人。男人有男人的呈现，男人有男人的规则。

真的剃。

一把剃刀，明晃晃的，无由地无情地亲近头皮，那么长的秀发，像凋零的落叶，一绺绺落下。执刀的是梁忠威（《于成龙》中饰演邹克忠，三晋难得的丑角演员），他已和谢涛合作过多部戏，他懂这个女人的心思，刀子落下得很慢，动作变成电影里的慢镜头。这不是一把普通的刀，这把刀将和这个动作，记入谢涛的历史。

谢涛的心在秀发的掉落过程中，一点点疼，一点点难过起来，化成云，化成雨，在谢涛的眼里膨胀。

明亮亮的，晶莹莹的。

有人用手机拍下来了这个镜头，谢涛满眼的泪，用手摸着自己光光的脑袋。一夜之间，这张珍贵的照片被上千人转发。

人们的转发中，带着不知名的疼。

也真的剃掉了一部分的女儿相，谢涛化身于成龙，站在了官府与匪众之间，用大段的跪搓的挡马动作，体现着士大夫爱民如子、家国为大的情怀。

自那以后，谢涛在公众面前就是以板寸头示人了，再也没蓄起过长发。

这部戏的出世也不容易。

《傅山进京》成功之后，谢涛需要新作来证明更成熟的自己，地方文化也需要推介，在众多地方题材中，经过一层层的过滤，选定了"于成龙"。

在谢涛的眼里，编剧的第一个选择，一定是郑怀兴，是郑怀兴的才情把自己带到了相当的高度，也把晋剧带上了新高度。可是，没想到，郑先生一口就回绝了。

郑先生不喜欢这样的创作，既指定这样的题材，又有珠玉在前，不好突破。但是谢涛不屈不挠地再找，郑先生答应了。等剧本出来后，很多人不看好并提出了批评意见，郑先生不干了，他坚定地相信自己对于成龙的理解，他也坚守底线，不行，可以退钱退剧本。谢涛的丈夫陶臣只好来回协调，最终，郑先生还是把这个剧本弄成了。

我曾采访过郑怀兴先生。

关于这一段，郑先生是这样说的：

2014年冬，太原市晋剧艺术研究院再次邀请我为谢涛写戏，指定要写山西另一位历史名人——曾被康熙誉为"天下第一廉吏"的于成龙。刚开始我婉言谢绝。原因有二：这个题材的舞台剧与影视作品早就有了，其中上海京剧院由尚长荣主演的《廉吏于成龙》更是闻名剧坛。二是清官戏我前几年已经写了一个琼剧《海瑞》，再写于成龙，恐怕难脱窠臼，主题重复，也是写戏的一个大忌。可是太原的朋友为了说动我，决定奔波数千里，赶到我蜗居的福建仙游老家来了。这就让我感动了。在客人到来之前，我匆匆浏览了相关资料，突然发现了于成龙宦宦生涯中的一段小插曲：即是这位中年才出仕的清官能吏仕途并非一帆风顺，也有走麦城的时候，在署理武昌知府的任上，由他督造的两座浮桥一夜之间都坍塌了，虽然不是人祸，而是天灾——被洪水冲垮的。但时当三藩之乱，吴三桂大兵压境、湖北告急之际，尽管他刚刚第二次被评为"卓异"，还是遭到"贻误军机"的参劾而革职。其时，他已宦游十三载，年近花甲了，倦鸟知还，正可回乡以叙天伦之乐。这时，麻城发生民变，以刘君孚为首的一批士民已啸聚东山，蕲黄四十八寨蠢蠢欲动，于成龙就应湖广巡抚张朝珍之请，前往麻城平乱安民……这段故事引起了我的浓厚兴趣。这时的于成龙，身份特殊，是抚台委派的专员，却也是废员、布衣。我已隐约感到，这里头可供挖掘的东西不少，如果搬演上舞台，将能别开生面，令人耳目一新。2014年11月23日，太原的朋友光临寒舍。在他们与我酌酒夜话时，我便提出，要写于成龙，就截取他人生的这一段。太原的前市委常委、宣传部部长范世康先生立即说他也注意到这一段，可谓不谋而合。他们一返回山西，就向有关领导汇报，领导也认可我的选材。于是，我就开始晋剧《于成龙》的创作了。我认为，于成龙为何能得到黄州百姓的拥戴，为何能说服反上东山的民众归附？主要是他的清廉，他视民如伤，为了百姓的利益，他甘冒风险，置个人安危生死于不顾。虽然时代不同，但他这种为官的精神永远值得后人学习。

剧本立起来了，再找导演。

谢涛当然倾向于继续与《傅山进京》的导演石玉昆合作，但是本来已谈妥的事，石导因为档期不好协调一直没来，只好另起炉灶，经人介绍找到了曹其敬导演。

谢涛一直记得她见到曹导的情景，这段经历谢涛在央视11频道的《角儿来了》也谈到了。她到了曹导家，面对自己崇敬的大导演，竟然像个孩子似的，呜咽着，起了三回范儿，也说不囫囵个话。

曹导没有答应，因为没档期。但又回头对谢涛说：若干年前，我看过你演的《丁果仙》，好演员。谢涛得到鼓励，磕磕绊绊地，终于把来意说清楚了，曹导继续摇头。这时跟他们一起来的导演徐春兰敲了边鼓，说是某个合同未签，中间还有两个月云云。曹导倒也爽直，一听有档期，终于答应了。

谢涛一边学曹导说话，一边给我表演当时的情景，她说她高兴死了，我看着她，虽然时隔几年，我依然能感觉她当时的快乐。

即使剧本有了，导演有了，戏能不能成，也是一个未知数。当时，上面的创作经费下不来，支持也不到位，需要的人，也弄不来。真是顶着风雨往前走。谢涛也不避讳，她说在这个过程中，和主创老师们吵过架，和演员们生过气，不过，这是因为创作理念问题，最后大家都理解了。

为了能让项目落地，谢涛他们找过宣传部，宣传部领导给了很大帮助，还有文化厅的大力辅助，才让《于成龙》最终呈现。

在这里，还要记一笔。此剧在二度呈现上，曹其敬导演和徐春兰导演下了很大功夫。不到两个月的时间，戏成了。在排到一个月的时候，这个戏的大框架已经拉起来了，可曹导心脏病却犯了，这可急坏了谢涛他们，想把曹导送回北京治病，曹导自己不答应，住在医院里，又坚持了一个月，一直到全戏排成，三个座谈会开完，在几乎尘埃落定的时候，曹导才回北京。曹导刚来时，大家怕她，因为她严厉，后来，大家都敬她，因为她敬业。给曹导送行的那天，全团人个个哭成了泪人。以至于后来，每次演出这部剧，大家都会想到送别的那个场景。

回到家里，端详着自己的光头照片，也是在演完《于成龙》后，谢涛更理解了站在自己身边的那群人，他们为了演《傅山进京》，也曾剃光了头，站在自己的身边，给自己做配角，奖是自己领了，可他们却无言地在十多年里托举着自己。

那些孩子们一直剃光头，再冷的冬天，只要演《傅山进京》，他们就得剃光头。

想起这些，谢涛眼里含泪，《傅山进京》对于她，是一次非凡的再造。

谢涛得梅花奖很早，29岁就以《丁果仙》拿下了梅花奖，很长的时间里，她也小小地膨胀过，她不隐讳自己，就这一点，我佩服她。膨胀起来，她就不想接触观众，在团里偶尔还发点小脾气。

我特别想知道她是怎么治愈自己的。

她说，回到乡下。

"我是梅花奖演员了，也得下乡，我们的戏曲，根源和市场很大一部分在乡下，下乡是免不了，更何况很多老百姓点名听谢涛，怎么办？依然得扛起行李卷儿下乡，刚膨胀起来的时候，老乡们抓着一把核桃和枣来找我，可是我自己想跑……"

能跑吗？

她不能跑，也就吃了老乡一个枣，让她没想到的是，老乡的脸上一下子就笑开了花，笑得像枣那么甜，笑容像冬天的甜枣那么多沟壑。一刹那，谢涛心动了，再往四周看去，那天雨下得很大，却有一个小脚老太太，打着一把以前的那种旧骨头伞，双脚站在泥水里，脸上没有表情，眼里却全是专注。

谢涛问老乡，为啥来看戏？老乡说：知道你是名角儿，这山沟沟里，你能来几次啊？

一句话，让谢涛双泪长流，是，自己唱得好，如果没人看，没人傍，你是个啥呢？你有什么资格骄傲呢？

"那一刻"，谢涛说，"我变小了，我低头看是泥水，抬头看是晴空。"

从此，谢涛爱上了下乡，她爱那些不认识的老百姓，爱自己的戏迷，爱自己的同事，爱那些给自己配戏的光头。这样的下乡演出，也是她获得"白玉兰特殊贡献奖"的理由之一。

是这些不曾谋面的人，又给谢涛插上飞翔的翅膀，谢涛必须突破自己。这一突破，让她鼓荡风帆一直向前。

有了突破的想法，就得排戏演戏，才能回报这些人。

演什么戏？

谢涛生命中有两个人很重要，一是导演雷守正，另一个是编剧赵爱斌，他们的故事容后再叙。这两个人给谢涛说：你的路还有，可我们辅助不了你了。说完，就开始给谢涛分头张罗联系。

在他们的引荐下，陶臣（谢涛的丈夫）费尽周折找到了编剧郑怀兴。

在傅山和介子推之间，谢涛他们倾向于傅山，因为傅山跟太原有关系，而且到2007年正好是傅山诞辰400周年。

郑先生也选择了傅山，他喜欢历史中的傅青主。

不约而同。

后来，我采访过郑怀兴先生。对于《傅山进京》，他是这样说的：

记得是2005年4月25日上午，我突然接到来自山西的一个电话，来电者自报家门，说是太原实验晋剧院青年剧团的团长陶臣，希望我能为这个团的女老生谢涛写个戏，最好取太原的题材。我就让他寄一些当地历史名人的资料过来。陶团长很快就寄来了，同时寄来了谢涛主演的《范进中举》《丁果仙》等光碟。我看了光碟，被谢涛光彩夺目的舞台形象所倾倒，产生了为她写戏的念头。山西历史名人辈出，可歌可泣者不胜枚举；或许是同气相求之故，我选中了傅山，就写了初名《傅青主》

后来改名为《傅山进京》的戏来，由此与山西戏剧结缘了。

傅山，字青主，《辞海》中有他的条目，称他是"明清之际的思想家。"说他"博通经史诸子和佛学之道，兼工诗文、书画、金石，又精通医学"；"明亡后，衣朱衣，居土穴中，养母……康熙中征举博学鸿词，被舁至北京，以死拒不应试。特授中书舍人，仍托老病辞归"。他既是一位多才多艺的大学者，又是一位具有民族气节的倔老头，我越了解就越肃然起敬。可是光有敬仰之情，也难保证能够把他成功地搬上戏曲舞台。一是这样的人物太正了，素材太"硬"了。"戏不够，女人凑"，最好要给他找个红颜知己，那么戏就好写，好演，也容易吸引观众。但傅山对爱情却特别专一，早年妻子逝世后，就没有再娶，找遍史料，也寻不出有关他风流韵事的蛛丝马迹。要是为他编造一段艳遇，既有违历史真实，也有损其品格。厚诬古人，我可不敢。我甚至埋怨起这位先哲，你生活在明末那个人欲横流的时代，为何不随波逐流，到歌台舞榭去潇洒一回，留点影踪，好供后人添油加醋？再则担心写这么一个与清朝严重对立，不肯向皇帝下跪的明朝遗老，容易落进反清复明的窠臼。知难而退，又不甘心。我继续翻阅傅山的史料，又恍惚看到他老人家的身影闪现在字里行间，向我微笑，十分亲切。原来傅山当年喜欢看戏，自己还编写过《穿吃醋》《红罗梦》《八仙庆寿》等好几个戏。他撰过一对戏联："曲是曲也，曲尽人情，愈曲愈折；戏非戏乎，戏推物理，越戏越真。"令我拍案叫绝。正是受这副戏联的启发，我鼓起了勇气，不妨对这位正人君子"戏说"一回，而且要戏说得越曲折越好。

我所谓的戏说，绝不是随心所欲地胡编，而是仔细研究所要写的历史人物，从他们身上发现、挖掘戏剧因素。傅山是个思想家、大学者，学究天人，但大雅若俗，大智若愚。鲁迅曾抄录傅山的一封短信，信曰："姚大哥说，十九日请看昌（唱）。割肉二斤，烧饼煮茄，尽足受用。不知真个请不请？若到眼前无动静，便过红土沟，吃碗大锅粥也好。"你瞧，他写得多平实，完全是野叟的语气。他虽然处身于社会剧烈动荡、变革的时代，满怀忧愤，但也不是那么冷峻、严肃，对生活依然非常热爱，对家人、乡亲有着真挚的感情，隐居村野，不求闻达，养母课子，著书立说，行医采药，作画吟诗，安贫乐道，平易近人，诙谐幽默，淳朴率真。尤其是康熙征举博学鸿词、他被迫入京、后来又借老托病辞归的那段故事，十分耐人寻味。如果硬要简单地在对立的双方中分个是非，褒此贬彼的话，那就遇到难题了：康熙虽是清朝的最高统治者，但他又是中国历史上公认的一代英主，举博学鸿词，虽有笼络中原士大夫之用意，也何尝没有重视文化、尊重人才的诚心？傅山不肯顺从清廷的征召，既是对清政权的抵制，也表现出传统士大夫不畏强权、崇尚自由的精神风骨。我不忍心为了宣扬傅山的民族气节而贬低康熙，更不愿意为了歌颂所谓的盛世明君而嘲弄傅山。历史的真实也不是黑白分明的。你瞧，康熙下旨强征，雷霆万钧，地方官员不得不用轿子把傅山强行抬往北京，到了北京，傅山装病不去应试，康熙却不追究，反而特授官职，傅山不肯下跪谢恩，在午门外哭闹一场，康熙也不怪罪，许他辞归。傅山与康熙并非水火不相容，反而相辅相成：康熙的强迫，突显出傅山的风骨；傅山的倔硬，反衬出康熙的雅量；康熙从傅山的身上更深切了解到中原士大夫的精神风貌，傅山从康熙的宽容中更痛切地感悟到明朝灭亡的原因。他们两个好像在下一盘棋，对弈的过程充满了机趣。这给我"戏说"预留了很大的空间。我便紧紧围绕康熙的征举与傅山的抗拒这一中心事件，由实生虚，以假混真，如梦如幻，亦庄亦谐，写出了晋剧《傅山进京》。

我根据自己的理解写出这个傅山。而每位作者对傅山的理解不同，如果由别人写的傅山一定与我的角度不同，立意不同。所以我说《傅山进京》中的傅山是我的"傅山"。

傅山身上有着中国士大夫的可贵品德，他的独立人格，是值得后人学习的。他的不求名利，甘于淡泊，行医村野，造福于民，是中华民族的传统美德，永远都不会过时。介子推、傅青主这样的人物，永远是山西的骄傲。

到今天，《傅山进京》上演12年了，回过头，真的应该对郑怀兴先生对山西文化的理解，对傅山的理解，对谢涛的理解说上一声感谢。

剧本写成以后，送到了时任省文化厅厅长成葆德手里，老厅长拿着剧本，手都颤抖，一个劲地嘱咐陶臣：好剧本啊好剧本，一定要留住，想办法留住，我去筹钱。

郑先生推荐了导演石玉昆，石导一接剧本就说：谢涛哪，这是个好戏，咱要弄好它，让你得"二度梅"。

但要排演的时候，因为傅山身上反清复明的政治因素，各级领导都不表态，还是某高层领导一言定鼎：政治方面我把关，艺术方面你们把关。戏才顺利开排。

排演的过程很难，一个演员一个演员都要过关，四梁八柱都要出彩，戏才能出彩，导演就一个一个地给演员们抠戏，大部分时候却让谢涛自己琢磨。

谢涛就像一个被大人冷落了的小孩子，一个劲儿地跟导演说，你得管管我啊。

谢涛难啊，傅山应该怎么出场？走什么样的步子，这个戏跟以前的传统戏都不一样，连造型都是改良的扮相。

谢涛忍不住问导演，傅山应该怎么走？

导演启发她：傅山性格怎么样？

倔！

倔老头是啥样？

谢涛想啊想，又去街上看老头们走路，忽然想起下乡时，看到老头们总是把衣服披在身上，胳膊却不插进袖子里去，走路时，两只胳膊背在身后，在衣服下面来回摆荡。

豁然开朗。

傅山会走了，傅山形象有了。这下子就都顺了。

于是，我们能看到舞台上的傅山，一反常态，把长衫披在肩上，倔不愣腾地出场了。

有了出场，演的过程中呢？谢涛把京剧里的麒派（周信芳）和马派（马连良）的身段琢磨了揉碎了放在了自己身上，结合丁果仙和自己师宗马兆麟的路子，创造出了一个新的老生形象。

我认为，她宗所有人，宗丁果仙，宗麒派，宗马派，她又谁也不宗，她是拿来主义。

最开始演的时候，每次演到傅山的大孤独时，她就会落泪，石导说，谢涛你不能哭，傅山虽然有大孤独，但他不是软弱，他在那个时代，坚守自己的命运，挣扎着与时代抗争，那是一种大悲凉。12年来，谢涛逐渐懂得导演说的，也逐渐懂得傅山的悲凉。

谢涛记得去北京大学演出那一次——北大是高等学府啊，这里的师生那都是有深厚的文化积淀的，所以开演之前，大家还是不自信的。当演到傅山和康熙雪天论字那一场，北大的礼堂内，静默片刻，正当人们面面相觑时，忽然又掌声雷鸣。这下主创人员拍拍自己被惊吓的胸口，都清楚，这部戏成了。

戏立起来了，也所向披靡。

短短的时间，横扫全国各大奖项，这里就不一一例举了。

谢涛由此剧"梅开二度"。

12年后再看这部剧，非常有代表性意义。

谢涛没想到，这会成为她创新性地发展晋剧的巅峰之作。

石玉昆导演没想到，这是导演生涯的巅峰之作。

作曲刘和仁没想到，这部创作之难，曾经一度遇到创作障碍让他差点自杀的作品，成了自己的不可超越的巅峰之作，以至于后来的作品中都能见到这部曲的影子。

编剧郑怀兴没想到，当初自己的创作陷入瓶颈，被很多人批判，是这一部剧让他站上了编剧事业的顶端，至今少有人超越，即使是他自己。

那些参与的人员没想到，自己只是作为一个配角或跑龙套的人，却在12年的演出中，知道了这部剧所承载的"和而不同"的非凡理念。

评论家再回头看，才发现这部剧常演常新，一次次地对时代提出拷问。

我想，一部剧能对时代提供精神支撑，它一定是好剧。

《傅山进京》在于给山西戏曲提供了不可多得的范本，在创作中输入了一种精神支撑，有思想性的剧作有独特地域标识的剧作才是正确的艺术之路。

是上海给了谢涛翅膀，而带着谢涛攻陷上海的是《范进中举》。

谢涛拿下梅花奖以后，很长一段时间陷入沉寂，此间经历了生孩子的人生重要阶段。这种沉寂，观众是理解的，观众耐心地等谢涛回来。

刚才提到的导演雷守正和编剧赵爱斌，他们两位都是惜才的，他们提出要给谢涛弄新戏，让谢涛走得更远。他们选中了《范进中举》，谢涛不同意，刚开始谢涛还没有那种文化自觉，觉得一个疯子在舞台上形象不好，两位老师认真地说服谢涛，范进是有新时代的现实意义的，正是一副疯相，才能在众多传统戏中、在众多须生中脱颖而出，谢涛同意了。事实上经过十多年的演绎和碰撞，谢涛懂得了范进的文化含量。

这个戏不容易，当时为了弄成它，各位主创在起步之初都表示不要钱。就这样几乎是在大家的奉献下，戏一点一点立起来了。

谢涛在新戏里融进了传统戏的身段。范进疯了，要在舞台上用大毛笔写字，为此，谢涛去找武生学枪花，把枪花融进自己的身段里。再仔细规整自己的髯口功，寻找更合适的动作。尤其是范进高兴起来，一下子蹦到椅子上那一段，观众看起来会很过瘾，但背后是谢涛无数次的练习。你想啊，平常我们光脚蹦上沙发都很难，她则要踩着高靴，跳到椅子上去，表达自己的失常和兴奋。实际上，这些动作很好地表现了范进这个人物，也确实赢得很好评价。

一直到后来，我才琢磨出，戏曲演员需要从小打下基本功，到了演绎人物的时候，才能四两拨千斤地把基本功用到人物身上，辅助人物表达，这就是程式，这种表演方式是中国独有的，与西方的斯坦尼体系并驾齐驱。谢涛就是能把程式灵活应用的好演员，用程式表演人物心理，所以，她塑造的士大夫形象深入人心。

这部戏有两个小故事很有意思。

一是，有一次在北京演出，谢涛感冒了，身上没劲，唱的时候就成了声断气不断，有一下没一下的，谁知，这样的演唱反倒唱出了范进的心境，找到了范进的感觉，第二天开研讨会的时候，专家们说，这太高级了。于是，到了后来，就都这样唱。

还有一次，舞台上出现了失误，本来该范进蘸香灰写字，舞台却没摆香炉，谢涛一边唱一边想着应对之策，后来，一横心，咬破手指，写了血书。嗨，都说好，于是又按这样唱下去了。

能让事物将错就错进行下去，也不是每个人都有的能力。也能说明一个戏曲人物是在不断创造中，所谓的十年磨一戏就是这个道理。

《范进中举》排出来以后，也是好评一片。这部剧对人性的挖掘，对时代的隐约批判，舞台上对人物的心理描写，都是以前没有的。

这部戏的出路很快来了。

谢涛在上海观摩中国京剧节剧目的时候，认识了朱惠君总经理（高级演出经纪人）。朱总看了《范进中举》的光盘，感叹山西晋剧还有这样的角儿，当下决定邀请谢涛到上海演出。谢涛那时候心里是没底的，晋剧已经69年没登上上海这个大码头了，自己也不是什么大演员，这样勇闯上海滩，胜算的概率有多大？回来团里一商量，大家说，光脚的不怕穿鞋的，咱去碰碰？当时太原文化局领导也同意出去闯闯。

这位朱总是个人物，不愧是高级经纪人，事事安排仔细，在未演之前，提前做宣传，召开了媒体见面会，当时有十几家媒体参加，有一个记者非常尖刻地问：请问，这部戏用了多少资金？

谢涛为了不让人家笑话，憋了半天，说了个30万，没想到，下面一片吸气的声音，人们都是吃惊的样子，谢涛以为说多了，谁知道，大家都在说，在上海，光案头工作就得50万，都在惊讶这么少的钱，能做出好戏吗？

一切要让事实来说话。

第一场戏，去的人不算多，媒体也没有太大的动静，但演出后，让观众没想到的是，戏好得超出他们的意料，用俗话讲，就是把他们震住了。没想到那么少的钱，竟然做出了这么好的戏，而且戏里有真玩意儿。第二天，上海戏曲界的大腕就都去了，京、越、沪、淮等剧种的人物聚齐了，济济一堂。演出很成功，席间有几十次掌声，上海人是很吝啬自己的热情的，但这次他们没有吝啬。

但那些鼓掌的人，以及那些参与媒体见面会的人，以及听醉了的观众，大家都不知道的事儿，是在之前的媒体见面会上，谢涛那儿一咬牙，把费用翻了一倍多。

就这样，谢涛在上海起航了。

还要记录一笔的是，著名主持人白燕升先生正是看到了谢涛的《范进中举》，认定这是一个好演员，硬是在2007年的央视戏曲春晚中，在不认识谢涛的情况下，增添了谢涛表演的晋剧。从那年开始，谢涛带着晋剧，再没有缺席央视戏曲春晚。这是谢涛带着山西人的殷切盼望，带着山西文化，第一次站在顶级舞台上，她成功了。这个成功也让她理所应当地成为山西戏曲的代表性人物。

回顾谢涛，她的人生，前半拉是传承，后半拉是创新，以《范进中举》为分水岭。

谢涛这条路是遗传，也是她自己选定的。她出生在一个大院里，这个大院里的大人们都是剧团的，或者从事着文艺工作。她从小聪颖，很早就耳濡目染学会了许多戏曲，在院子里经常被大人们指定唱戏，大人们给她伴奏。到了小学毕业的时候，她想上艺校，可是妈妈不让，趁妈妈出门演戏不在家，她偷了户口本去艺校报了名。这年夏天，太原十二中的录取通知书也下来了，太原艺校的通知书也下来了，她一看，拿起十二中的通知书，就撕个粉碎，然后把艺校的通知书偷偷地藏起来。东窗事发，是因为老师找到了家里，问你们家孩子怎么还不去报到？妈妈这才知道，她考上了十二中，还瞒着自己说没考上。老师一离开家里，妈妈拿起哥哥练功用的马鞭就找过来，一边打一边骂，马鞭打在身上，生疼生疼的，但谢涛小小年纪，挺着，不哭，反倒是妈妈打完以后，又抱着她哭，红红啊，你知道唱戏多难啊，除了自己吃苦，那得有多少人帮衬啊！谢涛给妈妈擦泪，拍着胸脯给妈妈说，妈你放心，我一定给你争气。这是谢涛第一次有主意地主宰自己的人生，她就是要唱戏。

谢涛1978年入学上了艺校，是"文化大革命"后第一批晋剧学员。本来分给她的行当是青衣，谁知道她通过抗争，还学了须生戏。

毕业后就分到了太原实验晋剧团。进了团，天天跟着下乡，眼界也开了，还是不喜欢自己的旦角行当，天天跑去看李月仙演戏（李月仙是须生，是马兆麟的弟子），看着看着迷上了须生，也学会了，后来也得偿所愿，拜李月仙为师，改唱须生。这是她第二次为自己做主。两次人生选择，奠定她的晋剧大须生之路。一直到带着新排的《丁果仙》和两个折子戏《舍饭》《卖画劈门》（这出戏，还是征得师父李月仙同意，跟武忠老师学的，武忠是丁果仙的八大弟子之一）征战北京，当年捧回了第14届梅花奖。这年她29岁。

她是在很好地传承戏曲独特性表演的基础上，以晋剧几个新创戏为抓手，实现了后来的突出成就，如果没有这样的基础，也谈不上后来她的创新。

她成了角儿。山西省剧协主席，第十八届、十九届党代表，荣誉和地位纷至沓来。

但谢涛的价值不是像一个普通演员一样，唱得好就获得大家的喜爱。也不是因为演得好，才获得了社会地位。谢涛之于山西，之于晋剧，是创造性地塑造了几个"士大夫"形象，而这个系列形象与中华传统文化实现了无缝对接，并且在合适的时间段，让人们思之念之，回味不已，从而建构了自己的价值体系，从这个意义上来讲，谢涛的价值是文化价值，独特而不可复制。

她后来的《傅山进京》《于成龙》《范进中举》，还有一部《烂柯山下》，都是以士大夫的心理把握为亮点走出来的。

士大夫，是一支长长的历史河流，从春秋时期起一直有人加入有人消失，却从未断流，气势磅礴地走到了现在。

《考工记》说：作而行之，谓之士大夫。郑玄注曰：亲受其职，居其官也。也即做了官的读书人。虽然士大夫这个概念在历史上几经变迁，但书生意气和书生气节是没有丢失了的。士的内涵是：自强、弘毅、求是、拓新。士之精神用曾子的话说，就是"可以托六尺之孤，可以寄百里之命，临大节而不可夺也"。这样的人可以托之以家国，士也以天下为己任。这样的士，千百年来代不乏人，正是因为有这样的士充盈每个朝代，中华文化才生生不息。这样的群体青衫一袭，站满历史长河，抓住它就等于抓住中华文脉。

而谢涛抓住了这个系列，且演出了自己的精气神。

谢涛是在 2000 年前开始了自己的士大夫系列的，这个时间段，正是社会道德滑坡，人心不古，价值观大倒退时期，诸多社会暗象让人们诸多感叹，传统的知识分子在金钱面前没有了生存地位，良知底线的缺失让人们深受其害，这时，有责任感使命感的人开始回溯我们的历史，该有正确的价值观来引导社会发展，而这个价值观只能是根植于我们民族魂魄中的，可以从中华文化中提取的，那么呼唤士大夫精神就成为一个角度或一个框范，这个时期，谢涛的士大夫适时地出现了，这一出现契合了民众的需求，被人们所看好和器重，自然在情理之中了。

范进中举的讽刺性，朱买臣休妻的荒诞性，于成龙的廉洁奉公为民请命，都让谢涛以戏曲的唱念做打重新站立，尤其是"既是为山平不得，我来添尔一峰青"的傅山，他坚守气节，绝不跪向清廷，代表着士大夫的终极追求，也代表着山西文化的风骨，这是谢涛的大贡献。

我们理应铭记。

生活里，谢涛很美，原先的一头大波浪长发，带着女人的风情，即使是现在为戏剃掉秀发，总是以板寸示人，也一样有女人的美。舞台上，她有力量，站在那儿，她就是中心，不管范进、傅山，还是于成龙，她就是主角。她把男人力量和女性容貌融合在一起，她也把精神容貌和精神力量融合在一起。

她是谢涛。

在红颜和长须之间自由转换，在男人和女人之间两栖，她做到了分别和统一。

独一无二的谢涛。

5.孙红丽的民间性

有人说，晋剧界须生两大巨头，就是谢涛和孙红丽。

那么，寻找孙红丽也在我的行程中。

我出生的小城，人们极少听晋剧，所以，我年轻的时候没有看过孙红丽的戏，但从广播上听过一耳朵。坦言，从前也不喜欢晋剧，一直到太原工作，才发现，晋剧里的老腔，我的记忆里竟然是有的，我自己给自己设置障碍。但对孙红丽，一无所知。

有意思的是，谢涛说起过孙红丽。当年，孙红丽曾经和谢涛在一个团工作，一起下乡，那时，孙红丽唱戏，谢涛在台下看，谢涛唱戏，孙红丽在台下看。彼此偷师。

后来，我问孙红丽，此事属实否？红丽点头，又说，那时确实互相学习。

我在心里偷偷地想，其实，他们在互相学习之时，一定也在互相较劲。

孙红丽来自民间，又在民间成长。

她出生在阳曲县。

可别小看这阳曲县，这座小小的矗立在太原北边的县城，因是汾曲之阳而得名。汉末，曹操将原荒废的阳曲县徙迁于现在的阳曲，历经两晋南北朝隋唐宋之后，自金代始很长一段时间，一直是太原府治所在地，或者是省会所在地，所以，曾经的繁华就像汾河之水，太阳映照，粼粼发光。可想而知，

孙红丽

这样的繁华也少不了晋剧的锣鼓铿锵。后来，我曾征询过专家的意见，当年的阳曲，确实红火过。

孙红丽并没有出生于戏曲之家，他的父亲是阳曲县粮食局一个普通职工，妈妈在家务农，但父母都喜欢戏曲，尤其是妈妈，有空闲的时候还喜欢唱，是村里的文艺老骨干。父母一口气生了6个孩子，她是老大。由于家里孩子多，家境不算太好。

她长大一点后，正赶上恢复古装戏。就在这样的大氛围中，阳曲戏校要招生的信息传到了孙红丽爸爸的耳中。喜欢戏的爸爸带着红丽去参加考试，这样安排，基于两个原因，一是能满足家人喜欢戏的感情，二是考上戏校就等于有了工作，家里的负担可以减轻一点。

去了，先练功。红丽从小个子大，是个小胖姑娘，这一点，从现在的情况也可以看出来，她就是天生的大骨架。因此，柔韧度比别人差一点，练功也就比别人吃力，扳腿扳到哭。

学了一段基本功，要分行当，她分到的是须生，其实小孩子也不懂什么是须生，只知道要戴胡子，唱红脸，对于这一点，她是高兴的，本身自己性格就像个男孩子。后来才回想，这一下子就找准了位置，虽然那时不懂自我认识。

须生，是指戏曲中扮演的中年以上的男子，要戴"髯口"（也就是假胡须），根据年龄不同，髯口有黑、灰、白等颜色，重在唱功。北方戏与南方戏不同，南方戏，比如说越剧，重在小三门，也即小旦、小生、小丑；北方戏，大多重在大三门，也即须生、花脸、青衣。这和地域特色有关系，南方的烟雨朦胧、小桥流水，造就这种温言雅语，北方的大山大河、粗犷豪放，造就这种大开大阖。晋剧是北方剧种里的佼佼者，自然也不例外，须生是重头戏。虽然红丽还不知道这个关系，但她已站到了重要位置上。

红丽说，她们上学时，县里很重视，专门从市里请艺术家去排戏。

说到这一点，我去查了资料，原来，那个时候，阳曲县委书记是赵凤翔，赵凤翔书记很爱戏，所以也重视戏，就是在他手里招了一批娃娃，培养了一批戏曲人才。这位后来曾任山西省戏剧研究会会长的人，在阳曲县工作期间，在抓政治经济工作的同时，为戏曲培养了人才。孙红丽如果要感谢，第一个应该感谢的是赵凤翔。

至于请艺术家来排戏，请到的是谁呢？孙红丽提到了两个人，一是白桂英，二是郭彩萍。白桂英是丁果仙八大弟子之一，郭彩萍是郭凤英的弟子，"丁牛郭冀"的弟子能来，足见这个娃娃班被县里重视的程度。孙红丽后来拜白桂英为师，也是丁派传人。

她排的第一出戏是《黄鹤楼》。那年红丽刚刚13岁，她饰演刘备。小小的年纪，她在唱这方面很开窍，模仿能力也强，很快就可以带乐进行了，这样的特质让老师很满意，是个好苗子。

第一出戏打下基础，也知道了她的潜质，很快开始排第二出戏，《芦花》。《芦花》是传统剧目，也称《鞭打芦花》，这是一个古老的民间传说故事，属于二十四孝之一，时间是春秋末期，故事的主角是孔子的弟子闵子骞，闵子骞十岁丧母，其父再娶，继母李氏虐待他，给自己亲生的两个儿子做的棉衣里装的是棉花，给闵子骞做的棉衣里装的是芦花。冬天外出驾车时其父发现了这件事，决定休了李氏。但闵子骞尽力劝说，双膝跪地以情动父："母在一子寒，母去三子单。留下高堂母，全家得团圆……"继母深受感动，遂对三个儿子一般看待。这个戏流传很广，很多剧种都留有老本子，豫剧、北京琴书、单弦、二人转、蒲剧、晋剧等都有演出。

以前的教学就是这样子的，在教中学，在学中教，一出戏拉出来，戏成了，孩子们的能力和水平也就同时磨出来了。这回排戏，他们和老师吃住都在一起，老师一字一句地教，他们规规矩矩地学，晚上说戏，唱着唱着就睡着了，第二天继续学。

这部戏里，红丽饰闵父，她记忆最深刻的一次，是唱到"儿跪倒"那一段，这里要用到的板式是"滚白"，"滚白"是非板的一种变化板，它是无板无眼、半说半唱的一种表现悲痛之极的哭诉念白。因为常常是许多句连在一起，念时一句接一句，字字紧追，句句相连，节奏短促，扣人心弦，所以传统上也叫"哭滚白"。老师要求哭泣的时候要哭出泪来，但是泪还不能掉下来，这一段学得很费劲，老师一直教，实在学不会，老师会生气，气急了，会摔打东西，到这个时候，她就忍不住哭，哭完了，擦擦泪继续学——一直到学会。

到了年底，学校组织汇报演出，她才刚刚14岁，当时的行头都是老师从市里借来的，衣服太长，老师用针线给吊起来。小小的年纪，她并不害怕，天生是干这个的，也不怯场，越唱越来劲。尤其是"儿跪倒苦哀求一语惊天"这一段：

> 儿跪倒苦哀求一语惊天
>
> 闵德仁也非是铁石心肝
>
> 腊月数九天雪花空中悬
>
> 同是闵家子对待不一般
>
> 为什么兄絮芦花弟絮蚕棉
>
> 李氏你好心偏……

一段长长的唱腔，利落地唱下来，掌声如雷。老师们高兴极了，校长、局长都很高兴，据说他们开会的时候，还专门提到小红丽，没想到能演这么好，也就是说，演出的效果得到了领导们的高度重视。

从那场汇报演出开始，须生的角色全部落在红丽头上。接着又排了《辕门斩子》等戏。

1982年太原市举办了中青年戏曲调演，为了参加调演，红丽他们到了太原。当时为了演好戏，白老师从太原实验晋剧院借来了李月仙老师（前面说过，这是谢涛的师父）的行头，可能是压力太大了，红丽的腿上起了大粉刺，她没敢告诉老师，心想，如果腿功不好的话，就把唱弄好。可是灯光这么一亮，锣鼓这么一打，老师还在旁边侍候着，她腿也不疼了，精神百倍地一上场，哗——满堂彩，好一个杨六郎的形象呈现了出来。演出完毕，各位专家、老师、领导们都跑到后台，去看小胡子生，最高兴的是县委的领导们。唱完下了场回去，红丽才发现腿更疼了，老师一见，直埋怨，赶紧领上她去医院，做了手术，几个月以后伤口才见好。这一次，欢悦伴着痛苦的历史瞬间，给红丽留下了深刻的记忆，以至于今天提起来都如在眼前。

这是她留给省城太原观众的好印象，也是走出阳曲的关键一步。这让红丽更有信心了。这年她16岁。

之后，为了打造自己的弟子，白桂英又请好朋友李月仙给红丽专门教了《芦花河》。《芦花河》又名《女斩子》，李月仙的代表作，是晋剧一出优秀的传统剧目。红丽学了这出戏，1984年参加了山西第二届教学剧目汇报演出，只听得"催马"，激灵灵一声，观众就安静了。待到一场戏演下来，观众报以十几次掌声。这次汇演，红丽在省里的影响更大了。

随后学校又请杨效璋（丁果仙的弟子）来教红丽《空城计》，这是丁果仙的代表剧目，从此开始，孙红丽原汁原味地唱丁派。她不但学了一口丁派唱腔，还自己给自己设计唱腔，把北路梆子和河北梆子里的东西融到自己的唱腔里，让自己的风格很快凸显出来。那时候人们听的是广播，孙红丽经人介绍到省广播电台录了音，广播一出来，人们都知道有个孙红丽。这下子不得了，天天收到听众来信，还有要找对象的。人们在广播里听孙红丽，接着又点名要孙红丽去唱，那时候的观众啊，多得受不了。

红丽，红了。

她的红，最开心的是爸爸妈妈，有时候出去唱戏，喜欢她的百姓们就会送来枕巾啊，被套啊什么的，红丽把这些东西都拿回家给父母，自己一样不留。这样的礼物放到现在，可能真的不算什么，可八十年代的时候，这就是最好的礼物了，代表着百姓们的一片赤忱。她不能推拒，只能好好唱戏回报。

红丽的爱情和家庭也具有典型的民间性，尤其是有民间剧团的爱情模式。

她和丈夫是同学，丈夫唱花脸。他们是真正的青梅竹马。在戏校就一起排戏，有很多老戏都是须生和花脸的对手戏，就在排戏的过程中，互相有了好感。他们开始下乡演出以后，怕女孩子害怕，他就在黑夜里等着她，那时候风气还不开放，一路上，不敢并排走，一前一后，听着风吹庄稼发出的声响，看着天上的月亮星星，仿佛听得见彼此的心跳，就有甜甜的滋味在心中萌芽了。只要出门，扛行李的重活，都是人家干，红丽唱完了下来，总有一盆热乎乎的洗脸水在等着她。时间长了，红丽的生活里就离不了这个小花脸了。

但取得突破性进展还是一封信，他们的爱情鸟已经开始歌唱了，心的距离像磁铁一样越靠越近，他出手了，竟然不是当面表白，一封信写过来，捅破了窗户纸。现在想来，这样的表白方式真奢侈，现在的人们已经不懂含蓄为何物了。红丽大大方方地接受了这份最东方的表白方式，仔细想了半天，回了对方一样定情物，是面小手绢。方方正正的小手绢，那时候也是稀罕物，它盛载红丽几许温柔。就这样，他们定了下来。

他们在心里说定了比翼齐飞，从那封信开始，到现在从来没有分开过。

只是没想到，虽然有了感情，却还得经过八年"抗战"，那时候，爸爸妈妈反对，觉得男方条件不是很好，可红丽还挺执拗的，既然觉得对劲，就勇往直前，况且八年的考验也够了，去照了个相，就把结婚证偷偷领了回来。

我很感叹：真好，这样的谈恋爱方式真好。

猛听得厨房探出一颗脑袋，还飘过来一句话：我们谈了40年。

我和红丽相视而笑。

40年相依相伴，也不容易吧？

红丽招呼我一边"移驾"餐厅去，一边说：太不容易了，我这些年，经历了大风大浪，他一直陪着我。

到了餐厅，红丽的他腼腆地对我说，家里饭，简单一些，就吃刀拨面。

我一个劲地点头，我喜欢家常饭，真的山珍海味塞给我，我的胃也接受不了。

说简单，面前也有几盘菜，红丽一一对我介绍，一盘是阳曲老咸菜，是他们从小就爱吃的，一直带着；一盘是素炒西葫芦，很清淡的样子；一盘是酱猪蹄，专门去"六味斋"买来，招待我；一盘是内蒙古的戏迷千里迢迢寄来的驴肉。看着这既简单又丰盛的菜肴，我有点感动，有点感叹，舍不得下筷子了。

阳曲老咸菜，确实很好吃，戏迷带来的驴肉，也确实有独特的香味。这是他们的生活，也许只是寻常的日子，我却感知到一种特殊的味道、特殊的温暖，那是来自四面八方的对戏曲的爱。

红丽的民间性还体现在广泛而热烈的戏迷身上。

也曾听人说过，红丽的戏迷很多。从她成名到现在，有许多不离不弃的粉丝。内蒙古的戏迷寄过来驴肉，张家口的戏迷快递过来一只羊，很多的戏迷见了她，就感觉亲近，带着土特产去看她。还有一些百姓婚丧嫁娶，都必须红丽到场，才认为是办事办圆满了。

红丽的弟弟在广州做生意，竟然听到同一个小区的人家音响里传出来的是红丽的戏，循着声音冲上去，敲开了门，竟然是老乡，从此两家在广州打拼的人成了好朋友。

北京积水潭医院有个骨科大夫，老家是河曲的，每次去做手术前，都要听一段红丽的唱，认为这是和喝咖啡一个效果，能提神，然后精神百倍地去做手术。

山西财经大学有位教授，老两口每年都要去美国住一段时间，走的时候就带上红丽的光盘，他们有时候会视频一下，老教授给红丽讲历史讲文化讲戏；从美国回来，都要给红丽买一堆书，还跟着红丽看戏。

更叫人感动的是，在内蒙古乡下的一次演出，有个老太太等唱完了，就跑到台上去，拉着红丽，一个劲地哭，一边哭一边说，你来这里了，你来这里了，你终于来这里了，听你唱上一回，死了也值了。老太太的热情惹得红丽也陪着掉泪。

红丽没问过那个老人的身份，但我想，那一定是走西口出去的山西人，这一声"死也值"，包含着不尽的乡愁，无限的眷恋和再也回不去的惆怅。

红丽说：我算了算，唱戏也有40年了，这些年坎坎坷坷地走过来，虽然有遗憾，有了这些戏迷，我也够了。

像个男人似的红丽，说到这里，低下了头，有了那一低头的温柔，我也望着那一盘驴肉和一盘老咸菜，有说不清的呜咽在心头。

在民间成长的红丽，要想在高手林立的氛围中打拼出来，确实是要经过一番坎坷的，这个坎坷，从底层奋斗的人最懂得。

1985年，山西省杏花奖广播赛评比，当时投票是在很有名的《电视报》进行的，红丽得票最高，综合下来获得第二名。颁奖典礼是在"五彩缤纷"栏目播出的，那时候的山西电视台很火，她的知名度扩散得很快。

时间飞快，戏校毕业了。毕业后，红丽分配到太原晋阳晋剧团工作，这就等于参加工作了。这个时候，主导招收他们的赵凤翔已不在阳曲，也赶上戏曲行业的波动。团里需要靠演出挣钱养活职工，红丽是当然的主角，只能卖劲地唱。红丽觉得县里培养她一场，尽管很多人改行了，或者调走了，她不走，可这样累死累活的唱，唱坏了嗓子。她的恩师白桂英看到这种情况，生怕把个好演员毁了，就把他们夫妻二人带到了太原实验晋剧院。这就有了前面所讲的和谢涛成为同事的一段岁月。

1992年，省广播电台举办卡拉OK大赛。红丽跟刘宝俊（丁果仙弟子）

老师学了《空城计》去参赛，最后拿下了特等奖，北京来的评委，从这里听到了丁果仙当年的味道。那次奖品是个大彩电，这次"彩电"效应引起了山西省晋剧院领导的注意。这样，两口子又一次"挪窝儿"，来到了省晋剧院，当然，这里给了很优厚的条件，给住房，这对于红丽来说，很重要，他们两个1990年结婚，经济很紧张，这个住房来得太及时了。现在看来，那就是一间宿舍，但对于当时的红丽来讲，他们两人离开阳曲来到太原打拼，终于有了一个安身的窝儿。

但有一件事，虽然领导当时有许诺，一直也没办了，就是把调动手续办妥。到现在，人们早已不在乎手续了，随时就可以跳个槽，可当时，这个手续就是一道护身符啊。这个手续真是说来话长，她离开阳曲县的时候，县里是不放的，她要走了，阳曲的戏就塌了，所以，肯定不会给她办调动手续。到了太原实验晋剧院，由于一直没有指标，她的手续依然悬在空中，直到到了省晋剧院，还是悬而未决。

在这个当口，有人把她介绍到包头。从包头文化局到下面晋剧团，都十分重视这个事情，对于她也很满意。她去包头开了演唱会，当时包头电视台都报道了，也准备给她申办梅花奖。

但转机也在这个时候出现了。

1994年，山西省政府的春节团拜会，对红丽一直很不错的田桂兰（红丽当作自己的老师）带着红丽去演出了一段《空城计》，演出的时候，下面坐着一位重要的人物，就是被山西人戏称为"父老乡亲"的老省委书记胡富国，老书记听说了红丽的事情，把红丽叫过去，掷地有声地说：你不能走，你的问题我来解决。

就这一句话，红丽不能走了。

不能走，但却对不起包头方面。后来包头晋剧团的团长还来过一次，给红丽做工作，红丽一直记得他的名字，汉语名字：赵尔壮，蒙语名字：石棱道尔吉。红丽反过来，给赵团长做工作，说自己的家在这里，晋剧的发源地在这里，省委书记不让走，真的不能走。赵团长通情达理，知道红丽的情和难，后来就同意了。这样，他们成了朋友，很多年以后，赵团长带着剧团来太原演出，红丽认认真真地把团里人请出来，认认真真地吃了一顿饭，算是她迟来的道歉。

胡富国书记说到做到，亲自给阳曲县委打电话，重点声明，红丽是要为全省人民服务的，阳曲县要顾全大局。当时，省里为此给了阳曲13万的人才费，重感情的老书记对红丽说，一定要回去给自己的乡亲们好好演几场。

手续办了，红丽也回去演了，在县里演，回村里演，对着那些眼巴巴的老百姓，红丽的心难受得像有江河在心里翻腾。但阳曲的老百姓好啊，接受了这个事实，他们知道，他们的红丽是去了大地方。红丽知道老乡们的说法后，每场演出完，都会动情地说：我是吃阳曲的小米长大的，我永远都是阳曲县人。

来了省晋剧院，平台更高了，接触了更多的好老师。红丽评价这一段，说，高人相助，进步很大。

本来到此，应该是稳定了，但波澜又起。

那是2001年，红丽对这个时间点，记忆深刻。从小就没怎么照顾过的孩子身上起了水痘，很严重，一抓就是一个大包，又是女孩子，容貌最重要，这就让红丽跟百爪挠心似的，实在没办法，就找领导请假，领导安排了红丽唱完，车把她送回去，这样坚持了三个台口。三个台口演完，红丽带着孩子回了阳曲。但没想到的是，团里定了到汾阳的演出，团里不知道红丽回了阳曲，两相错位，就没联系上，汾阳方面呢，坚定地说，如果孙红丽不去，就不给钱，团里给加演了两场，当地还是扣着不让走。这下坏了，不但涉及赔偿问题，还有团里的声誉问题。这边闹得不可开交，她在阳曲一无所知。

等她得到消息，赶回院里的时候，院里贴出了小字报，而且停发了他们夫妻二人的工资，停止了他们二人的工作。红丽一气之下，咨询了相关法律，一纸诉状就把晋剧院告到了南城区法院，最后，红丽胜诉了。

但这胜诉，却把双方关系弄僵了，红丽不得不离开晋剧院。

红丽也承认，自己当时确实年轻气盛，如果妥协一点，如果低个头，是不是会好一点？当时的是非曲直，我不清楚，但红丽今日说起这个事，已经云淡风轻了。

离开晋剧院，离开了那个恩恩怨怨的地方，去哪？说实话，红丽当时是没谱的，就像断了线的风筝。红丽站在太原的街头，悲怆过，苦笑过，但是怎么办？人，总不能被生活打倒，还得往前走，哪怕是惊涛险滩。

正好此时，一个喜欢戏的朋友来找她，愿意给她出资，自己办一个剧团。

这倒是一条路子，红丽没有犹豫就答应了，于是"红丽晋剧团"办起来了。此去经年，红丽给自己加压力，自己传承，自己排戏，把家扔给老公，扛起铺盖卷儿就离开了家。

虽然她来到了省里，进了省里的专业院团，但她在身份上，依然被认定是来自民间的，人们从心理上并没有改变对她的认识。这一次突发事件，又让她回归了民间。

在外漂泊的几年间，红丽硬是把剧团经营得有声有色。丁派剧目，重新排演了《北天门》《四进士》《双罗衫》等，移植了豫剧《收姜维》《太君辞朝》等等。那几年，几乎是坐在家里，就有人来订台口。在这最艰苦的岁月里，她的知名度扩大了，阅历增加了，生活也给予了她回报。她的名气有了，钱包鼓了，给父母买了房子，安葬了婆婆。可是，她的心却倦了，这不是她想要的，她就想好好唱戏。

听红丽谈到这里，我就想起我去采访濮存昕，小濮哥（北京人艺的人这样称呼他）在影视圈发展了一段时间以后，就再不出去了，他必须回归他的舞台，他的生命应该献给话剧，身外的声名犬马灯红酒绿都不能打动，于是我们就在北京人艺的舞台上看到了《李白》《茶馆》等话剧里小濮哥飘逸的身影。

红丽也是这样，就是想安安稳稳唱戏。

于是，她在流浪了6年后，于2007年在省晋剧院现任院长的召唤下，再次回到了晋剧院。

这次回来，几年的在外漂泊，红丽不再是那个年轻气盛的红丽，她告诫自己能忍则忍，能让则让，绝不跟人争短长，努力和抵触自己的人搞好关系。院长书记惜才，给她补全了几年的生活保障，她更是由衷地感激这种恩遇，为了回报，她选择无怨无悔地到需要她的地方去。这种生活的锤炼，让她对艺术更自信了。

她把在外面所排的剧目都带回了晋剧院。她说这是她应该奉献的，艺术不是私人的，属于老百姓。

她不争，但该是自己的，也不会跑掉。

前两年，晋剧院要排一个新戏《日昇昌》，为曾经的晋商留一笔戏曲财富。

院里选定了一号人物，即平遥日昇昌的大掌柜雷履泰的扮演者将由孙红丽担任。知道这个消息，红丽哭了，哭了很久，这些年，从来没敢想在新戏里担任主要角色，更不敢想多年以后能有自己的代表作，那些年的漂泊此刻都化作了幸福的泪水。

接了人物，不能辜负领导的信任，但也犯难，自己一直演的是传统戏，这回要挑战自己的极限。她不自信，但不服输的她告诉自己，她要为此做足够的努力。她去查找清朝戏的表演方式，看戏看电影看电视剧，从中吸取营养；她去查找晋商的资料，琢磨那时候人的心情和表情；她去平遥采风。她站在平遥古城下，任凭风吹来，仿佛街上连成片的房屋里都有了鼎沸人声，马蹄声响，能看到白银一车车地运回来，院子里的三房四妾、绣楼里待嫁的姑娘都活在了眼前，她找到了一点点的自信。

她给自己设定人物的语气、手势，比如见了大东家，应该怎么表现恭敬，见了伙计，怎么显示爱护，见了客户，怎么表示尊敬和诚信，说话口气应该怎么拿捏轻重。她在家里对着镜子一遍遍地演给自己看。

还记得，第一次汇报演出时，当时的院领导当场就哭了，领导哭了，红丽也就放心了。

首演定在大剧院，那是红丽多少年波折流浪之后第一次排新戏，要票的人排成了长队，红丽把同事的票全部连哄带骗地弄过来，送了出去，那一晚，座无虚席，那一天，观众适时地用掌声表达他们的热情。

之后，红丽和《日昇昌》一起，走过了许多地方，武汉、邯郸、唐山、株洲、郑州几个城市以及安徽、新疆等地都留下了她的足迹。每到一个地方，都有人说，想不到主演是个女同志。尤其是走南闯北的山西人，他们看到这个戏，都会在泪流满面之后，提出宴请的要求，那是他们的乡音，那是他们晋商的心情。

红丽说，自己在多年以后，终于落脚到一个戏上，这个戏不是丁派，不是任何一个流传下来的戏，是属于孙红丽的新戏，自己很幸运。

红丽不是一般演员，她在观众中的威望很高。可这样的演员，这样让观众痴痴追随的演员，没有得过一个奖。

我问她：这些年，相对于别人的获奖，你心里怎么想？

她顿了顿，递给我一杯茶，然后说："我有时候想，得不得奖无所谓，只要有观众的鲜花和掌声，有观众的认可就够了。如果说心里没有波动，是假的，可是自己错过了时间和机会，与所有的奖项都无缘，这个没法争。既然过去了，也就没必要再想了，这些年，辛苦过，来来去去的，领导认可我就行了，我也该把这些让给年轻人，站台是对的，让台也是对的。出去演出，老人们认识我，连小孩们都能叫出孙红丽三个字，这就够了。这些年，我把演出当作玩，我活得开心，带了一些徒弟，在单位，有领导重视，有年轻人尊敬，我还求啥呢？人，就是活个这吧。"

我离开她家的时候，在门口与她道别，她又补了一句："我去大学演出，看到年轻人喜欢戏曲，我觉得，晋剧还是有前途的。"

后来，时光刚刚进入2019年，红丽在山西京剧院的梅兰芳剧场办了一个收徒仪式，那天我也去了，让我没想到的是，那个不大的剧场里，竟然座无虚席，连走廊上都站满了人，剧场后面的小二楼也站满了人。我的小身板好不容易才挤到一个地方，还看不到舞台，只能听到一浪高过一浪的欢呼声，她每唱一段，观众都是群情激奋，我这才知道，她这个无冕之王，不是浪得虚名。

多少年过去，她依然在民间，民众爱她，晋剧接纳她，她安心唱戏。

人民才是源头活水，她接续丁派艺术，活在广大的晋剧土壤里，这也许是她在这个世界上的意义。这个意义是永恒的，有借鉴性的。

她也留给了我们深深的思考。红丽在民间的广受欢迎，根源在于大师丁果仙所创造的丁派艺术，从这个意义上讲，"丁牛郭冀"是晋剧史上的最高峰，以至于太长的时间了，我们都不可以超越。我们脱离丁派，是不是可以创造出新的艺术，就像丁派一样受欢迎呢？这是个未知数。但传承和创新之间，是什么样的关系，却是我们新时代的艺术工作者和关注艺术的人群需要思考的。

她说，晋剧是有前途的。

也许真的是有前途的？我也在心里问问自己。

6.有文化自觉，又充满矛盾的张智

晋剧是不是有前途？一千个哈姆雷特就有一千种说法。

对于剧种是不是有前途的讨论，这个命题很大，具体来说，又分京剧和地方戏。京剧有国家层面的保护，当然它的命运最终取决于自身的突破或者保守。而对于地方戏来说，每个剧种所遇到的境况又不相同，大剧种有大剧种的艰难，小剧种多数濒临消亡，这在后面会谈到。从目前国家开始重视传统文化的局面来看，一时尚无灭绝之虞，这是肯定的。

具体到一个艺术家的前途呢？更是千差万别。但肯定每个人都对自己的一生有不同的思考。

在这一点上，张智显得不同寻常。

遇见张智，很偶然，就像天空投影在一个人的波心。

2017年8月25日，山西省晋剧院举办了"花开富贵香溢远——晋剧《富贵图》演出2000场系列活动"，我受此剧编剧、山西省文化厅老厅长曲润海的邀请，观看了《富贵图》，并参加了第二天举行的研讨会。

研讨会上，专家们抚今追昔，对《富贵图》诞生、发展以及艺术成就，兜了个底朝天，当然也免不了谈到第一版的演出。28年前，第一版的主演是张智和王晓萍。专家们对最开始的印象总是念念不忘，这也是人的本性吧，先入为主。他们的念念不忘并赞誉有加，让我对此剧最初的版本，有了追索的念头。

眼角搜索到，当天张智也在席位上，那是第一次见到他，并记住了他的模样。

回到家后，从网上找到第一版的《富贵图》，画面和音质都很差，但丝毫没有影响我的观感，尤其是张智扮演的倪俊，一个翩翩佳公子，那身段，风拂柳，花影动，俊俏飘逸；那眉目，有几分英气，有几分清气，可以传情，可以叙事，楚楚动人；那面容，精美雅致，就像画家一笔一笔画出的，也像雕塑家一刀一刀刻出的；那唱腔，清灵宛转，清脆悦耳，嗓音里甚至有水流动的声音。真让人赏心悦目。

《钟馗嫁妹》《打金枝》《桐叶记》《小宴》，一部部戏看下来，张智的表演

张 智

是让人不由自主喜欢的，他没有迫人的光芒，是真实准确地抓住人物的内心来传诉一段你想知道的故事，他不张扬，也不抢夺别人的光芒，他没有舞台霸气，稳稳地站在戏剧的中央，用他的身段来表达他想表达的东西。他具备角儿的气质，也具备风靡台前幕后的条件，他具备让人喜爱的一切特质。

来自外部的评价，也随后到来。

一个女性朋友说：初见张智，惊为天人。这个我相信，这是舞台上的张智。有此说法的人，不是少数。

一个男性朋友说：如果说小生，我服张智，放眼北方，无人可比。这个我也相信，持这个说法的人，也不是少数。

我听到所有的评价，内心升起遗憾，我来得太迟，错过了张智最好的年华，再不可能看到他的现场了，只能从网络这个虚拟世界里来寻找那曾经的风华，这不仅仅是我，对于很多人来说，是个缺憾，且无法弥补。

从那以后，也就常来常往。

有时候会去看他们的戏，有时候也会就艺术谈谈自己的看法。从艺术角度来讲，对戏曲和戏曲人，他和我的看法还是能达到比较一致的。但我注意到，对某事某人是正面评价，他就会表示赞同，如果我提出反面意见，他就会保持沉默，而对我的直言，他会用更沉默来对抗。这让我越来越不解。

我感觉到，他想交流，却又给自己设置了一层隔膜，似乎对女人有天生的防范之心，这让我无奈又沮丧。我要动笔的时候发现，我可能无法还原出他的精彩。

后来，这种不解变得有意思起来，因为我发现他的矛盾。这个矛盾在我和他之间、在采访者和被采访者之间划开了一道犁沟。逾越这道犁沟变得很有挑战性。

但我深入了解、剖析他的矛盾之后，才发现他是个有文化自觉的人，他用中华文化救赎自己，也成就自己的艺术和生命品质。而他把这个藏了起来，很少有人能找到打开他的正确方式，但他并不在意这些，在一次次的生命突围之后，开始用简单的方式对待生活，同时也在这个突围和挣扎之间，呈现了一定的矛盾。

我问他，在演员生涯中，代表作是哪个？

他想了想，回答我：应该是《富贵图》。

应该是《富贵图》，这个演了2000多场的戏，多少人在演，而提起这部戏，人们最喜爱的还是他演的倪俊。他的倪俊，光芒超过他演的其他戏，也超过其他人演的这部戏。

而这样的光芒，要从头回溯。

张智完美地传承了戏曲表演程式。

这个传承主要来自山西省戏曲学校，也来自他有一个好师父。

从他出生开始说起。

他生于大同矿务局。大同，大同，大而不同，那个交织着游牧民族与农耕民族的身影与血影的故都，原来是他的故乡。人都说，民族交杂地带出生的人或者俊美或者聪明。也许，他对艺术的颖悟力便来自这个方面。

他从小喜欢文艺，上小学时参与了所有的文艺活动，打过腰鼓，唱过歌，跳过舞，表演过朗诵。这些文艺细胞是先天生在他身体里的，只需要唤醒和激发。不记得是谁说过，天分不能被培养，只能被激发，是这么个理儿。

在矿上长到12岁，正碰到省戏校去招生，这是农村孩子的一条出路，应该去竞争一下的，尽管参加考试的孩子很多。初试复试都顺利通过了，1978年，他和很多个孩子一起进了戏校。

进了戏校，他因正在变声期而被分在武生组。

武生，也就是擅长武艺的角色。在戏中扮演擅长武艺的青壮年男子，其中分长靠武生、短打武生两类。长靠武生在装扮上要"扎"靠、戴盔，穿厚底靴子，一般使用长柄武器，表演要求功架优美、稳重、沉着，具有大将风度和英雄气魄，念白讲究吐字清晰，峭拔有力，重腰腿功和武打。短打武生常用的是短兵器，表演以动作轻捷矫健，跌扑翻打的勇猛炽烈见长，舞蹈身段要求漂、帅、脆，干净利索。

在武生组，他安心练功，可两个月后，他就因锁骨断裂，停下了练功的步伐。爸爸赶来学校，掩不住的心疼，想把他带走。这个时候，小小的他已经懂得，这是一个来之不易的饭碗，这是解决家庭难题的一条途径。当时，他是矿上第一个考出来的，在当地还引起极大关注，从这一点讲，他也不能回去。他缠着绷带，斩钉截铁地表达自己的意见，不走！爸爸离开后，他在思考自己该怎么办，他告诉自己要坚强也要坚持，伤，总会好的，即使暂时不能练功，也不能让自己落下同学太远。

后来看他的戏，总能看到一个矫健飘逸的身影，那时候的伤情是怎么处理的呢？我问过他当时的情况。

他说，骨折后虽然上半身裹满了绷带，无法动弹，这不是下半身还空闲着吗。同学们去上学，他就让他们把铁砣绑在自己腿上，压腿，同学们下了课，再帮他换另一条腿。就这样，他咬着牙坚持了两个多月，他的要强也换来了结果，到他锁骨伤好以后，他的腿功成了全班最好的。

他的开蒙戏是《林冲夜奔》，接着学了《白水滩》《杀四门》等戏，他的武功底子好，就是这时候打下的。原来，我们现在看到他的身段都来自这个时候打下的基本功。有没有基本功，舞台上的呈现是不一样的。所以，现在去看，有成果的演员，大多是文武双全，缺了哪一门，都不可能成为大角儿。

三年级的时候，他就被郭凤英（前面说到"丁牛郭冀"中的郭，时任戏校副校长，分管教学）挑中出演《打金枝》中的郭暧，这一学会就演了N多年，不知道给几个女演员配过戏。这个时候，他坦言，演武戏，那是信心百倍，演文戏，还会全身出汗，这和其他人演武戏出汗截然相反。

就在这个时候，他的变声期过去了，他的嗓子回来了，非常庆幸。上天终究还是厚待他的。

继续排了《小宴》和《黄鹤楼》之后，他拜了郭凤英为师，老师带他去位于钟楼街的开明照相馆拍了一张照，确立了师徒关系。

郭凤英是晋剧郭派小生的创始人，她主攻小生，张智学的《打金枝》《小宴》《黄鹤楼》都是自己老师的代表剧目。再之后，老师把自己的代表作，除《打金枝》《小宴》《黄鹤楼》之外的《辕门射戟》《蝴蝶杯》《凤仪亭》《黄逼宫》等倾囊相授。凭借《小宴》一出戏，张智还获得山西省第三届教学剧目汇报一等奖。我看过《小宴》，剧中吕布一根翎子在空中慢慢直立的慢镜头是极有气势的，是绝活儿。

小生就是京剧中比较年轻的男性角色。小生的特点是不戴胡子，扮相一般都比较清秀、英俊。在表演上最大的特点是唱和念都是真假声互相结合。

假声一般比较尖、比较细、比较高，声音听起来比较年轻，这样就从声音上跟老生有所区别。小生的唱法刚、劲、宽、亮，听起来声音很清脆，但是并不柔媚，很刚健，却并不粗野。这种唱法和念法，要掌握得恰如其分是很不容易的。所以小生这一行，历来是人才较少的行当。小生也分成文武两类。文小生里又分为这几类：袍带小生、扇子生、翎子生、穷生等。袍带小生也可以叫纱帽小生，扮演做官的青年人。这些角色大部分都是文人，扮出来以后，既不能带杀气，不能粗野，也不能带稚气。除了文小生外，还有武小生。纯粹的武小生也分成两种，一种是穿长靠的武小生，还有一种是短打的武小生，就是穿短衣裳的。从武打的功夫来看，和武生差不多，可是唱腔和念白，都用小生的方法，像《八大锤》的陆文龙。这样的戏也叫"两门抱"。

郭凤英是能文武两门抱的。郭凤英喜欢张智的灵气和悟性，重点栽培，张智也成为这样的演员。知道小生有多么难得，就能知道张智出现以后，有多么走红。

身上功夫练出来了，嗓子回来了，但要成为《富贵图》里倪俊的样子，还差很远。

他在技术上锤炼自己，但他也很注重文化修养。

他上戏校的时候，两个哥哥都考上了大学，他放假回家时看到哥哥留在家里的书，就特别羡慕，羡慕之余，他就把这些书拾起来。他背诵，他朗读，仿佛书里有他更高的追求。在戏校，别人喊嗓子，就是喊嗓子，他不是，他是背着古诗喊嗓子，《琵琶行》《梦游天姥吟留别》《将进酒》是他常背的，到现在都能倒背如流。练功最紧要的那段时间，师父都会带着他到迎泽公园去喊嗓子。天还蒙蒙亮，他就站在公园的杨柳旁，无论春秋冬夏，无论花开叶落，始终心无旁骛地喊嗓子，背着古诗喊嗓子。也许有鸟鸣，也许有微风，他都不在意，只是让那些古诗像江涛或者公园的水流一样，从腹腔里徐徐吐出来，"君不见，黄河之水天上来，奔流到海不复回。君不见，高堂明镜悲白发，朝如青丝暮成雪。人生得意须尽欢，莫使金樽空对月。天生我材必有用，千金散尽还复来……""浔阳江头夜送客，枫叶荻花秋瑟瑟。主人下马客在船，举酒欲饮无管弦……"这些古诗就这样进入他的身体，而他的嗓音也在这样的练习中带着公园的水流，以至于我再听他当年的演唱，还能听到溪水流动的声音。

他的一个哥哥书法极好，这也影响了他，他在练功之余，也练书法。他对书法没有更高的企求，也没有功利心，只是喜欢翰墨流动的神韵。他不卖弄，以至于很多人并不知道他会书法，只是在移植《钟馗嫁妹》时，需要现场写字，大家这才知道，他竟然写得一手好字。我没有看过他的现场，不知道他写哪种字体，在我印象里，他应该写的是行书，这才符合他的性格。书法在千百年的流传中，注入了多少中国文化人的气韵和风骨，才有了后来的蔚然气象。他游走于其中，体会中华文化的中庸之道，也找到一种退让、内敛，又不失精进、庄严的文化人格。书法是我们自己的审美，为中国人提供美学支撑。而没有功利心的书法，自然会让人形成一种独特的气质。

1984年，他从戏校毕业，分配到了山西省中路梆子青年演员培训班。青训班是特殊时期的产物，那时候为了振兴山西戏曲，全省成立了10个青年团，晋剧的青年团叫青训班，直接隶属于省文化厅。

到了青训班，他承包了所有的小生角色。从1985年开始演出后，就很轰动。

但从学校到正式进入院团，是有一个心理适应过程的，这个过程，我想我们很多人都经历过。这是一个从纯洁走到复杂，从单一走向多元，从青春走向成熟的过程，他用三首古体诗记录下了这时候的心结。

三月春眠未觉晓，
已是五月柳絮飘。
倾盆一夜惊醒悟，
呓语切叹春花凋。

这首诗写于刚毕业时，回望戏校的求学生涯，很快就结束了，心情还在感叹时间的流逝。

泪眼婆娑望前程，
泥脚踌躇欲何行。
难堪异乡岁蹉跎，
秋雨冷浇孤客心。

第二首写于他在青训班最难的一段时期。到了工作单位，进入社会，环境不复戏校的单纯，人也不再简单，他看不到前路，孤身一人远离家乡，秋雨落下时，心情就像秋雨一样凄凉。

> 何怨春过不留痕，
> 却看满地绿芽生。
> 勿寻闲情空慨叹，
> 负轭耕耘奔秋成。

这首写于他渐渐地从众人之中脱颖而出，有戏演，又得领导器重，观众也喜欢他，他也在此时收获了爱情。心情明媚，心有所属，幸福马上就要降临。

正是这三首诗，让我重新审视他。他与众多艺人有质的不同。

1988年他承接重新编排的剧目《富贵图》。

这出戏是在省文化厅出台了振兴山西戏曲的措施之后，老厅长曲润海根据《双莲配》《少华山》等老剧目，本着把精品折子戏重新做成大戏、从而保留传统和培养年轻人的理念，重新编写的剧本，取名《富贵图》。

曲老的女儿曲志榕写过一篇文章专门谈到这部戏："有人说《富贵图》中的倪俊，和父亲有些相似，倪母和我奶奶也有点相似，我想是的。父亲三岁时就没了父亲，我那29岁守寡、勤劳善良的奶奶靠纺花织布，赚取微薄收入养育父亲和伯父。父亲的奶奶，懂得好多戏，经常给父亲讲《三娘教子》《芦花》《秦雪梅吊孝》《牧羊卷》等等戏曲故事，教他做人的道理。父亲的戏曲爱好就是在那样艰苦的岁月里启蒙的。当他提笔写《富贵图》的时候，总是夜深人静时分，剧中人物一个个在脑海中活灵活现，粉墨登场，有些人物故事肯定让他心海泪涌，每一个人物都倾注了他丰富浓烈的情感，表现在唱词上，有的优美，有的忧伤，有的奋进，有的深情。有这么深厚的感情积淀，他的《富贵图》怎么能不动人呢！"

怎么能不动人呢？以至于多年以后，我仅仅是看到曾经的录像，就已经沉醉于其中。

曲老说："戏曲要活在群众之中，特别是农民的娱乐生活之中，戏曲艺术才可能发展。要培养年轻观众，也需要培养年轻演员。培养青年观众，需要新老剧目并重。老剧目看表演、绝活儿，新剧目要有能动情的东西，能引起年轻人的共鸣。"曲老是这样想的，也是在这部戏里这样实践的。

戏写成后，又集中了导演温明轩、肖桂叶，作曲家刘和仁，舞美设计家马步远、吕荣贵，还有一帮正当青春好年华，且表演水平旗鼓相当的演员，如王晓平、陈红、陈转英、王春海等。

当然，男一号倪俊的扮演者非张智莫属，他昔日的小生、武生根底，加上天生的灵性悟性，还有郭凤英的倾力栽培，都派上了用场，一个俊美儒雅、温和敦厚、清灵可爱的书生形象站起来了。

这，让太多的人爱不释手。编剧爱、导演爱、同行爱、观众爱，这一爱就是无数个此去经年。

我看过他写的排演《富贵图》的过程，包括他的心理转折和对倪俊这个人物的分析，写得非常好，他的文笔也超出我预料之外：

> 我很喜欢倪俊这个人物，因为他鲜活、个性、可爱，是我过去不曾排演过的一个全新的艺术形象。戏里，倪俊与尹碧莲是绝对的主演，是矛盾冲突和感情纠葛两个主要方面，然而在戏里，由于两人身份、性别、经历和性格不同，在剧中的情感、行为亦大相径庭。倪俊出自书香门第，受封建礼教制约，谨遵母训，不爱花红，又负上京赶考的使命，这就决定了他在深陷困境、热情似火、大胆示爱的尹碧莲面前，必然穷于应对，事事处于被动地位。尹碧莲对倪俊表现出种种爱意与温存，羞答答请倪俊上床安眠，心颤颤为倪俊披衣御寒，喜盈盈与倪俊曲意争火，意灼灼请倪俊代为插簪，一切都是情不自禁在小心翼翼地试探中逐步进行的……

很是细致，也很是超乎我意料之外。

戏排成后，那种走红简直可追今日的几大天王。不，这些天王又怎么能和我们戏曲曾经的"凡有井水处，皆有梆子腔"可比呢？据当时的知情人讲，在北京演出时，女大学生们争先恐后地跑到后台去，她们要看看她们爱极了的倪俊是什么样子。他当年火到什么程度呢，有一次去香港演出，有两个女孩，一直跟到了广东、深圳，其中一个女孩，一直坚持写信，写了3年。

"倪俊"或者张智为什么那么火，那么招人喜爱？这是我一直思考的事情，一直到最近，我才有一点儿明白，除了他的长相扮相，他的书法功底（这门笔墨艺术给予他营养，也间接地养成他在舞台上的飘逸风格），还有长期浸润诗书养成的书卷气，这些综合元素让舞台上的他成为中国式书生审美的最佳代表——风流倜傥，眉目入画，人品周正，以读书为要务，有情有义，有礼有度。这样的书生来源于生活，又高于生活，在舞台上出现了，自然就会有这样的追捧，也自然会有这样的追星族。在他之前，也有《烤火》经典折子戏，因为缺少好小生，就成了尹碧莲的独角戏。张智出现后，似乎不可替代，可以模仿动作，可以加强表演，却无法再现他的书卷气。他，对于《富贵图》是绝版。

风流已被雨打风吹去，我们今日只能在网络上寻找昔日的繁华。也许正是因为现实缺位，张智的舞台魅力才更深地映在了许多人心中。

《富贵图》的现象，值得太多的人思考。

1992年，需要记一笔，这一年可以说是"张智年"，他是第一个获得国家级表演奖文华奖的晋剧男演员。自他登上舞台，一扫晋剧过去女小生独霸天下的局面，男小生的地位提高了，男小生也占有了80%的晋剧天下。他是第一个把翎子功带到更远的澳洲的演员，他的《小宴》在澳大利亚引起轰动，那一年的春节就是在澳大利亚渡过的。

从1985年到1995年，这10年时间，是属于张智的时代，他包揽了很多奖项，他在晋剧覆盖的领域达到了家喻户晓、妇孺皆知的地步。省城文化界更是频频提起他，交口称赞。

如果可以一直这样走下去，我想他是愿意的，他让自己的舞台形象永远鲜活地出现在喜爱他的人群中，也许有可能等我出现的时候，还可以看到他的现场演出。但人生的路无法设计，没有如果。

人生路走着走着，走到一定的程度，就会出现放射状的道路，"阮途穷"那样的结果只出现于书本上。在放射性的道路选择中，太多的人会迷惑，实际上，上天也是在考验人，这貌似多条的道路中，只有一条是适合的，其余皆是假象。

就在这样的坦途中，命运之手向他抛出另一枝文化的橄榄枝，尽管这样的相邀带有一定的痛苦。

到了1996年，他的身边出现了不可预料的情况，他没有告诉我这个时候他遭遇了什么，这也是他的宽厚之处。我只好从外围去探知真相，原来，正当他们这一批人蓬勃向上的时候，一心栽培他们的老厅长曲润海调走了，离开山西赴京上任，他身处的院团出现了裂痕，有许多迹象让他们无法如原来一样生存，无奈之下，也是血气方刚时候，张智等六个晋剧演员成立"华杏晋剧社"（他们六个有文华奖，有杏花奖，所以叫华杏），一半意义上脱离院团，带着他们的新兴剧目及传统功底走了出去。回过头来想，如果可以水到渠成，谁又愿意另起炉灶？曲老的离开，成为蝴蝶效应中扇动着的翅膀，间接改变了他的人生命运。

"华杏晋剧社"到全国各地去演出，接到相当多的订单，当然这一批演员都很棒，且配起戏来行当齐全，很是闯出了点名气。1998年之后，政策不允许个人办团，又把剧社转入晋剧院名下，更名为"华晋演出团"，到了2000年，全部收编入国家体制之内。兜兜转转，他担任着团长的职务，同时扮着晋剧小生的光辉形象，一直出现在观众的视线之内。

几年的辗转，担任着一团之长，负担着众人的生存，他更多的精力给了应酬，很多现实中的状况，一次次的碰壁和磨难，让他一步步调整着自己——他再也不是那个无忧无虑的晋剧少年，不是《富贵图》中那俊美飘逸的倪俊，他不得不成为江湖中人，说许多违心的话，甚至像蚌一样闭紧自己的嘴巴。这样对自己的人生修剪是痛苦的，这也是他身上出现矛盾的起因。

时光到了2001年，他的身体和心理都呈现了巨大的疲惫，他从内心厌倦了这样的奔忙，除了艺术，他怀疑一切。恰在这时，培养他的温明轩导演也去世了，终是一身绝活，也最后化作一抔泥土。回想这些年，自己没有管过家，妻子是那么好的小旦演员，为了他的发展，改行去做了服装设计，妻子没有怨过他，可没有收到埋怨的自己，心里就不愧疚吗？妻子即使受伤了，也选择不告诉他。孩子这么多年习惯了他的不在家，回去一次，几乎把他当外人，一直到孩子要上大学了，自己都没有带过。对于家人，他又愧又悔，这么挣挣扎扎，获得了什么呢？这个时候，他的身体又检查出了状况。看着这些，他内心的波澜一日甚过一日——做这一切，为了什么?！戏比天大？如果不是家人通情达理，又能有什么成就？成就？想想有什么成就？声？名？利？其实都没有，即使有，没了好身体，要这些又有什么用！

痛苦之下，他决定换一种活法。

这一换不要紧，他几乎从舞台上绝迹，只留下了一个背影，供人们去思考、怀念和回味。对于戏曲和我们广大观众来说，这无疑是一种损失，一种无法弥补又非常遗憾的损失。

改变的第一步，2002年，他考到中央戏剧学院，之后学了几年的导演，在这里，他初步接触到了斯坦尼斯拉夫斯基表演体系，这是与中华戏曲不同的表演方法，他努力去学习，就像海绵一样在这里吸收。他认真听每一个老师的课，他认真做小品，毕业时，他改写了陈忠实的小说，变成戏曲剧本，让同学来演，一下子在学院引起了轰动。

在这样的学习和实践中，他明白了，斯坦尼体系是体验派，要求人物生活在形象中，并对人物形象有一定的体验，演员应该生活在舞台上，而不是演，更注重心理。

那么这两大表演体系，有什么样的联系？

他在思考中，回顾自己的学艺历程，真正的戏曲表演程式，是重表现的，其实本身也注重体验，不注重体验，只学会简单的程式，并不能成为很好的演员，只能算一个艺人。自己师父郭凤英那一代人，包括丁果仙，他们之所以成为大家，是心理、体验、程式等并重的，注重了心理体验，再结合戏曲程式，塑造人物是成功的，也就成为表演上的大家，受到观众的追捧。原来，我们孜孜不倦寻求的西方表演方式，早就在古老的中国戏曲中存在。我们的戏曲表现方式太丰富了，是泛美的艺术，可以兼容所有的艺术，比如歌舞、绘画、说唱、雕塑、书法、文学等等，应有尽有。固有的兼容并蓄形成我们伟大而独特的戏曲，以至于世界其他几大戏剧体系都消灭殆尽以后，我们依然以中国审美站立。

而我们的中华戏曲又是与人民生活息息相关的，多少朝多少代人在戏中活下来，在戏中学会生活，锻造精神。想到这里，他也就更深地懂得了自己的代表作《富贵图》。当时演，只是本能上的拿捏，把一个书生演到了观众喜欢的程度，现在来看，《富贵图》里的倪俊是带有人们的生活表现的，这个人物不仅运用了完整的戏曲程式，注重心理体验，而且把生活艺术化，把艺术生活化，与人的情感思绪都接通了，也接通了中华文化。

他融会贯通了。

可命运交给他的考验并没有止步于此，还有重任降临。

他在中央戏剧学院学满两年后毕业归来，担任了一段时间的晋剧院副院长，一直到2012年，到省京剧院任职。

他到京剧院的时候，正是文化事业单位转企改制的关键时期。

这一步在山西文化史上占有重要位置。若说到大环境，我国的文化体制改革开始得很早，如果从1978年算起，也40年了，大致经历了三个发展阶段。第一阶段，为"文化大革命"之后到1993年，意在解决文化单位的弊端。第二阶段为1993年到2002年。旨在探索文化市场的改制，组建文化集团是这一阶段文化体制改革的突破口。第三阶段为2002年到现在。这一阶段最紧迫的就是要重塑国有文化市场主体。难点就是解决国有文化事业单位转企改制问题。这一阶段的改制中，北京、江苏、安徽、陕西、河北、山西、辽宁、宁夏、四川、云南等地大型国有文艺院团完成转企改制，一些地区将转企改制与资源重组结合起来，纷纷组建演艺集团公司，积极打造区域性龙头演艺企业。改制的前两个阶段，对山西的影响不大，但到了第三个阶段，在全国纷纷改制的路途中，山西搭上了这趟大篷车，至于对错，是以后才能评论的事情，我们只能完整地讲述事实。

山西演艺集团就在此时成立。经山西省人民政府批准，于2011年4月以省直五大文艺院团为基础组建。这五大文艺院团，除了省晋剧院被中宣部、文化部确定为保留事业单位外，省话剧院、省歌舞剧院、省京剧院、省曲艺团全部由事业单位转为企业。

在同时挂牌的五个集团中，山西演艺集团的整合难度最大，历史欠账最多，底子最薄，设施最差，职工待遇最低，生存发展最困难。

就在这个关键时期，张智走马上任。

不是演员，不是导演，他肩负管理者的重责，开始新的征程。

这个时候的京剧院，因为改制，一大批演员回家了，新来的演员们又没有编制，140人的院团，只有107人的经费，没有剧目，没有钱，场所需要维修，还有500万的外债，一项项的难题摆上了张智的案头。

所有的难题梳理起来，其实是两个，一个是项目，一个是钱。多年带团演出的经验告诉他，先抓项目，项目是什么？就是得有戏，排戏演戏才能有钱，有钱才能有人，有钱才能还债，有钱才能补充经费，有钱才能维修剧院，这一切都有了，才能让人们活得像个样子。

对于缺失的人员，他们去河北艺校招了一批，这样基本达成排演大戏的阵容，进而抓剧目。

第一个剧目，他选中了狄仁杰与武则天的故事。这段故事在晋剧院的时候，他就想抓起来，种种原因没有实施，这次正好作为"陪嫁品"带到京剧院来，算作自己的开山斧，他要借此劈开一片混沌。

狄仁杰是千古一相，他的老成持重对于李家王朝和武周朝的替换和稳定起着至关重要的作用，更重要的是，狄仁杰是太原人，至今位于太原建南汽车站旁边的唐槐公园里，还留着狄仁杰母亲亲手植下的唐槐，狄公的铜像清冷冷地在看着并州城的子民。文庙西边狄梁公街的梧桐叶黄了绿，绿了又黄，也许是在等待着什么。荷兰人高罗佩的《狄公案》风行世界，亿万万人因此知道了大唐狄仁杰，梁冠华主演的《神探狄仁杰》也深入人心，我们戏曲界也不该缺失了这个贤能的宰相，尤其山西不能缺失。选中这个题材，在文化源头和文脉传承上，张智是有自信的。

事实上，由王越和单娜主演的这部名为《紫袍记》的戏，还真的盘活了整盘棋，有戏演，而且立得住，人才，留下来了，资金，也有了一定的周转额度。

小试牛刀。

之后，他又抓了《陈廷敬》，面对当时被国人关注的塌方式腐败，山西晋城籍康熙朝股肱之臣陈廷敬进入他的视野。陈廷敬是帝师，且是《康熙字典》的总修官，一生清廉，为人传颂。他的家乡晋城市阳城县北留镇皇城村更是留下了一座"皇城相府"供世人观瞻。这都是此剧的卖点。《陈廷敬》排成后参加了第八届京剧节，京剧节上，文化部的专家发现，山西省京剧院是唯一连续八届有新剧目参加的省级院团。此剧当年年底就作为江苏反腐倡廉活动的压轴大戏在南京演出。这也是我在武乡跟着他们下乡时看到的剧目，当时王家峪所在乡的所有乡镇干部都赶到王家峪来看演出。这部戏，我看了六遍。

紧接着，《长乐未央》这部山西编剧、山西导演、山西作曲，由自己院团来打造的新编传统戏，也获得了成功。曲老戏称这部戏为"本土制造"。

随后，以北魏王朝冯太后为主角的新编历史戏《文明太后》也上演了，导演邀请到了"新世纪杰出导演"之一的卢昂加盟，上演后一片好评。

在这同时，张智还抓了一部儿童剧《齐天大圣大战白骨妖》，所到之处，受到孩子们的超级喜爱，演出过程中，演员会走到场下来，与孩子们互动，孩子们争先恐后地跑去和演员们拍照，并能在剧中伸出手去抚摸他们的装扮，还能亲切交谈。四大名著+国粹+儿童剧的立意，得到了市场的检验，也让儿童与京剧，建立了一种亲密联系。

他爱惜人才，这几年，筹办了王越拜师京剧大师李长春，孟霞拜师关派大师邢美珠等仪式。每个周末的"国粹鉴赏"，恢复演出传统骨子老戏，以这样的演出带新人。《长乐未央》中，大胆起用王科科等年轻人，让年轻人早早地就在舞台上得到锻炼，同时也就完成了梯队建设。

几年的经营，到现在，京剧院实现了社会效益和经济效益双丰收，有了自己的代表性剧目，有一批中青年演员成长了起来，还了外债，有自己的梅兰芳剧场，每人涨了工资，评了职称。张智兑现了自己的承诺。

但是，张智也已经两鬓有霜，黑发间的白发，见证着他所有的努力，岁月在很多个历史节点上没放过他，但他也没放过岁月。

他说："我在京剧院所做的工作都依赖于班子团结。我没有什么高追求，只能是踏踏实实按规律办事，不糟蹋戏曲，不搞面子工程，我把人生和戏曲拴在了一起。"

我想起我曾跟他探讨过的问题：戏曲到底唱给谁？为什么老百姓爱看的还是传统戏？为什么现在的戏从来不考虑老百姓是否爱看？什么样的戏才是好戏？传统戏是怎样保存下来的？

他尽力用行动回答我的问题，他努力地做着工作，包括一些常人看不到的工作。从源头抓剧本，要考虑人们是否爱看，戏里要有真玩意儿，他在解决着这些问题。从京剧院每年一部戏，每个戏都呈现出不错的口碑来看，他知道该从哪里出发，从未浪费时间，也从未浪费资源。这一点不是所有的戏曲工作者都真正地去思考过。

演员、导演、管理者，三重身份在他身上结合，而用其中哪一个身份来定义他，都觉得不合适。

听着他貌似平静的叙述，我曾忍不住问："不遗憾吗？当我们提起你的时候，都在叹息。"

他沉吟片刻，说："我自己没觉得遗憾，我把最美的形象留在了舞台上。"

是的，他把最美的时刻留在了舞台上，舞台生命恍似结束了。

虽然我们今日能从零星影像资料里去搜寻，却只看到了一个美的背影。也许，他懂得英雄不要末路，美人不能迟暮，当其他人还在越老越力不从心的演出中挣扎的时候，他完成了自己的转型。

为了传承晋剧小生艺术，最近这两年，他收了为数不多的5个男徒弟，组成一朵梅花。他牢记着师父当初的心愿，师父的理念就是小生一定要男演员来演，这样更能体现男人的性格和英气；他遵守师父和他的约定，坚决不收女徒弟，他要把郭派艺术完整地传下去。

在从事管理工作之余，他做着自己的导演工作，这是他个人的选择，也是他喜爱的事业，有自己多年的舞台经验作基础，有两年多中央戏剧学校的学习经历，加上平日里对文化的积累，他相信可以胜任。京剧《长乐未央》就是一个尝试，尽管还不够完美，却收到了一些好评。继而又导演了晋剧《泥火情》。他想，他的后半生就是这样了，把人和戏曲拴在一起。再等几年，等他从管理岗位上退下来，他就可随心所欲地进入自己的导演世界了，还能继续为戏曲做事，这比什么都强。

他的身影不在舞台上，却化身为更多的形式，继续活在舞台上，只是我们常人看不到罢了。

我想，我可能有点儿了解他了。

他是矛盾的。

作家朋友李景平说：历史和现实本身充满了显性或隐性的矛盾，人物和时代本身存在着自觉不自觉的矛盾。只是，看你发现了发现不了矛盾，看你敢不敢揭示矛盾，看你挖没挖到矛盾深处，看你抓没抓到矛盾要害，而且还看你会不会表现矛盾，最终，看你走没走出矛盾。

景平兄的矛盾论为我打开了阅读张智的小径。张智的矛盾来自时代与自己的选择，也就是历史与现实本身的显性和隐性的矛盾，他在时代的大潮前，追逐亦徘徊，想抓住一些什么，又不得不放弃。他去克服这些矛盾，在取舍间一次次地重建自己的心理，然后走出矛盾。

我想起，《长乐未央》上演后，我应邀观看，并写了一篇评论《青云志，佐国手，长乐未央翻出时代新意》，他很看重这篇文章，但是召开研讨会时，却没有通知我，对此，在很长一段时间内，我是介意的。但是在后来的了解中，我知道了，这个社会有一套自然的社会法则，不是他一个人可以冲破的，就像开始提到的，他不是与我的观点有冲突，而是他在强大的社会惯性面前，需要隐忍和周旋。我逐渐地揣摩到，他崇尚或者需要文化的力量，但他又在世俗面前妥协，偶尔还要绕过文化的力量。

他的身上呈现着几重矛盾。他在市场化的时代推进中，触过电，走过穴，带过个人团，尝试着与市场博弈，最终有所放弃。他本身是个演员，后来做了导演，其实一直没有离开表演舞台。做演员，他传承的是中国戏曲；在戏剧学院，他学的是话剧和影视剧导演，斯坦尼体系与中国戏曲表演方式，这两样在他心中形成对立，他用很长的时间来让这对矛盾互相融合，达到统一。后来又做了管理者，演员需要达到最大的身心自由才能争取艺术的飞腾，管理者却需要自我收敛、克制、冷静，这样又在他身上形成了一对矛盾，而且这对矛盾有时候不可调和，这样就让他时而热情通达，时而冷漠不近人情，这样让走近的人感觉一种不可描述的别扭，而他是不自觉的。

这样的矛盾，让他成为一个多面体，有的人说，他有很高的情商，有的人说，他有江湖习气，有的人说，他很会隐藏。我曾就此事问过一个彼此熟悉的朋友，她对我说：戏曲界比较难活，如果他不是这样会保护自己，早就被生吞活剥了，怎么能够安然无恙地存活到今天。原来如此，不得不如此。而这一句"戏曲界比较难活"的话，把我的心扯的生疼生疼的。

我写下这篇文章这一年，身边人的调动成了一种风景，而他呢，面对喧嚣，选择了平静，也或者是不得不这样选择，但他的选择也是为了成全自己。

他也意识到了自己的矛盾，也在时光的流逝中努力地处理矛盾，以至于今日分析他的时候，还能看得到矛盾的痕迹。

他的选择性失语，是这些矛盾导致的，也是在撷取一个待人接物的最大公约数。在喧嚣和平静之间，文化和世俗之间，热情和冷漠之间，游移和沉潜之间，飞翔和降落之间，他呈现着悖谬，也制约着失衡，他制造距离，也修补距离。他的心中有一个信念，就是忽略崎岖，绕过不平，去往他选择的艺术高地。而前提是不伤害任何一个人。

正是对他的奇特矛盾的抽丝剥茧中，到最后袒露出他本身内核中的善良。他不愿伤害任何一个人，哪怕是推波助澜，都是不可以的。如果他能做到的，他绝不会推辞，甚至他比你想到的，还要多走一步。也许有人会说是多年的从政经验，而我理解，也来自先天的善。在他的内心里，希望成全每一个人，就像费孝通教授说过的：各美其美，美人之美，美美与共，天下大同。这恰巧是他出生地的最佳注解。

而这样的矛盾呈现，细究起来，竟然还是接通了儒家文化的有效成分，既自强不息，又隐忍克制，既有战略扩张，又与人为善。

他规划了自己的路，希望在每一段旅程中留下一点痕迹，他用他善的心，与岁月对抗，也许很长时间，随着岁月更迭，还是会被淹没，但他无悔就好了。在前途的思考上，就像文章前面所说，他显得不同寻常。

此文结束的时候，耳边还回响着他朗诵王蒙散文的声音，那个感觉和气势，一点儿也不输给那些专业的朗诵人员。所有舞台上的东西都还在。

想起，我们初见，他的第一句话：我是一个没有故事的人。嗨，这个心高气傲却又刻意抹平棱角的人。

7.杨仲义：全才须生，传承有序又有思考的艺术家

前面说到，舞台上的大角儿，一般都是文武双全的。但具有这种条件的人并不多。

自古，文武双全就是中国人对自己后代的高度期许，尤其是冷兵器朝代，文能安邦，武能定国，占着一样儿，那都是对一个人的人生价值的最高认定，若两者皆备，那就是人中龙凤。这个词出自《旧唐书·李光弼传》："蕴孙、吴之略、有文武之才。"若把这个词放在戏曲中，基本也就是戏曲舞台上的龙凤之选了。

在搜寻的过程中，一个人在我的心里定格，他就是北路梆子演员杨仲义。

他是北路梆子第一个获梅花奖演员，人称"北路第一梅"。是北路梆子第三代传人。

杨仲义

前文讲到，山陕梆子在山西省内向北流布，形成一个新的剧种，即北路梆子，大约形成于16世纪中叶，至清嘉庆、道光年间的19世纪初叶趋于成熟，有了固定班社、剧目、名伶和演出规例。代县鹿蹄涧舞台题壁还有乾隆二年大成班演出《鸳鸯判》《朱仙镇》等剧目的记载。三百多年来，北路梆子以其慷慨激越的边塞风格，流行于晋北、内蒙古、张家口、包头、呼和浩特等地，深受人们喜爱。北路梆子的唱腔深受蒲州梆子的影响，具有高亢激越、淋漓酣畅、稳健粗犷的特点，同时又结合当地的民歌小调，形成"咳咳腔"等自成一体的唱法，带有鲜明的地方特色。郭沫若曾用"听罢南梆又北梆，激昂慷慨不寻常"的诗句，来赞誉北路梆子。

北路梆子经过一代又一代的艺人，传承到今天，一直到杨仲义他们这一代人接过了传承的重任。

第一次见到杨仲义是在太原观看北路梆子《云水松柏续范亭》，他在此剧中饰演抗战名将续范亭。

我曾在原平的"续范亭中学"门前伫立良久。续范亭从山西出发，最后又魂归山西，他的战功、情爱、家国都在山西，一生诗文，也一生戎马。他年少即入同盟会，以风雪战守大同立军功，陕西、保定、北京都留下了他的足迹，直到他写下那首著名的《绝命诗》："赤膊条条任去留，丈夫于世何所求？窃恐民气摧残尽，愿把身躯易自由。"剖腹求抗日，凛然正气满乾坤，举国皆惊。那是什么样的品格啊，毛主席所言极是：云水襟怀，松柏气节。

山西是该有这样一部戏，来为山西的人、山西的气节，树碑立传。

所幸有了。

那天，续范亭一出场，我在心里喊了一声好，身形如松如钟也如风，唱腔起，高亢有力，深厚有余韵，笑哭自有缘由，张弛有度。尤其是一双腿，宛如定盘星，似松柏扎在大山中，仿佛世间的狂风都不能撼动。一招一式间，自是传统戏曲的身形。行家一出手，就知有没有，那一刻，我便断定，他身上有玩意儿。

那天看完戏后，曲润海老厅长对我说："我一看杨仲义唱戏，就浑身来劲，你看的是现代戏，他的古装戏更好，《伍员逃国》《四郎探母》《宁武关》都好。"

我便找了录像来看，曲老所言不虚，杨仲义身上功架漂亮，会演人物，唱腔也好，是个好演员。

于是，我专门到忻州去拜访他，忻州市北路梆子剧院的办公室里，我和他有了一番长谈。当他把戏曲上升到国家文化记忆，说到戏曲人如果活得卑微，中华文化便没有骨气时，我不由得对他肃然起敬。

最近两年，他排了两部戏，一部是《云水松柏续范亭》，一部是《宁武关》，都是曲老的剧本。那么就从《宁武关》谈起。

昆曲里有《宁武关》，京剧里的谭派创始人谭鑫培、余派创始人余叔岩都有这个戏。这个戏也是北路梆子的传统剧目，"七岁红""九岁红"等老前辈都演过，只是后来却没有人演了。

宁武关，雄踞于恒山余脉的华盖山之上，面临恢河。宁武关是三关（偏头关、宁武关、雁门关）中历代战争最为频繁的关口。历史上鲜卑、突厥、契丹、蒙古等游牧民族南下抢掠，经常选择宁武关为突破口，所以历经很多历史时期，这里的战争几乎连年不断。在宁武关千百年来的战争纪录中，最后一场大仗发生在明末崇祯年间。

崇祯十五年（1642）冬季，周遇吉接任山西总兵官，赴任之后，淘汰老弱残兵，修缮兵器，加强练兵，积极备战。此后，明军在与农民军的几次关键战役中屡遭惨败，主力丧失殆尽，失去了对农民军作战的主动权。第二年冬季，李自成攻占陕西，准备取道山西进攻北京，二月七日，太原沦陷，李自成在太原休整八天之后，又攻取了忻州，进而急攻代州。周遇吉在代州坚守数天之后，粮尽援绝，率军突围后退保宁武关。无论周遇吉如何备战，以山西孤旅是无法与李自成数十万大军相抗衡的，宁武关地势险要，而农民军又志在必得，此次战役进行得相当惨烈。由于周遇吉的顽强抵抗，李自成一度准备放弃攻取宁武关，但他手下的将领们一再坚持，农民军继续对宁武关发起猛攻。在火炮的轰击之下，关城不断坍塌，农民军冲锋的前队战死，后队马上跟进顶替，终于攻破宁武关。农民军攻入关城之后，周遇吉继续指挥巷战，从战马上摔下来后又徒步奋战不止，在身中数箭被农民军生擒后也仍然破口大骂不愿屈服。农民军将周遇吉悬吊于高竿之上乱箭射死，然后又将尸体肢解。周遇吉的夫人刘氏素来勇健，带领几十名妇女拒守公廨，登上屋顶向农民军放箭，全部被农民军烧死。城破之后，农民军"遂屠宁武，婴幼不遗"，百姓被杀者甚众。

这场惨烈的战争诞生了戏曲《宁武关》。明将周遇吉成为宁武关下的悲情英雄。为什么是悲情英雄，编剧曲润海先生对这一段又作了补充说明：内长城和外长城的内外概念后来有了变化，偏头关、宁武关、雁门关、平型关、娘子关一线叫内长城了。明清两代内长城是防内的，防山西陕西人造反的，因此还在黄河东岸修了一段长城，也是周遇吉的管辖范围。雁门关、娘子关等都有新旧关之分，旧关从山西好上关，新关从雁北河北好上关。唯有宁武关是县城与关城统一的，也是从雁北好上关，李自成打宁武关，是倒打宁武关，而周遇吉是没有退路的。

据曲老讲，这是他为山西文化旅游发展重新编写的大戏，偏头关、宁武关、雁门关都在忻州，复排这部戏对带动当地旅游是有好处的。

最开始，杨仲义对曲老说："宁武就在我们忻州，宁武关我们北路梆子前辈艺人排过这出戏，我们何不给您把这出戏改出来？"

曲老认真地问："改出来以后你演？"

他拍了胸脯："我演。"

曲老也不含糊："你演我就改。"

就这样，《宁武关》的剧本就改出来了。

这出戏很吃功夫，需要文武老生才能胜任，自然，这部戏只能落在他头上。他就在55岁这个年纪上，真正扎上大靠演出《宁武关》。全剧一共四折，就是"对刀"、"步战"、"别母"、"乱箭"（有的剧种就叫《别母乱箭》）。一套刀法，一套枪法，还有步战，就是徒手对打，穿的东西多，大头盔扎上大靠，一部戏演下来，全身湿透，坐在地上半天都起不来。累当然累，允文允武很出彩，演完之后，市省京开了三级座谈会，专家们赞不绝口。

我在心里暗暗念叨，他早已过去了演武戏最好的年龄，真的很难为，也真的很光彩。

他爱这个戏，从骨子里爱，虽然种种原因，他并没有演多少场，但他对这个戏有后续的期许。他说，以后有机会了，他要重新排演《宁武关》，用最好的四梁八柱，兵兵将将龙套把子全梁上坝，在舞台上面呈现那种宏大磅礴、充满活力的景观和气象。他要让《宁武关》大放异彩，要让人们感到北路梆子后继有人，北路梆子艺术完整，北路梆子底蕴深厚，要让人们永久地把戏曲和旅游结合起来。这是他心中的北路梆子的愿景。

他的文武双全，是传承有序，是众多名家及戏曲功夫在他身上的汇集。

杨仲义出生于上世纪60年代初，13岁时，他考到忻州北路梆子戏校。在戏校练了一身过硬的基本功。

对于戏曲，他是有自觉的，变声期时，他少文重武。武的，如说《杀庙》，文武老生、武生都可以唱，相对来说有动有唱，唱不是太重，就可以去掌握和学习。变声之后，那就偏文的多一些，如《血手印》中林有安的一段"行路"唱腔，一个衰派老生。这个时期他就是这样，根据不同的时期选择不同的剧目，来丰富自己的表演经验和表演技法。

1979年10月，他从戏校毕业，进入忻州北路梆子剧团。进入剧团，他就自觉地开始了全面吸收和学习的过程，他向可以找到的各位老师学习，兼收并蓄，用文武须生老生的最高表演要求来武装自己。这个过程很难，但他用这种难来丰富和提高自己。他享受这个过程。

1980年正赶上山西省首届青年演员调演。他去找人学了《伍员逃国》。《伍员逃国》也名《出棠邑》，是秦腔传统戏。这个戏重工架，要求演员的腰腿功夫、身段功夫都必须过硬，唱也得好。我回看了录像，杨仲义一支马鞭在手，亦唱亦舞。据说，这个鞭子技法是北路梆子老艺人"十八红"的绝活，杨仲义找人学到手。当时他获得一等奖。

1982年，山西省中青年演员调演，他排了《汉宫惊魂》。他是向秦腔《斩姚期》学的。为了学这出戏，去西安找任炳汉（秦腔演员，曾任百年老剧社易俗社的副社长）学了一个星期。这出戏有很多翻、扑的技巧，包括"抢背""倒提""僵尸""吊毛""抢背""倒扑虎"等等，通过这些技术表演，刘秀这位能文能武的马上皇帝，错斩忠良之后怎么惊慌失措怎么精神崩溃，以及酒醉时的恍惚失态，清醒时的悔恨，就都出来了。学了回来后，为了准确表现人物，需要多练，他常常摔得身上紫一块青一块的。同时这出戏也有很多唱腔，是唱做并重的戏。学成后，为北路梆子增添了新剧目。排成后，反响不错，顺利获得山西省最佳青年演员奖。

1983年他参加了文化部第四届戏曲演员讲习会，这是传统戏恢复之后的第一次讲习会，由郭汉城、刘厚生、俞振飞等专家授课，那个时候，面对众多大师级的人物，他如饥似渴，埋头苦学，做了满满一大本笔记，这些内容至今还有用。当时受专家启发，知道了演员要有文化积累、利用好技术手段，才能演好人物，由此他写了一篇名为《戏剧演员要加强文学修养》的论文，这篇论文是他演艺生涯受到文化启蒙的成果。

1987年山西省振兴北路梆子调演，他排了《朱买臣休妻》。这是从昆曲学的，是当时中国戏曲学院副院长赵景勃教给他的，这个戏对于他来说是一个挑战，也是在北路梆子历史上开先河的作品。他从一招一式、一个眼神、一个手势、一个腔调、一个脚步中，去表现朱买臣的书卷气、迂腐气、文人气，以及面对穷困时的内心碰撞。他说这个戏是为他"开了一功"，成为文戏的代表作，获得当年的主角金牌奖。

1991年山西省第二届杏花奖，他排了《魂断明宫》，这个戏在昆曲里叫《撞钟分宫》，地方戏叫《吊煤山》，北路梆子老艺术家"十六红""舍命红"都演过，戏里动情的地方比较多，"撞钟""分宫"，杀女，最后国破家亡，煤山上吊，要用到跑圆场、甩发、飞跪等技巧。这里的感情也比较压抑，生离死别、国破家亡，演员情绪一直是绷着的。当时是省晋剧院的著名导演温明轩（即晋剧《富贵图》的导演）排的，获得本届"杏花奖"。通过调演、评比，老戏得以重新挖掘，重新创作，并获得提升，这对于杨仲义来说，更有意义。

就是这样，他坚定不移地走着文武老生的路子，一步一步排着戏，丰满自己，也为北路梆子留下一些新剧目。直到身负重任，走上争夺梅花奖的历程。

1992年，他带着四个折子戏一个大戏到北京争夺梅花奖，四个折子戏，除了前面提到的《伍员逃国》《朱买臣休妻》，还有《四郎探母·拜母》《杀庙》。

《拜母》是北路梆子传统剧目《北天门》中的一折，凝聚了好多老艺术家、老艺人的智慧和心血，"九岁红""七岁红""十六红"等都演过，它最大的亮点就是甩发，形式不同、位置不同、力度不同的甩发，用甩发来表现母子分离15年的佘太君跟杨四郎在见面的一刹那复杂激烈的情绪。在拜母之前还有整冠，捋髯、弹尘、弹腿、掸尘这些动作，这都是北路梆子艺术家的创造，是最能代表这个剧种特色的剧目。《杀庙》是北路梆子传统戏《明公断》中的一折，经过贾派第二代传人吴天凤与郭占高重新加工、整理、提升，韩琪这个人物被塑造得有血有肉，有情有义。

一本大戏就是《醒醉记》，这是一部新创剧目，杨仲义饰演房玄龄，这是一个全新的角色，说的是房玄龄和唐太宗君臣之间互相反衬、警醒、碰撞，到最后又互相理解的过程。北路梆子中这种幽默、诙谐、风趣的角色比较少，得规规矩矩按正剧来演，还得有喜剧效果。当时的导演是南京京剧团的续正泰。在排戏中，他学了不少京剧的东西，包括马派、麒派。他说：是老师们方方面面捏成了个你，这捏一捏那捏一捏，这撮一撮那撮一撮，把你撮得在舞台上看起来还挺顺溜。

他记得很清楚，是1992年的6月3号到北京正式演出，在北京连演七场，这是新时期北路梆子进北京演出场次最多的一次，影响比较大，连演七场倒了三个地方，3号、4号、5号在北京工人俱乐部演了三场，6号、7号、8号在北京人民剧场演了三场，第七场，则到中南海警卫局小礼堂给中央领导进行了汇报演出。提起这个，他还激动："能进中南海，对于这个剧种来说是一件大事儿，应该记载下来，对于我来说也是一个新的起点，重要的起点，我很幸运"。

当然，第十届梅花奖拿到了手，由于他在几出戏不同的表现，他也被称为"全才须生"。

夺梅之后，迎来了他的演出季。1992年11月，应文化部之邀赴西安参加秦、晋、豫"金三角"交流演出，《杀庙》被称为"天下第一杀"。1994年，再度应文化部邀请赴杭州参加中国越剧"小百花"艺术节演出。1987年《休妻》由山西电视台录制播出，并被列入省优秀剧目。1992年《杀庙》《拜母》《休妻》《逃国》与大型古装戏《醒醉记》由中央电视台录像并播出，成为名副其实的经典之作。1997年，《杀庙》由中国戏剧家协会录制成实景电视剧，收入戏曲精品库，成为全国梆子戏中改编剧目的范例。1999年，《逃国》代表山西戏剧界参加全国戏曲名家名段演唱会，由中央电视台1套黄金时段实况播出，成为全国梆子戏交流的代表剧目。

之所以要费尽周章地说明他的经历，是要说明一个问题，他是集众家所长成长起来的，他更多地从京剧和昆曲中吸引营养，这也就让他比别人多走了几步，多了些见识，但也正因为这样的见识，他无法融入曾经的氛围中，这间接地影响了他日后的道路。

他伴随着山西省振兴戏曲的步伐而走，他的成功验证着山西对戏曲的重视力度，也见证着山西戏曲在全国的地位。那时候，文化市场还没有被资本冲击，人们还安守着自己的一亩三分地，欢乐亦有希望地过着自己的天光日月。他的梅花奖，也宣示着山西四大梆子把梅花奖全部收入囊中。但好景不长，文化市场即将被娱乐至死的风冲击，戏曲演员即将步向边缘化的命运之途，很多人选择了背离戏曲，靠走穴赚回养家的银子。传统文化被挤向角落里，空发浩叹。当然，这是后话，还来看杨仲义的生命轨迹。

他持续着锻造自己的道路。

2004年他考入中国戏曲学院第四届中国京剧演员研究生班。当时的剧目课，他师从王金璐（著名京剧演员，工武生，京昆不挡，杨派传人，中国戏曲学院教授），学了《翠屏山》等戏。这段时间的学习，对他来说，就像饿汉面前摆满了食物，只能如饥似渴地猛吸收，他说："我一般是去老师家里上课，上午坐公交车去先生家里边，中午出来吃点快餐，下午再去先生家学，老师家也不大，大概就是十几平方米。老师先给讲解戏的构思、分析人物特点、讲解动作等，然后就带我到学院的大排练厅上课，我按照老师说的演，老师再给修改。我跟老师学了好多表演的方法，规范了自己的技能技巧。"之后跟萧润增学了一折《义责王魁》，"麒派"的代表作；跟赵景勃学了《坐楼杀惜》；跟张四刚学了河北梆子《寇准背靴》……他们的老师还有尚长荣、苏民、叶盛兰、孙毓敏、李维康、罗怀臻、齐致翔、余笑予、周育德、龚和德、任鸣等等，都是大师级的人物。他像海绵一样，从老师们身上疯狂吸收着表演、声腔、理论等等。

文化的武器和身体的武器都在他身上汇集齐了。就个人艺术来讲，他已初步融会贯通，剩下的就是岁月的打磨了。

杨仲义说，从自己身上都能看到师承，之所以有今天，是那么多的老师共同打造出来的。

先说本剧种：

比如说：北路梆子须生行里的孙一清。他是听着孙老师的唱走过来的，越听越有味，也就在潜移默化中学，学《四郎探母》的时候，孙老师还把自己的甩发给了他，对他形成了一定的影响。

比如说：李万林①。李万林告诉杨仲义，演戏就得演情绪，不能平平淡淡，不能死气沉沉，这对他的表演影响很大。当年排演《华子良》，李万林就结合自己的唱腔经验和方法给他设计了一段核心唱段"望石榴不由我珠泪暗洒……"，对他的帮助很大。

还有翟效安。翟老师的代表作《四郎探母》身上干净利落，动作整顿、挺拔。他吸收了。

还有贾桂林。"小电灯"贾桂林也是北路梆子史上里程碑式的人物。当年杨仲义参加戏校招生考试时，复试的主考官就是贾桂林，当时他小，只觉得老师非常慈祥和善，但很威严。入校后，排了老师的代表作《血手印》《王宝钏》《金水桥》《三娘教子》。当年北路梆子电影《金水桥》，他还在里面饰演一个小太监。开学动员会，老师的一番话，他至今能全部背下来："新旧社会两重天，旧社会我们是戏子，我们是下九流，新社会我们成了人民的艺术家，成了人民的演员，成了人类灵魂的工程师。我们政治地位政治身份发生了翻天覆地的变化。旧社会我们学戏，是跟老师签了生死文约的，打戏是靠打，毕业以后三年要谢师的，过去那个艰辛那个苦那种无依无靠、没有保障的生

---

① 李万林，艺名小"十六红"，1937年7月出生于晋绥边区首府山西省兴县城关，1953年始学中路梆子，后改北路梆子。主攻须生、老生。五十年来，他的足迹踏遍晋、陕、蒙广大地区，有"十六红""盖天红"等美誉。14岁时就因酷爱表演参加了剧团，开始了专业演唱的生活，师从"十七生"董翠珍不过二年，主演的《告御状》等梆子戏便一炮而红。在唱腔表演艺术上广采博收各家大师的精华，尤其吸取了晋剧大师丁果仙的声腔特点，创造的独具一格的唱腔——"万林腔"，至今仍为后学者传唱，艺术成就达到了一般人无法企及的境界，而成为北路梆子新一代的代表人物。1980年与贾桂林联袂演出《金水桥》饰李世民，被中央新闻纪录电影制片厂摄制成彩色影片全国发行，并获山西省彩色优秀影片天龙奖。1982年主演《血手印》《行路》获省中青年贡献奖。他多次进京演出，并进中南海演出。中央人民广播电台、中央电视台、香港凤凰电视台、台湾民间杂志社、山西人民广播电台、山西电视台及中国唱片总公司均对其进行人物专访报道并灌制唱片和演唱专辑。李万林是北路梆子的重要人物，至今晋北人都念念不忘。

活，演戏的时候是颠沛流离，赶上战乱，就要吃尽苦头。你们要好好珍惜今天这个时代，珍惜你们来之不易的学习的机会。"进了剧团，老师挑中他配戏。能跟老师同台，在实践中学习，他觉得很幸运，能从老师身上直接感受艺术气场和艺术魅力。他懂得了仅仅有唱念做打技术层次是不够的，人生的酸甜苦辣，世情百态，种种磨难，你总得有所领悟，有所体会，出来的人物才会更丰满。只是当他北上夺梅的前一夜，贾老师带着遗憾永远地离开了，一直到演出完，才回来安葬了老师。他说，贾老师一直在等着他带着梅花奖回来。

还有董福。下乡的时候他就跟着董老师。有时演完戏很晚了，老师就站在炕上跟他说戏，让他在月亮底下看着影子纠正自己的身段。老师教他演戏不能过，宁要九十九不要一百一。这都让他受益匪浅。

省外的老师，首先要说赵景勃。赵景勃是中国戏曲学院知名教授、著名学者、戏曲教育家，他们的接触从1987年就开始了。当时，山西省文化厅搞四大梆子振兴演出，那时的杨仲义已经颇有名气，省文化厅认为应该有他的戏，就选了《朱买臣休妻》，请赵景勃来排。这个戏是赵景勃一招一式，一腔一调，一个眼神一个手指地"抠"出来的。这样就有了师生之情。为了冲刺"梅花奖"，又请老师来给他排大戏《醒醉记》，当年夺梅演出时，老师给他把场。那个时候，他就有了想法，想拜在老师门下，但他不自信，怕给老师丢人，就在暗地里下定决心，只要得了梅花奖，就跟赵老师提出收徒要求。梅花奖拿回来了，他一直也没找到机会提这个事，这样延宕到1996年，他到北京演出，去看老师时，终于提出了拜师要求，最后就在戏场的一张圆桌上，他买了一束鲜花，敬了老师，以茶代酒，行了一个别开生面的尊师仪式，总算是把名分定下来了。老师经常跟他说"功莫停，笔莫停，戏莫停"九个字。他总觉得对不起老师，没有做到。老师用行动教会他：生也在它，死也在它，生生死死就属于北路梆子了，这是戏曲人的归宿。

他说，今生都感激这些老师，是他们的无私，才塑造了一个杨仲义，一个属于北路梆子的杨仲义。

现在，他作为国家级非物质文化遗产的传承人，想法也很简单，就是实实在在地做些事，也带一带年轻人。

回顾他的一生，是与北路梆子的兴盛与衰落紧紧相连在一起的，几十年的从艺史，也与时代并行，他的身上反映着一段北路梆子的历史，他汇总了中华戏曲文武老生的很多东西，把北路梆子须生的艺术带上了一个新高度。

在排演《云水松柏续范亭》和《宁武关》之前的很多年，他都无戏可排，我曾问过一些人，他们都说，他的观点和大家不一样，显得有点怪怪的，很多方面很长时间得不到扶持。我明白，他的思维和意识早已到了国家层级，他已不能回返再与周围人意识达到相通，这就让他看起来不一样，也就是我前面说到的，影响了他的道路。

走得远了，看得多了，他又对现在的状况充满了担忧：

现在的北路梆子院团少了，人才也越来越少了，戏曲学校不能与院团全面对接。后来把戏曲推向市场后，从业人员觉得生活待遇、经济待遇等各方面都比不上别人了，越来越多的人也就不想唱戏了。看不到真正的好角，看不到真正的好戏，剧种滑坡了。

现在的孩子也吃不了苦了。武戏本来就不容易，就说自己吧，年轻的时候为了参加评比、比赛、调演这些活动，可以说是走着、站着、吃饭的时候也都在想着练功，就是破靴子不离脚，从宿舍到锅炉房打水，一手提着壶，拧开水龙头，然后一条腿是站着的，另一条腿是控着的，就是打水的这个时候也在想着练功。到了冬天的晚上，西北风呼呼地刮着，冷，也有点恐怖，但是那也要站在院子里踢腿，左边一百腿、正腿一百、旁腿一百、偏腿一百、十字腿一百等等，然后再跑上三四十圈圆场——年轻时候是真的拼命。当然，一份付出一份收获，你比别人练得多，下的功夫多，用的心思多，你肯定在台上的呈现要比别人好一些。但也免不了受伤。有一次到雁北左云县参加交流会，下午的戏《上天台》，舞台挺大，那天就是桌子离地毯远了，他上了桌子，一看那地毯，平时离这个桌子可能就是两米、一米五左右，那天可能就是两米五多，他不想往光地上走抢背（演员基本功之一，也即戏曲表演的跌扑动作。演员身体向前斜扑，就势翻滚，以左肩背着地。多用于武戏，表示受到踢打而倒地。基本动作由单小翻和抢背组合的短筋斗组成）这个动作，就想找这个地毯，一使劲儿可能有点变形，一穿膀子就脱了受伤了，当时休息了半个月。演《逃国》的时候用腿功多，也是这样，《逃国》这出戏，有一个下叉、跌马，下了叉以后要撑起来往前走，还不能全部撑起来，是两条腿支起来的，年轻的时候，都是从九龙口一直走到前台口，至少有三米左右，这个观众肯定是要给你喝彩，但是有一次演出的时候，大腿的肌肉拉裂了，马上就肿了，几天以后腿肿得更厉害，但是那也休息了不长时间就得继续演。每一个演员，尤其是武戏演员身上可以说有各种伤痛，筋骨的剐蹭、碰撞都是免不了的。现在的孩子都是家里的宝贝，生活条件也好，谁还来受这个罪呢？现在剧团大部分没有武戏了，这也是一个原因。

京剧名家王金璐说过："你没有演到200场戏，你不敢说这是你的戏，演到200场戏，才能是你演过的戏，这才有发言权。"可是，现在的戏，演几十场都收场了，为了报各种基金，还要哄骗场次，这都是隐忧。这对长远发展来讲，没有一点好处。

是，近几年来，国家政策的力度非常大，领导高度重视，是对文艺工作者极大的鼓励，但是作为演艺人来说，具体怎么做，不做市场的奴隶，不能沾满铜臭气，这是值得思考的问题。现实情况是，学校生源不行，剧团只进不出，这本来已经形成了不好的情况，而送戏下乡的推行，没有倒逼机制，戏也没有质量了，谁来思考它的延续性？现在不是发展的问题，而是摆脱困境的问题。

他所思考的问题还有一个，即角儿挑班问题。这个事儿很复杂，从以前到现在都有。

他是在1998年1月14号，正是演出黄金时期、风头很劲的时候被任命为团长的。他也坦言，其实自己不适合当领导，很大一部分精力都用在平衡关系和平衡分配上了，太牵扯精力，影响艺术创造，但是不做领导，又没有艺术权威，没有经济权，为了艺术又得做领导，这真是一个悖论。

直到现在他当了院长，需要负责一群人的吃喝拉撒了，依然觉得应该选更年轻的有能力有水平懂政策会管理的，特别是会管事儿、管人、管钱的人来搞行政，让搞艺术的专门搞艺术。这是他的观点。

我也在想，以前旧社会是角儿挑班，角儿说了算，其他人都是傍角儿生存，艺术是遵从艺人自己的方向的，可是现在的体制不是那样，你是角儿，你不是领导，你也不能按自己的方向发展，"领导"最大，这就让很多搞艺术的必须成为管理者，才有可能走向自己想要的艺术方向，但这同时又耽误了艺术创造，这之间的关系，一言难尽。到底这样对艺术有多少好处呢？能不能，桥归桥，路归路，让艺术尽情发展艺术，让搞管理的认真为艺术服务？但这又取决于管理者的胸襟和见识，何况管理者并不一定懂艺术有情怀，大多数时候不能同行在一条路上。

他的思考还有许多，都在一个很高的层面上。比如说：戏曲在中华优秀文化中，到底如何定位？具体到山西，应该如何对待北路梆子？这是个问题。说到这儿，他又补了一句，"作为我个人其实并不重要"。

忻州文化品种多，戏剧门类，就有四个国家非遗项目，分别是雁剧（北路梆子），二人台，繁峙秧歌，神池道情。从区情地貌上来讲，忻（州）、定（襄）、原（平）三县，离省城太原晋中近，是否受晋商文化影响大些，宁（武）、神（池）、五（寨）、岢（岚）、繁（峙）、代（县）、静（乐），这几个县是否受关城文化影响多些，五（台）是否受佛教文化影响多些，河（曲）、保（德）、偏（关），紧邻黄河，接壤内蒙古、陕西，是否受黄河文化影响多些。因此，我们也许不知道我们的活态文化——戏剧文化，到底该举什么旗，打什么牌，我们现在更多讲的是大文化，大而空的文化，或是杂而弱的文化，没有纲目重点。

戏曲确实是文化遗产，也确实被边缘化，更多的人，甚至是文化人也感受不到戏曲的作用，没有重视戏曲这个文化名片的作用，中华文化终究还是缺失了一块价值。

当他说到这里的时候，我没有想到，他会有这样的思考，也没有想到他从自己出发，考虑得既宏观而阔大，又微观而具体。他的话，让我心里升起不绝的悲凉。戏曲现状就是这样的，某些剧种就是这样的。每次遇到这样的访谈，我都会在心里难过，可我能做的也就是咽下眼里的泪水。

中华戏曲的尊严啊，该怎么寻找你！？

我要离开的时候，他对我说，这辈子没有让儿子学戏，或许会让孙子学戏。他说："也许再过20年，有一个青年演员是杨仲义的孙子，我觉得我会很欣慰。小孙子现在刚20个月，他喜欢看戏，喜欢让他爷爷舞枪弄棒，我家里边放两支枪，我回去就'仓仓仓仓……'地逗着他玩儿，我一念这个锣鼓经，他一定就是把那墙边儿立的那枪杆，给我拿来。递给你，他让你跑，'仓仓仓仓……'，跑圆场，他跟着你跑。而且你要一唱，他特别来劲，我说这小子有

113

这个感觉，也说不定是隔代遗传。他只要有这个爱好，有这个悟性，我培养他。这小子身材、五官各方面的条件我感觉都挺好的。节奏感挺强。所以我感觉到将来条件可以的话，也离得我近，我要好好培养他。"

他的话，又把我悲凉的心撕开了一个口子，阳光马上挤了进来。

几许欢悦，几许疼痛，这就是说不清理不尽的北路梆子。这也是可怜又可爱的戏曲人。

有些话，我没和他说透，也许他也明白，也不愿意说透。

这样的一个大须生，现在的人知之甚少，不是他不好，而是很多人错过了他的黄金时代，这个剧种早已不是他最辉煌的90年代，如今没有多少好戏，没有几个好演员，他也没有勉强让自己出现在人们的视野里。甚至还有人把记忆停留在李万林、贾桂林那一辈人身上。接续前面说到的，90年代末21世纪初，戏曲受市场经济冲击很厉害，很多人忍痛出走，北路梆子也是在这样的情况下，损耗了元气，只是别的剧种在时代大潮下重新壮行，而北路梆子就此再没有聚拢人气。在山西的四大梆子里，北路梆子目前貌似最弱，就我得知的信息，忻州方面，戏曲演员曾经有过的编制，去一人则减一个，不再新增，没有了再进的机会，而没有编制，也就没有保障，还会有多少人进来呢？唱得好的，由于剧种不景气，也就改行唱晋剧了。艺校和院团也无法实行有效的对接。本来这个社会，戏曲就已经不是时兴的行业，人们有了太多的选择。这种种原因导致人员越来越少。少量或者几乎没有的资金，保证不了新剧目的排演，老剧目由于没有激励机制，没有好演员，也失去了原来的魅力。越没有好东西，观众越不买账，越无法坚持下去，形成了恶性循环。

回顾剧种发展史，北路梆子形成最晚，而且和中路梆子就唱腔和形式上，相当接近，演员可以两下锅，观众也不是非北路梆子不可，而晋剧早就在虎视眈眈等着了，只等它喘不上最后一口气来，便可以将所有人员收至麾下，到那时，北路梆子将永远从戏曲版图里消失，那曾经的辉煌、挣扎、怨恨都将成为过去。而那些能看到这个最终结局的人，都只能作一纸流光溢彩的铭文，在历史中发出深长的丁香花一样的叹息。

关于他提到的两个问题，第一个问题，戏曲在中华优秀文化中，到底如何定位？其实到现在，也没有一个清晰的理论或概念来支持。第二个问题，具体到山西和忻州，应该如何对待北路梆子？就是我写他的理由。

8.陈素琴：上党文化和太行精神的融合者

与北路梆子相比，上党梆子一直沉陷于上党一隅，未曾扩张，也未曾收缩。上党盆地像一个母亲的子宫，把上党梆子这个孩子保护在自己温暖的腹腔，接受外来的东西不多，却也不会去惦记占领别的，上党梆子在这块高地里，筑城以居，自成特色。

"上党自古天下脊"，九百多年前的一个冬天，苏东坡在大雪纷飞中送别他的朋友梅庭老。梅氏要到上党任学官，临别之时，东坡舒腕挥毫写了一首《浣溪沙》，其中就有这一句，从此，上党成为天下之脊，名满神州。虽然在此之前，战国时的张仪也认为上党是天下之脊，之后，唐朝杜牧也写过，但苏东坡的命名仍为人们的心头认可和书写依据。

上党占地颇广，区域最大的时候，占有大半个山西，多数时候指的是长治和晋城两地，也就是人们所说的晋东南。

而这里，是我的家。

我在与天为党的优越中，听雨歌楼上，也听雨客舟中，至于鬓已星星时在哪里，想必依然是这天下之脊。我想，上党人都是这样。

上党人常说一句话：高不过太行山与天同党，美不过家乡戏五种声腔。要不说高手在民间呢，一句话，把上党的地理形胜和文化因素都涵盖其中，人们以这两种元素为傲，千百年来，把爱恨情仇和柴米油盐都放了进去，怡然自得，不论魏晋，也不知有汉。

太行山自不必说，是山西的界山，也是山西的风景点，山势如一条龙从燕山蜿蜒而来，把无限风光蕴藏其间。

太行山的龙尾部分，依偎着上党盆地，盆地里的人们保存着五种声腔，这五种声腔就是"昆梆罗卷簧"，组成一个剧种叫上党梆子。

从五种声腔也可看出，上党梆子传承有序，有说它起源于唐朝，唐玄宗移驾当时的潞州时，蓄养了歌舞班。现在长治的迎神赛社活动中，还可见参军戏、队戏、诸宫调的表演。晋城泽州李寨乡望头村有一座开元宫，祭祀梨

陈素琴

园鼻祖唐明皇，被认为是上党梆子的发源地。至于这些传说或者地方记载是否确切尚无定论，留在这里作为参考。在戏曲发展序列中，这个剧种一直没有缺席，昆曲兴盛时吸收昆曲，皮黄传入时吸收皮黄，明朝的乐户进入又有乐户表演，一直到山陕梆子传入，又吸收梆子成为最大的成分，混合编队组成了现在我们看到的剧种。它是区别于中路梆子和北路梆子的，历史更久，保存自己的东西更多。

上党梆子又分潞府（长治）和泽府（晋城）两支。

今天要说到的陈素琴，若论分支，应该属于泽府支。

陈素琴生于高平，在四大梆子所选名家中，她比我前面所写到的人都要小，她是70后，选中她，是想呈现不同的时代特征。

陈素琴记事时，传统戏已解禁，她是听着老一辈的高亢激昂长大的。

他们是她的前世。

上党梆子演变有序，1934年在太原演出时，还被称为"上党宫调"，1958年山西省统一剧种命名时，才改为"上党梆子"。

说起宫调，要提起一个人，他就是孔三传。孔三传是北宋时期的泽州艺人。和陈素琴算是老乡，他年少时就生活在阳阿，也就是现在旅游产业做得很著名的大阳古镇。成名后活跃在汴梁。他将唐宋以来的大曲、词调、绕令以及当时北方民间流行的乐曲和上党曲调搜集起来，按其声律高低，归纳成不同的宫调，演唱起来变化无穷，丰富多彩。其创造的宫调对当时的大曲演唱形式是一个突破性发展，不仅在当时北方的学艺界有很高的声誉，而且在京都汴梁及宫廷演出也极负盛名，他对元代杂剧的兴起和中国曲艺及戏剧的繁荣，都有着不可磨灭的历史功绩。

从孔三传的身上，我们也可以看出，上党梆子历史多么久远。

上党人塑造着它，热爱着它，又接受它的滋养和教化，它成为上党文化或文明的标志之一。

清咸丰年间到抗日战争前，长治、晋城两地有无数个班社在山川河流间行走，进过宫廷，站过民间的土台子。无数个艺人在辉煌中死去，也在追求中释放，他们的一生成为粉墨春秋的幻影，在历史中来了，又在历史中隐去，却没有留下名字，时光把他们无情地拍摄成吉光片羽。

与其他的剧种一样，上党梆子在新中国成立后迎来一片生机，出生在漳河或沁河两岸的段二淼、郭金顺、吴婉芝、郝同生、郝聘芝，他们从人群中凸显出来，舞抵上党杨柳楼心月，歌尽上党桃花扇底风，有了自己的风格和流派，成为上党人心头的至爱。陈素琴也不例外，和大多上党人一样，听过他们，看过他们，然后爱上他们，她的梦就在昆梆罗卷簧中起步了。

她小时候，电视还未走进千家万户，还是广播时代。她听说过段二淼，段二淼既是小生也是须生，祖籍平顺，擅长翎子功和靠架功，有"活罗成"之称。段二淼收过一个好徒弟，叫郝同生，郝同生娶过一个高平女人，叫吴婉芝。郝同生是上党有名的须生哪，小生须生三花脸都会，能导能演，风光无限，好不容易熬过了"文化大革命"，却又因食道癌永远地告别了上党梆子。吴婉芝，优秀旦角演员，对上党梆子旦角唱腔进行过一定改造。她也听说过吴婉芝和郝同生的故事，也为他们惋惜，他们人生最好的年代正是"文化大革命"前后，却在近二十年间倍受折磨。郝同生和吴婉芝生下了一个好女儿吴国华，从小就承传父母衣钵，包揽各大奖项，在长春拍摄电影《佘赛花》时，父亲去世，这更坚定了吴国华为戏前行的精神。吴国华嫁了个老公张保平，师从郝同生，也是好须生，两人比翼齐飞，为上党梆子留下许多精彩片段。吴婉芝收过一个好徒弟，叫张爱珍，在吴婉芝的指导下，"爱珍腔"唱响全国。郝同生有一个堂妹，叫郝聘芝，上党梆子上党落子都在行，曾进中南海演出过。

陈素琴听着他们的故事，也听着他们的戏，一天天长大。只是那时候的陈素琴不知道，她将要唱着他们的戏往前走，她还要到达他们所在的剧团，成为领军人物。

从戏脉上讲，她是他们的传人。虽未拜师，却得渊源的传人。

听着上党韵听着梆子腔长起来，小小的陈素琴落下一个"毛病"，就是爱去庙会上看戏，看戏时还要扒在化装室看人家化装，那时候她着迷啊，着迷到每次都被剧团的人赶走。每次被赶，她都很沮丧。这点小小的心结，跟了她几十个年头，等她能唱起来的时候，她再不赶那些看化装的小孩，她想也许哪天那些小孩子里就会有一个好苗子。

听了，看了，还要摆弄，她回家就把毛巾绑在手上，代替水袖，穿上父亲的衣服当作行头，她也唱，学着唱，自我陶醉着。

稍大一点的时候，她就地取材，把玉米缨子戴在头上，出去表演。以前的农村，大家都不是关起门来吃饭，而是三五成群聚在一起，一人端一个大海碗，蹲在地上，吃着嗙（方言，类似于吹牛、聊天）着，人们称之为饭场。一到饭点，她就来到这些地方，给大家唱，唱完一个，换下一个，反正村里饭场多。

有时候她会去高平的古戏台前转悠，高平王报村有座现存最早的古戏台，修建于金代大定二十三年（1683），当然，她去的时候，还不是现在的样子。这座古戏台自从被发现后，已无法恢复旧日的安静。如果我们现在去看，会见到一个已被重新修整过的戏台。而她去的时候，还是一片破败之相，梁塌柱摧，野草丛生，只有一面围墙，三面空旷。她在这里玩耍，天真地想象着，自己也能着戏装在这里出将入相、水袖飘扬，那有多么好啊。

这就是一个戏曲人的童年。

她12岁的时候，高平艺校招生，这时候的招生还是百里挑一的，不像现在，戏校的招生变得相当困难。这个爱唱爱跳爱画画爱看书的女孩，一门心思去报考，父亲不同意，不同意也要考。父亲拗不过她，骑着自行车陪她去考试，有一个细节她记得特别清楚，每次考完，她都会坐在父亲的自行车后座上，把头搁在父亲背上，很温柔很温柔地亲近自己的父亲，那时候她不会知道，很多年后，父亲在她不在的时候离开，她如此贪恋那片刻的父女温柔。

在艺校的日子里，除了练功，学文化课，她迷上了看书。除了偷家里柜子上的被称为课外书的书，还跟同学借《儿童文学》，这个爱看书的小习惯，她保留到现在，后来，她就看莫言，看村上春树，看《百年孤独》《成吉思汗》《上下五千年》，每当工作遇到坎儿，她就看卡耐基。这些在生活中不会遇到的人给了她精神支柱，这样的文化滋养也让她从众多人中脱颖而出。

艺校快毕业的时候，这个女娃儿变成一个漂亮的大姑娘，开启了一部漂亮女人的奋斗史。也在这个时候，她发现自己对着墙练嗓子都没白练，练出来好多音，捧着老师奖励她的《寻找自己最美的音色》，她兴奋极了。那个时候，她的想法特别简单，日后只要能进一个剧团，能演一个宫女就好了，这就是她的初心。

模样出众的她，分到了高平市人民剧团，这是吴婉芝带过的团，也是郭金顺、张爱珍他们曾经成长和奉献过的团，在高平地区乃至整个上党地区也是响当当的。去了就要学习所有的戏，她不用人催促，自己每天站在条幕外、上场口看。老师唱过的戏，她都默默地学，吴婉芝的《秦香莲》《皮秀英打虎》《三关排宴》，张爱珍的《杀妻》《两地家书》，等等，她都学。她也从来不计较角色，缺什么演什么，慢慢地就在演出中挑了大梁。

1997年山西省首届艺术新秀选拔赛，她以《惊疯》一出戏拿下第一名。她这个时候才有了自信，一直以为自己是备胎，一直不敢问问观众自己唱的怎么样，终于能在无人的时候，跟自己对话：我也能唱戏了。

在她心里，能唱了，站到台子中间了，这就足够了，好好地唱一辈子戏，到老也不后悔。她简单，简单得不再想其他，但命运不这样安排。

2000年，高平人民剧团的老团长离任，在民主选举中，陈素琴脱颖而出，成为新团长。

也许得到这样的位置在别人来说，是件幸运的事，也是求之不得的事，但她心头重重的，觉得这不是风光，不是可以见江东父老，不是可以炫耀的资本，而是得干出个成绩来，毕竟有那么多的信任啊。可这纤纤弱女子，不要说干团长，就是当个小组长的经历也没有啊，一下子担子压上来，该怎么办？上任团长后的一天，剧团在阳城演出，下午休息时，她坐在院子里发呆。一个自负盈亏的单位，100多人要吃要喝，前边的路该怎么走？几许忐忑，几许惆怅。

事已至此，也只能硬着头皮上了，总会有路的。既然当上了，我就要带好它。陈素琴在心里告诉自己，苍蝇撞墙，无知也就无畏。她对大家说："要生存更要发展，发展就是为了更好地生存。"这是句大话，在没有实现以前，只能叫作理想。可具体的事情还要具体办。

她说：管一个家，一分钱还要难倒英雄汉呢，何况一个剧团，没钱的日子真是太难了。为了使剧团赢利，她和同事们想了很多办法：排演适合市场的歌舞节目，吸引群众收看，通过演出创收；更新舞台灯光、服装等设施；招新人，推尖子演员，排演精品剧目；和企业联营；下乡演出……

没有钱，她还动员团员们集资，向亲戚、朋友借钱。她给大家鼓劲："大家勒紧裤带过一段时间，走过去前面就是一片艳阳天。"

有人说剧团要干剧团的事，一味迎合市场，就把剧团的味道改变了。是这个理儿，但这里面有个正确对待市场化的问题，"一味迎合"，断然不行；不走市场，也断然不行；"适当妥协"，目的是以退为进。在这个过程中不能迷失，陈素琴算是一个比较清醒的人。

有了钱，人们的生活安定了，自然思想也安定了，那么，排戏吧。回归我们的戏曲。

艳阳天很快就来了，2000年，陈素琴带领全团演职人员以《杀妻》《惊疯》和一台新排的大戏《陈圆圆》一举夺得第六届中国"映山红"民间戏剧节十二项大奖，她个人获演员一等奖第一名桂冠。

就是这次戏剧节的精彩表演，让她荣膺戏剧最高奖项——第十九届"梅花奖"。

那么，我们来看看这是怎样的三出戏。

《杀妻》也叫《吴汉杀妻》，原来本戏叫《反潼关》，京剧叫《斩经堂》。吴汉是历史中的真实人物，东汉开国名将，功居云台二十八将第二位，后人评价很高，但吴汉杀妻却纯属杜撰，河北梆子、蒲剧、京剧、楚剧、粤剧、秦腔、潮剧等都有此戏，可见是有它存在的理由的。大概剧情是说，吴汉父本汉臣，为王莽所杀。而王莽爱吴汉青年英俊，嫁以南宁公主（玉莲），授潼关总镇，作心腹股肱之寄。当时吴汉母心系汉室，为吴汉述及父死之惨史，谓与王莽有不共戴天之仇，令吴汉取妻头颅。吴汉遵奉母命，遂提剑入内，一一告知，公主亦不愿再居人世，夺剑自刎。吴汉割头以献，母见而大哭，母亦背人缢死。我曾看过河北梆子名家王洪玲演唱的此戏，唱腔委婉又激昂，缠绵得让人垂泪。又听张爱珍的上党梆子此戏，一样委婉激昂，又多了几分幽咽，好听至极。后来，我才知道河北梆子此剧是从上党梆子移植过去的。陈素琴承袭并发展"爱珍腔"，形成一种独特的新唱法。

《风雨行宫》讲述了清朝康熙年间，三阿哥胤祉、四阿哥胤禛为争夺皇位继承权，展开了貌合神离、惊心动魄的明争暗斗。在避暑山庄的皇家猎场，二人射鹿赛箭以示高低，争执中，看守菜园的汉家女金桂递箭，胤禛"反败为胜"……哈珠因见证了胤禛与金桂的一时私情而被推下山崖……金桂生得一子被胤祉知悉，趁胤禛探望之际强逼金桂指认子父，而满汉禁律一旦打破，兄弟之争的胜负便不言自明。金桂不吐实言，悲剧在所难免，婴儿先被折指，后被冷雨浇身……婴儿死了，胤祉走了，金桂疯了，胤禛抱起儿子——居然活了……按大清祖制，没有爱新觉罗的纯正血统，是不能继承皇位的。钮祜禄氏时为胤禛生一女，移花接木便成必然，胤祉成为阶下囚也就命中注定……十六年后，坠崖不死的哈珠将隐情告知长大了的婴儿——宝亲王弘历，弘历寻母认母，皇家难容……钮祜禄氏对金桂晓以利害，为了自身之外的所有一切，金桂欲生无望，求死不成，唯疯是从……

《惊疯》是其中最重要的一折，是青衣唱做并重的戏。

《陈圆圆》，说的就是"冲冠一怒为红颜"中的"红颜"陈圆圆，这位女子在历史拐点上出现，让山海关的风云蓦然多了一层粉红色，也让整个明清的走向不再那么清晰，故事平添了凝重和叹息。这出戏排出来，上党梆子的老唱腔一时征服了许多观众，包括梅花奖的评委们。

为了能一举实现自己的目标，她对自己进行了魔鬼训练，排练《惊疯》时，练跪搓步、僵尸功、甩发功等功夫，整个人瘦得都让人不敢认了。因为练跪搓步，她的膝盖和脚面结的痂有两三寸厚，回家时爬不上楼梯，只敢趁没人时悄悄回去；正是冬天，回到家里身上穿的厚棉裤脱都脱不下来。僵尸功，是戏曲中比较难的一个动作，很多男演员都做不了，要求演员直挺挺向后倒去，她在家也练在团里也练，在家里她把床垫拿下来放在地上，在团里则只能就着那硬邦邦的水泥地。一次她独自一人在团里的水泥地上练，倒下后摔得十分难受，半天起不来，一位老师进来后，发现她躺在地上，很纳闷，问："你在干什么？"陈素琴忍着疼痛说："我休息一下。"你看，她还忘不了幽默。她知道，没有一个人的成功不是汗水泪水交织的。

三出戏助她飞翔，陈素琴拿下梅花奖。成为上党梆子历史上继吴国华、张保平、张爱珍之后的"第四朵梅花"，也是山西梅花奖史上很长一段内年龄最小的演员。

在这个过程中，陈素琴学会了一样，那就是如何在舞台上表演，说白了，就是琢磨透人物再去演，她是在没有任何提点下，靠自觉去探寻表演真谛的。她在艺校学的是戏曲程式，她甚至没有表演理论基础，从乡下生，在乡下长，她靠悟性一步步靠近中国戏曲的玄妙之门。她说，帮助她靠近她支撑她陪伴她的，就是这些年她读过的书。

得了奖的那天，她并没有像自己想象的那样狂喜，摆在自己面前还有事情，那个时候，她的情绪是难过的，全团人陪着自己去夺每个奖项，奖项是拿到了，可也是孤注一掷地拼搏的，不要说以后的工资，那时候就连回去的路费都没有了。她一抹泪，对自己说，她今后所做的事情不求别的，只求能对得起陪伴自己的这些人。

回到团里，有梅花奖的光环罩着，演出很多，很长一段时间里，预约演出的人排起了长队。休整了一段，陈素琴就披挂上阵去奔一个剧团的未来，挣到的钱全部回归了团里，她不要分文。人员工资逐渐能足额发放，这在民营剧团里是头一份的，交了各种保险，全面更新演出服装和设备，剧团的效益好了。

为了剧团，陈素琴付出了很多，很多人开出优厚的条件挖她，她拒绝了；有便宜的房子要卖，她错过了；可以走穴挣大钱，她放弃了；她一直守着自己的初心。陈素琴淡泊名利，但胸襟、抱负却很大，对艺术她很严格，对团员却像家人，她想办的事都很大，比如说：职工工资待遇、尖子演员招工转户、剧团建设、培养新人等等，都与剧团发展休戚相关。而她确实做到了。

2011年，她又创作演出了反映全国劳动模范申纪兰的现代戏《西沟女儿》，该剧一经上演，就获得了社会各界以及领导专家的广泛好评，让老百姓更为直接、更为形象地了解申纪兰。2011年年初山西省"两会"期间，《西沟女儿》应邀参加了庆祝演出，省委常委们集体观看了演出。后又被文化部选为庆祝建党90周年全国优秀现代戏献礼演出剧目，并作为压轴戏在首都北京参加了全国现代戏优秀剧目展演，很好地展示了上党梆子的博大精深。回来后，又开始了全国巡演的征程。此剧荣获了山西省文化厅颁发的"2011年度舞台艺术优秀剧目"奖；"山西省廉政文化精品剧目展演"中荣获"优秀剧目奖"；中华人民共和国文化部颁发的"2012年全国优秀剧目展演"奖和山西省第十届精神文明建设"五个一工程"优秀作品奖。2013年，由此拍成的戏曲电影《申纪兰》获得了第九届"2013年中美电影节"入围奖。

也许，别人是看这部戏的舞台呈现，而她是去看一个女人，一个生活在中华人民共和国几十年新中国成立历程中的伟大的乡村女人的内心。她在平顺西沟看到，拜访的人群一拨拨地离去，而这位老人却在窗户后面看着人群走远，默默地，不说一句话。人走了，老人喝着汤面，就着馒头，就是一顿饭。她懂了，这位世纪老人，迎着共和国的风雨一起成长，而在盛大的光环后面，她只是一个普通女人，有一种难言的孤独，老人的生命就像西沟的大树，枝繁叶茂是为了别人，自己听到的只有风声。陈素琴感知到疼痛，创作的日子，她常常夜不能寐，"申纪兰"该怎么走、怎么说话、怎么笑、怎么哭，而她这个演员，该怎么与人物既精神相通，却又能保持距离？这些思索一日日成形，她想演出一个有血有肉的舞台形象，而不是日常我们见到的镜头里，说一口谨慎的平顺方言，却很得体的申纪兰。于是，舞台上的陈素琴更有情感，尤其是剧中的申纪兰与丈夫诀别一场戏，她演得隐忍，却让观众潸然泪下。这就是生活与艺术的区别，陈素琴在行进中学习。

正当如火如荼地前行之时，她奉命来到晋城市上党梆子剧院。这是吴国华、张保平他们带领过的院团，也是最开始郝同生战斗过的剧团。她冥冥中踩着他们的足迹前进。时间是2014年元月，她记得很清楚。

到了晋城，她休整了两年，她需要弄清楚这里的情况，也需要融入其中。两年过后，第三年一年排了三个传统戏，《忠烈千秋》《哑女告状》《梁红玉》。又折腾了几个新戏，以地方文化为主排出了《程颢书院》《郝经》。程颢和郝经都是晋城历史上有名的人物，这是戏曲与地方文化融合的一条路，许多剧种都在尝试。

但这还不够，她生活在太行山上，太行山是什么样的山，她很清楚，她想要创作一部真正反映太行精神的戏。

她去寻找，就像中国艺术研究院戏曲研究所所长王馗说："第一次见到陈素琴的时候，我惊诧于她的质朴与率直。她像一个误入者站在了戏曲研究所的办公室里，上党口音反复围绕的就是寻找好剧本。陈素琴的《陈圆圆》《西沟女儿》《婶娘》等戏，或者展示盘亘在政治旋涡中的女性悲歌，或者刻画著名地域名人的时代感怀，都显示着这位艺术家熟练驾驭传统与现代的艺术功力。因此，面对她提到的话题，我清楚地理解：这是一位有强烈艺术追求的艺术家。"

没错，她在寻找好剧本，适合上党的好剧本。

马书岐在《上党从来天下脊》一文中写道：

> 上党是西周、秦、汉、隋、唐等朝代东出长安的天然屏障，"东带三关，西为国蔽"，"晋之东南绝境，一夫当关，万夫难越，我出则易，彼来则难"，其蔽护国都的作用不言而喻；上党是东周、东汉、西晋等十三

朝古都洛阳以及北宋东京汴梁（开封）的桥头堡，"据天下之肩脊，当河朔之咽喉"，"跨太行之巅，居天下之脊。负太原，履蒲津，带汾河，裣伊洛"，若从上党直下，除黄河之外，再无险可守，以骑兵的速度，攻取洛阳、汴梁也就是一二天的路程。

因此，历史上的历朝历代，都把上党作为战略要地而努力经营。以武功文绩显闻于后世的秦昭王"威天下"，汉高祖"得天下"，汉光武帝"复天下"，魏武帝"争天下"，石勒帝"战天下"，唐太宗"并天下"，都与占据上党或者是夺取上党有关，故有"得上党而望中原"之说。商朝末期的"西伯戡黎"之战、战国末期的"长平之战"、东汉末期的"曹操太行征高干"、东晋十六国的"潞川之战"和"台壁之战"、唐朝末期的"三垂冈之战"、后周与北汉的"巴公原之战"、北宋末期的"潞州城保卫战"、元末明初的"韩店大战"、明朝末期的"刘芳亮兵取潞安城"，每逢国家有难和政权变更的重要时刻，这里往往都是战争的大舞台，一幕幕历史活剧在这里上演，把上党与天为党的作用和价值演绎得淋漓尽致。

这个"脊"本身有两层含义，从地理角度讲，太行山为南北走向，绵亘八百里，到南端末梢上党这一段，地势高耸，壁立千仞，恰如一段高高拱起的脊梁；从人文角度讲，这个"脊"就是一种精神，一种坚韧不拔、不怕牺牲、敢于斗争、敢于胜利的民族精神。

在抗日战争初期，毛泽东的战略眼光早早就瞄上了上党这块地方，他把上党比作围棋上的"棋眼"，指示八路军一定要把上党这个"眼位"做起来。于是，八路军和八路军的首脑机关、中共中央北方局挺进太行，进驻上党，在这里创建了太行太岳抗日根据地，进而扩展为晋冀鲁豫边区，顶起了抗日战争的一片蓝天。

所言不虚，这就是太行精神，陈素琴要的就是这个。而上党梆子千百年也是这样，锣鼓铿锵，在舞台上演绎着战争的残酷与激烈，家国情仇背负在每个人的身上，杨家戏、岳家戏成为这个剧种的保留剧目。对于陈素琴来说，汉唐宋元都距她太远，她熟悉抗日战争，家乡的老人们、她拜访过的老师们，都经历过抗日战争，她熟悉那些故事，那些为家为国为民族为地域为百姓流过血牺牲了的人们，她想写他们，想演他们。

她找到著名编剧李莉，找到导演王青，三个人开始铺排酝酿一部戏，一部以太行山的奶娘为故事蓝本的发端于也扎根于百姓中的戏。三个女人一次次商量修改，一夜夜哭成一团，故事中的人物早已不受三个主创人物支配，而进入自己的戏剧世界，自己生长，长歌当哭。

于是，一部《太行娘亲》立起来了。

只见舞台上，时空进入 20 世纪 40 年代。太行山区寒柳村村民赵氏独子根旺结婚三年，喜得孙子铁蛋。正当赵氏请村民吃满月酒时，日军突袭，抓走全村青年作劳工修筑军火库。赵氏到后山沟换小米给儿媳梨花催奶，目睹了后山沟因奶养八路军孩子被日军屠村的骇人惨状。赵氏惊恐不已，回到家正遇张伯和田大娘欲将八路军王营长儿子铁牛托付儿媳梨花奶养。赵氏百般推托，面对孩子的病情，她勉强同意收养。日军"扫荡"，张伯为掩护赵氏一家壮烈牺牲，令赵氏深感震动。闻听王营长怕连累乡亲抱走铁牛，赵氏急忙追赶抱回铁牛。日军再次包围寒柳村，逼令交出八路军孩子。赵氏为保护王营长的孩子铁牛和全村人的性命，与日军周旋之后，与自己的亲孙子铁蛋被活埋枯井，英勇就义。

这样的剧情讲述，并不能概剧之全貌，实际上，每场演出都是一次震撼，任你再铁石心肠，也会在剧场哭成梨花带雨。

一次次的演出，所到之处，专家学者、普通观众都给予极高的评价。一步步，这部剧的经典气质建立了起来。

看看这部戏走过的路，它用很短的时间，走了很远：

2017 年 6 月，被评审为文化部 2016 年度戏曲剧本孵化计划项目。

2017 年 8 月，被评审为国家艺术基金 2017 年度大型舞台剧和作品创作资助项目。

2017 年 9 月，首届山西艺术节上荣获第十五届"杏花新剧目奖"。

2017 年 12 月，受邀参加中宣部、文化部举办的 2018 新年戏曲晚会，在国家大剧院为党和国家领导人汇报演出。

2018 年 3 月，被评审为 2018 年度全国舞台艺术重点创作剧目。

2018 年 3 月，被评审为 2018 年度国家舞台艺术精品创作扶持工程重点扶持剧目。

2018 年 5 月，受邀参加 2018 国家大剧院夏季演出季，在国家大剧院·戏剧场为首都观众连演2场。

2018年7月，受邀参加中央电视台"红旗飘飘·七一戏曲演唱会"现场直播。

2018年11月，受邀参加第二十届中国上海国际艺术节，在上海戏剧学院实验剧场连演2场。

2018年11月，参加山西省改革开放40周年精品剧目演出。

我是在这一次的精品剧目展演中，才有幸看到这个剧目。剧场里无声的哭泣认可了这部剧，回家之后，我认认真真地为这部戏写出剧评。这部戏里的赵氏是真实的：她善良，善良到可以救一个素不相识的梨花（后来成了自己的儿媳妇）；她能干，里里外外当家；她自私，只想管好自己的家事；她有农村女人的自觉，传宗接代的观念深入骨髓。这样的女人，才是生活在太行山旮旯里的女人的真实状态，她就是众多普通女人中的一个，而不是一个高大完美、动辄使双枪、一出现就高呼共产党万岁的"非正常"女人。最让人揪心并记忆深刻的是最后一场，赵氏抱着孙子跳入枯井里，在被活埋的很短的时间内，舞台放大并艺术地处理了这个瞬间，那一刻的心理活动，是虚化的舞台空间，在前面几场实打实的斗争和喧嚣之后，进入一个虚拟的静谧的时空，人物在这里还原出只养了两个月的孙子被迫葬身枯井的痛，还原了那一刻不歇的恨，一句"孙子，我陪你走"，瞬间点燃人们的舐犊之情，那缠绵那哀情那伤痛都哀艳到极致，诠释了悲剧应有的舞台哲理。剧场里没有声响，只有一张张双眼泪垂的面孔。一个完整的太行娘亲形象地在这样的矛盾冲突中一步步树立起来，太行山的脊梁清晰地出现了。

陈素琴用这样的构思，把太行山和上党以及上党梆子结合在一处，实现了舞台艺术和她的精神境界的一次飞升。

太行山上的寒柳花还会在一年年的秋冬之季开放，王珏形容她是寒柳花，她也会在一年年的行走中蜕变，直到她走到生命的尽头。

2019年5月，《太行娘亲》参评16届文华大奖，陈素琴获得"文华奖表演奖"。

这样不停步地求索，是她的今生。

她爱戏，一方面是由于自我认识，一方面却缘于外部世界。有时候唱到声嘶力竭，但没办法，对于她，可能天天演的戏，对于百姓们却是唯一。她说：她就在上党人民一双双期盼的目光中沦陷。

成年成名后，再站上高平王报村的金代戏台，她思考得更多了，自己从哪里来，到哪里去？多年前，父亲种地，扶着耧，一步步前进，她守在父亲身边，地头仿佛望不到边，可是偶然回头，还是能看见身后的成果，原来在不知不觉间已经种了许多。自己也是这样，猛然抬头，回身扫视，原来也做了一些事情。当年自己在乡下演出时，团里离不开，父亲最后都没能等到心爱的女儿，那时候，自己就在父亲灵前发誓，这辈子要好好学戏，好好唱戏。不管别人怎么评价，她自己认为到现在也不能算一个成功的人。这些年在对上党梆子老腔老调的挖掘中，老艺人身上的玩意儿及艺德，触动她的神经，有的老师说：你们不是演秦香莲，你们都是演自己。一句话让她醍醐灌顶：必须回到最初去，让自己的根部更茂盛，才能开枝散叶，才是从事艺术的正确道路。可是那些老艺人都会走的，她只怕她力所不能及，保存不下来。

她说着说着，眼里有了水雾。

望着她泪盈盈的眼睛，我的心里下雪了。

也许是还不能把我引为知音，她抬起头，把那团水雾憋了回去。她又对我说：虽然自己把戏曲当成半条命，可与那些老艺人相比，根本不够，真想向上天再借五百年，把传统的东西传下去。

我想问问她的创作理念。她说："除了最初在高平艺校就读的几年时间，其余时间都是自己规整着自己往前走，比较笨，懂得晚，大部分时候都在一个人走路，甚至是走夜路。很多时候，已经很累了，还是免不了太多的是非，只能在夜里自己消化，命运掌握在别人手里时，就不要太在意了，只要不把伤害当伤害，就不是伤害，能伤害了一个人的一定是自己。"

我懂，这种治愈只能来自她的内心，一个漂亮女人的奋斗史，从来就是伴随着许多质疑和攻击走过来的，只要心理强大，世界风雨便会退让。

她说她的创作源泉就来自人生路上的苦难坎坷，只要放空自己，心无旁骛，低到尘埃，那就是角色，自己之所以快乐，是因为要得太少，只要有戏演，就是幸福。

原来，她这样简单。

而我庆幸，她在最好的年代，通过自己的努力，迎来了属于她的时代。

她守在上党一隅，为上党戏坚守和奔走、呼吁和创新，这是上党梆子的幸运。上党梆子就是她的断桥，她站在桥上顾盼，以淡妆浓抹总相宜的面貌，留下了属于她的传奇。

她是个把上党文化、太行山精神和上党梆子整合在一起的从艺者。这一点，在所有艺术家里难能可贵。

9.李铁英：山西京剧的奠基人

山西是戏曲大省，这是公认的说法，20世纪80年代统计，山西有52个剧种，居全国第一。到2017年全国戏曲剧种普查结果显示，全国剩下了348个剧种，虽然山西依然名列第一，却只剩下了38个剧种。

山西的大剧种除了四大梆子，还有京剧。京剧在山西虽不是原生品种，倒也扎根于此，辗转已一个甲子。

京剧是怎么落户山西的呢？这是很多人不知道的故事。这就要从李铁英讲起。

李铁英出生于一个京剧世家。他的父亲是有名的武花脸，曾给"江南活武松"盖叫天配戏。他的叔叔、外公、舅舅、姨父都习京剧。在这样的氛围中成长，注定了他与京剧的缘分。

小时候的李铁英比较淘气，上学时经常逃学到商场里玩。7岁的时候，父亲一怒之下把他的书撕了，扔过来一句话：尽早学戏吧！从此开始了他的戏剧人生。李铁英由方玉珍开蒙，教第一出戏《蜈蚣岭》。那个时候，只要有名家的演出，父亲就带着李铁英去观摩，所以，他很早就在戏里泡着了。慢慢地，他喜欢上赵松樵的戏，萌生了拜师的念头。

赵松樵，6岁学戏，9岁就唱遍了天津、北京、山东、东北等地。20世纪20年代，与高庆奎、刘奎官等人被称为"梨园十一杰"，曾与梅兰芳、王鸿寿、金少山、盖叫天等同台演出。赵松樵功底深厚，文武俱佳，生净兼长，代表作有《徐策跑城》《刀劈三关》等。

看到李铁英决计拜师赵松樵，父亲只好找人作保，几番央求。终于，1924年，李铁英带艺（即带一出戏《蜈蚣岭》）拜师，成为赵松樵第一位入室弟子，也是手把徒弟。手把徒弟是行话，是最古老也是生命力最长的京剧

李铁英

传承形式，就是演员以个人名义在家收徒授艺。

拜师后，李铁英学的第一出戏是《平贵别窑》，赵松樵除了自己教授，还出资为李铁英聘请了文武戏两位师父。当时的文戏师父是崔凤鸣，很厉害的一个行家，教完李铁英后又教李少春，弟子们都成为响当当的人物，武戏师父是刘凤武。李铁英因此就打下了文武兼备的底子，学习了100多出文武戏。赵松樵很多时候也带徒弟到东北演出，让李铁英从配角、跑龙套到和他演对手戏，边演边学，这样来提携李铁英。李铁英由此学会了《捉放曹》《珠帘寨》《定军山》《翠屏山》等剧目。

1937年，李铁英学成出师，在上海登台，好评如潮。之后，赵松樵让他到大连挑班。刚到大连，他演出了一系列的关公戏，成了大连宏济舞台的挑班头牌。20世纪30年代，李铁英在东北接触到唐韵笙的列国戏和关公戏，受益匪浅。唐韵笙是京剧文武老生，在东北享有盛名，被东北人称为"唐老将"，文武昆乱不挡。李铁英慕唐韵笙之名，抄写了所有能接触到的剧本，并创造机会和唐韵笙同台演出，这样，他又学习了唐韵笙的列国戏和关公戏，表演越发成熟。

此后，李铁英开始在东北三省各处登台。他文武全能，有嗓子有功底，擅演关公戏，一时风靡东北。

1947年，李铁英从东北返回天津，先在宝兴戏院搭班演出，三个月后就名噪津门。1948年，又转战天津南市大舞台。当时的南市大舞台地处繁华路段，能容纳3000名观众，这时也已经云集了各路武生角儿。不久，李铁英就成为南市大舞台的挑班头牌，一时间，南市大舞台被天津剧坛炒得热火朝天。李铁英的名字进入茶楼酒肆、街头巷尾，成为天津人的时尚谈资。

1949年1月，天津解放。天津市解放军军事管制委员会支持成立了新艺剧社，李铁英任社长。

天津解放15天后，新艺剧社开始演出，大部分是李铁英演出的剧目。同年2月份，剧社排练演出了《三打祝家庄》，首开解放区新编戏先河。3月又排演了《逼上梁山》《闯王进京》《白毛女》等剧目，配合新中国成立之际党在天津的工作。他自导自演新戏，在全国也是走在前列的。

由于思想进步，李铁英在1950年加入中国共产党，被选为天津市人民代表、天津市文艺工会主席、天津市文联委员，成为当时文艺界演员的榜样。

1952年，新艺剧社改为天津红风京剧团，李铁英被公推为团长。

这一年，他们团演出的场所——天津南市大舞台着了一场大火，坍塌了。为了生存，他们开始在全国巡演。其间来到了太原，观众反响热烈，当时太原市主管文教的副市长刘舒侠很重视，几乎是"跟场观看"。

其时，刘舒侠刚刚出任副市长，也正值全国第一届戏曲汇演之后，百花齐放，全国戏曲呈现出蓬勃向上的态势，刘市长有新建一批院团的构思。刘市长了解到天津红风京剧团以强硬的武戏班底著称，角色行当齐全，文武昆乱不挡，在华北、东北等地"红曲"劲吹之时，萌生了与天津协商接该团来晋立身的想法。经与天津市人民委员会协商，天津方同意红风京剧团支援太原市。当时在太原市文化局任职的杨秋实是经办人，奉命前往天津，与天津市文化局接洽办理红风京剧团来晋事宜。

但事情并不是办个手续那样简单，从一个大都市举家迁往不怎么发达的太原市，故土难离，自然环境、交通及物质生活条件相对落后，这涉及每个人的生活实际，当然就引起了全团人员和家属的思想动荡。为此，天津市文化局和戏剧工会联合召开了三次动员会。在这个时候，团长李铁英出面给全团人员做思想工作。他列出了旧社会艺人的诸多难处：作为民间表演队伍，游走江湖，遭人歧视，披星戴月，居无定所，到处拜码头，一把辛酸泪。他说："现在成了新中国的文艺工作者，太原又给了这样优厚的条件，成为国营院团，生活有保障，可以安心发展艺术，良禽择木而栖，何必终老天津一方？"就这样，做通了全团人的工作，决定迁往太原。

太原对剧团的到来表示了极大的热情，太原市文化局组织专门人员筹备京剧团的到来，市财政拨专款到苏州添置戏装行头，同时选定了解放路后小河，为京剧团修建团部办公室及宿舍，指定首演剧场为和平剧院，也筹划了剧团的宣传广告及组织观众工作。

适逢太原晋剧一团到天津剧场公演，丁果仙、郭凤英等名家代表晋剧登门拜访，表达对李铁英和京剧团的敬仰，欢迎他们到太原安家。

经过一个月的努力，办完了一切交接手续，红风京剧团向天津的亲人和观众告别，5月12日，全团人员及部分家属离开天津，经北京转乘到达太原。太原市文化局领导及戏剧表演团体100多人前去热烈欢迎。

1956年3月31日，以李铁英为团长的太原市京剧团在天津市长城戏院首次亮相演出。

剧团初到太原虽然受到了热情的欢迎，可实际上那时候许多问题并不好解决，虽然京剧团是国营性质，其实也没列入国家财政，政府对院团的拨款有限，生存只能靠自给自足，靠演出收入养活自己。在后小河地区，他们自己动手盖起了简陋的宿舍，后来才慢慢有了排练场。

尽管条件艰苦，京剧团还是在李铁英的领导下，发扬老传统，开始紧抓京剧艺术。1956年5月18日，安顿就绪的京剧团在太原和平剧院首演《大闹嘉兴府》《夜走麦城》，观众反响热烈。随后，他们移植了昆曲《十五贯》，李铁英演况钟，这出戏当时在太原打得很响。太原人对京剧团表达了极大的热爱。

李铁英带头无偿捐献了自己一辈子置办的赖以为生的行头、道具和全部家当。

1957年7月21日，京剧团参加山西省第二届戏曲观摩大会，演出了《钟馗嫁妹》《铜大缸》《逍遥津》《红线盗盒》等精彩剧目。《钟馗嫁妹》获得集体表演奖，李铁英获演员奖。

为了生存，李铁英和当时的书记贺治民一起带领大家巡演挣钱。1957年去天津"回娘家"参加赈灾义演。1958年，京剧团重排了现代戏《白毛女》。大炼钢铁时，剧团需要下乡锻炼，到原平县待了十几天，演出的同时和农民一起下田劳动。山东临清、恩县、德州、烟台，四川成都，重庆，陕西咸阳，辽宁大连、鞍山，一路走一路演出，一路排演新剧目。

在带团的过程中，李铁英一直注意牺牲小我，成就他人，剧团其他演员能演的戏，他都让出来，改唱其他戏和别人唱不了的戏，他唱什么戏都叫座。旧社会的角儿非常讲究，唱戏只演主角，绝不会演配角，更不会去跑龙套了。李铁英从全团整体利益出发，做到了剧团和艺术的利益最大化。

在演出的过程中，剧团遇到了各种各样的困难，其中就包括人员的补充问题。演出久了，上座率必然要下滑，解决这个问题必须充实演员阵容，增强剧团的实力。李铁英是个自信乐观的人，越有困难，越有斗志。他通过太原市文化局，先是从北京青年实验京剧团调来了青年旦角演员李开屏，又从中国戏校要来了几个高才生。随后决定"就地取材"，在本地招收学员，随团培训，这样招收了两批学员，其中包括京剧团的子女。又开拓外力支援，从其他院团调入已有经验的演员。就这样，一时间，太原市京剧团人才济济，成为山西演艺界一支重要力量。

李铁英自身的艺术成就，不仅直接奠定了山西京剧的艺术品格，而且由于京剧表演的严谨规范、卓越超群的剧种特色，对山西本土的地方剧种在基本格局与艺术做派上，都有了整体性的促进和深刻的影响。当时的太原市艺术学校的学生，就因为京剧团的到来受益颇多。由京剧团老师教给他们戏曲艺术基本功，使得这些学生不论在唱念做打还是基本舞蹈身段方面，特别规范严谨，武功底子格外扎实，装扮脸谱也分外讲究，一时间令人刮目相看。

李铁英带领的京剧团，让京剧在山西生根开花，扩大了京剧在山西的传播，让山西人喜欢上了京剧；他们的巡演也使各地人了解了山西，促进了京剧的交流与革新。

"文化大革命"期间，李铁英是团长，被揪了出来，说他是"牛鬼蛇神""戏霸"，开除了党籍，撤销了团长职务，每天还要写检查，交代问题，被批斗。这个时候，他离开了心爱的舞台——作为艺术家，舞台是他们的世界，离开舞台就去掉了他们一半的魂儿。李铁英也一样，一开始难免焦虑不安，担惊受怕久了，也就看开了，他本来也就为人随和，不争不抢，所以这个时候也没有什么人要报复他。他的性格让他保持了良好的心态，"认罪"态度非常好。最艰难的时候，他都自己寻找乐趣。学习班里，每次都抢着发言，发完了言就默戏。管教干部看着他两眼直视，认真听讲，非常满意，其实他已经进入赵云或马超的境界了。每天吃饭的时候，他都是自己默念着锣鼓点往返的，权作自我消遣。就是这样的豁达心态让他存活了下来。

1978年，"文化大革命"已经结束，李铁英是有机会离开山西的，但他没走。

当时的文艺界百废待兴，北京市戏曲学校恢复招生，老师奇缺，李铁英因为名声在外，学校几次请他，他都拒绝了。他说："我在，剧团就在，我要是走了，剧团就散了。京剧就是看角儿的艺术，角儿们都各奔前程，这戏还怎么演？观众看什么？全团人是跟着我拖家带口来到山西的，我个人，去哪里都有高工资可挣，留下来的人，又让他们何去何从呢？我走了，不仅对不起几十年相随的同仁，更对不起山西人民与政府的厚爱。虽然我不是团长了，但是我不能离开团里，自己到北京去发展。只要剧团还有一个人，我就得留下。"李铁英就是这样，自觉地担负着自己对一个剧团的责任。

1991年5月21日，74岁的李铁英老团长与世长辞。当天，他觉得有点不舒服，没有和家人说起，也没吃午饭，只是说睡个午觉，休息休息就好了，然后就进屋午休去了。不知道他睡了多久，也不知道他什么时候醒来过一次，等家人发现的时候，他已经歪倒在床边，没有意识了。

他的身体出现问题，是从1989年4月16日到18日去天津参加天津市表演艺术咨询委员会、天津市京剧团联合主办的"庆祝赵松樵先生舞台艺术生涯八十二周年"的盛大演出开始的。这次盛会，也是李铁英告别舞台的演出，此后，由于身体状况不佳，李铁英再也没有登过台。

到达天津的第二天早晨，李铁英就赶到师父家拜望。一进屋门，见到年届九旬的师父，李铁英丢下手中拐杖，颤巍巍地屈身就跪。赵松樵见到这从小跟随自己长大、事业有成、如今拖着病体的白发苍苍的学生，顿时心酸，泪水盈眶，起身搀扶起爱徒，李铁英老泪纵横，掏出手帕揩泪。赵松樵激动得声音都沙哑了，他问爱徒："你还好吗？"

李铁英一如既往，见了师父进门先磕头，离开师父的时候也要磕头告别。这次来天津，李铁英是挂着拐杖来到师父面前的，可是他还是颤巍巍要给师父磕头，害得90岁高龄但依然精神矍铄的师父还得赶紧搀他。

从天津回来，李铁英的身体就再也没有恢复好，已经出现了中风症状。两年后，他就撒手人寰了。他走得太匆忙了，只给活着的人留下永久的怀念。

李铁英是山西京剧的奠基人，天津红风京剧团到了太原后，1956年更名为太原市京剧团，1968年更名为山西省京剧团，1996年扩建为山西省京剧院。2016年是山西省京剧院建院60周年，省京剧院举行了盛大的甲子庆典，李铁英的专著也在这个时候出版，最初的那个开拓者——老团长李铁英的故事进入现在人的视线。

60年来，山西京剧经过几代人的努力，获得了长足发展。

10.李胜素：从山西走出的大美青衣

若说当今戏曲界旦角演员，说到京剧，人们都会提到这个梅派大青衣——国色天香的李胜素。喜欢她的人不计其数。

对于山西来说，更自豪的是，她是山西的女儿，她在山西蜕变成长，走向全国，进入国人的视野。

李胜素

　　她作为当红京剧演员，享誉海内外，被誉为"大美青衣"。人们看到的是她在聚光灯下水袖轻扬、舞步蹁跹、眼神迷离的舞台呈现，却看不到她洗尽铅华之后暗香浮动、淡雅如水的另一面。

　　中国国家京剧院的大戏《西安事变》开演之前，在梅兰芳大剧院的化装室内，我与李胜素相对而坐。她眼神清澈，热情地说："山西是我的第二故乡。"我们的对话由此开启。

　　她的家乡是河北省柏乡县。1966年正月二十七，小李胜素出生在那里。10岁时进入县里的豫剧团，成为团里最小的演员。她与戏曲的缘分是从豫剧开始的。三年后，河北艺校招生，父亲骑自行车带着她穿过整个县城去参加考试。入学后，师从齐兰秋老师改学京剧，主攻青衣和花旦。她说："其实那时候，我什么都学，什么都喜欢。"1986年艺校毕业后，分配到邯郸京剧团。1991年，调入山西省京剧院。1998年，进入第二届中国京剧优秀青年演员研究生班学习。2001年，调入中国国家京剧院二团。2010年，就任国家京剧院一团的团长。

　　这是她的大致经历。

　　我知道她多次参加春晚，并代表国家出外访问演出，也曾在维也纳金色大厅唱响了京剧梅派的温婉之音，观众送她一个雅号"大美青衣"。我觉得她是在舞台上还原了朦胧、淡雅、惊艳、诗性的东方之美的，无论酒醉、哀愁、欢欣或是决绝，都是属于中国风的。

　　她说："其实这种艺术感觉，或者说是舞台呈现，是属于梅派的，但又不仅仅属于梅派。我这一生，经历了许多老师：在县里豫剧团时，是魏胜良；到了河北艺校，是齐兰秋；在河北，我还拜了刘秀荣为师。在河北的时候，我就已经在全国青年演员电视大奖赛上获得了优秀表演奖，那是我第一个奖项，也给了我莫大的鼓励，感谢电视，让我迅速被观众熟知。还有在山西教我的刘元彤老师，后来得恩师梅葆玖栽培，还有姜凤山老师，他是梅兰芳先生的琴师，把《太真外传》整个教给了我，可是等我在台湾公演的时候，姜老师却去世了，很难过。我的身上凝结着许多老师的心血，是无数个老师的悉心教授才有了我的今天。"

　　她是梅派的杰出传承者。

　　"梅派"是京剧大师、当年的京剧四大名旦之一梅兰芳创立的流派艺术，是京剧旦行中首先形成的，影响极其深远的京剧流派。"梅派"综合了青衣、花旦和刀马旦的表演方式，在唱、念、做、舞、音乐、服装、扮相等各个方面，进行不断的创新和发展，将京剧旦行的唱腔、表演艺术提高到了一个全新的水平，达到了完美的境界。

　　"梅派"艺术的特点是从不强调特点中来体现的。梅兰芳从吴菱仙处所学到的戏，基本都是京剧青衣应工的开蒙戏，从陈德霖、王瑶卿等处所学到的也都是规规矩矩的传统老戏。梅兰芳不仅在唱、念、做、打方面，样样精通，在继承前辈艺人的艺术风格中有所创新与发展，形成独树一帜的京剧旦行流派——梅派，另外在表演、服装、音乐、化妆、舞蹈、舞台灯光等方面，也有改革与创造，使梅派不断改革和发展。代表剧目有《宇宙锋》《霸王别姬》《贵妃醉酒》《女起解》《水斗断桥》《奇双会》《廉锦枫》《天女散花》《木兰从军》《抗金兵》《生死恨》《西施》《洛神》《穆桂英挂帅》等。昆曲有《思凡》《闹学》《游园惊梦》等。

　　梅派艺术符合中国传统的中正平和的审美观，体现出线性的艺术规范和圆融的意味形式，梅兰芳对京剧艺术最大的贡献是结合自己多年的艺术实践提出了移步不换形的艺术理念。这是非常重要的一个艺术理念，对戏曲发展有指导意义，随着近些年发展过程中暴露出一些问题，这个理念再一次反复提及。

　　了解了梅派艺术，再返回头来看李胜素与梅派的结缘。

　　1987年全国首届青年京剧演员大奖赛，李胜素携带梅派名剧《廉锦枫》参赛，获得优秀表演奖。当时，梅兰芳大师唯一的女儿梅葆玥坐在台下观看，看了李胜素的演出后找到电视台的工作人员，请他们转交给她一张小纸条，上面写着梅家的地址。

　　年轻的李胜素就带着这个写有地址的小纸条，坐公交，改地铁，又步行，两个小时后，找到了梅家，她说，当时的小纸条都被汗水浸湿了。进了梅家，拜师梅葆玖，从此进入梅门，注定与梅派一生的缘分。

　　归入梅派门下，梅葆玖从一招一式教她梅派老戏《贵妃醉酒》《宇宙锋》《凤还巢》等剧目。

　　她说："那个门，是多少学习京剧的人、喜欢梅派的人向往的呀，而我轻易就进了，我很幸运。"

梅葆玖先生后来对人说过，在梅派弟子中，李胜素是最好的。

李胜素确实幸运，她穿过梅兰芳大师的戏衣，那是在中国京剧优秀青年演员研究生班毕业典礼上，她出演《洛神》，师父梅葆玖特意让她穿上了那件薄纱。穿上它，呼吸都变得轻了起来，那件薄纱是那样的古老，它的年龄比李胜素都要大，是当年梅大师去印度演出的时候特意挑选的，纱质特殊，颜色华丽，那种纱现在已经不多见了。披上它的那一刻，她感觉到自己肩上的重量。她知道，终此一生，她不再可能和梅派分开，梅派就是她立身的根本，也成为她的魂，融入她的生命。

她对梅派有自己的理解。

梅派让外行人一看，好像没什么特点，可是却也是没什么瑕疵的艺术，换句话说，就是你挑不出任何毛病来，这才是大特点。

就说她自己，最初学戏在乡下，翻跟头、下腰、压腿，还要跑步，每天凌晨就起床练功，没有练功房，跟头是在地上硬摔，摔昏过无数次，醒了继续练。那时候练功把膝关节练坏了，现在演出的时候会疼。在艺校的时候，她的普通话不过关。她的家乡在柏乡县，那个地方靠近河南，所以她也带有河南口音。齐兰秋老师为了这事，下令不准同学们和她说话，逼着她说一口纯正的普通话，练就了正宗的京腔京韵。舞台上，大家所说的那种美，那种无瑕疵，是她苦练了那么多年的基本功，经历了这些苦痛，才呈现出的梅派感觉。拿《贵妃醉酒》来说，大家公认，这个角色好像最贴近她本人，她要演出贵妃酒入愁肠的那种哀愁、唯美、妩媚、细腻、高贵、自恋、娇嗔、尊严等等多种层次来，靠什么？靠身段。为了演好这段戏，她认真揣摩了大师们的所有表演，每个人的表演她都要在心里过上百余遍，一侧身、一下腰、一卧鱼，都要达到极高的水准，才能让观众充分感受到贵妃那一刻的所有情绪。

再拿《洛神》来说，这折戏并不长，只有重逢和别离两个场景，却几乎包含了梅派所有的精华，所有的身段都是亦动亦静、欲说还休、如泣如诉的，那是梅兰芳大师把美掰碎了给人看，洛神就那样淡漠地一转身，观众却能在这淡漠中感知所有的悲欢离合，感知所有的前世今生。演员在表演里柔肠寸断，观众在剧场里寸断柔肠，这就是梅派的高妙之处。

梅派从不夸张地声嘶力竭地大喜大悲地去演，梅派的泪都往心里流，梅派的哀愁，看似轻淡，实际上就像那首著名的曲子《夜深沉》一样，深沉而浓烈，这点观众感受得到。梅派这种不形于外的情感，并不是演员想得到便演得到，他必须在生活中、在舞台上一遍遍地去重复，去经历，去表演，去回味，去反刍，才能表现几分。有的人，学一辈子也只能形似。很难。

听她说梅派，我感知到无形的美，感知到中国戏曲程式中的虚拟美，也能感知到戏曲博大精深的由来。

而我最关注的是她什么时候来到山西的。

她说："河北艺校毕业后，山西京剧院就一直找我，尤其是刘元彤老师，还有山西京剧院的领导，都很热情，几乎赶得上三顾茅庐了。考虑到可以跟着刘老师学戏，我就一个人来到了山西，这一来，就和山西结下了特殊的缘分。领导都很关照我，觉得我一个人在山西不容易，注重对我的培养，也注重让我在舞台上实践，每年都会排新戏出来，《孟丽君》就是那个时候排出来的。"

在山西，她跟随刘元彤①学戏。在刘老师家学戏，一直是师娘给她做饭吃。也正是因为刘元彤，她答应来山西。来了山西，她是当然的台柱子。

在山西期间，她获得了第十三届戏剧梅花奖。

她说："我学习在河北，成长却在山西。山西给了我很多，让我担任梅兰芳京剧团团长。我还是山西省的政协委员，还有'三八红旗手'等等，不知道得过多少荣誉。到现在，我也感谢山西给了我机会。我是2001年正式离开山西的，其实从我去青研班学习后，就不怎么在山西了。在山西待了近十年，离开的时候，真是张不开口啊，声名、地位、荣誉，山西都给了，同事们相

---

①刘元彤，梅兰芳的弟子之一，天津人。自幼喜欢京剧，1935年考入富连成社科班学戏，初从苏盛琴学青衣，坐科期间已是富社中走红的青衣。1936年9月5日与李世芳、毛世来、张世孝拜梅兰芳先生为师，1937年在北平童伶选举中荣获银盾和银牌。后从魏莲芳学戏。1943年满科倒嗓。1946年10月参加晋绥军区平剧院，兼做教员和戏曲编导。1949年入党。曾任西北野战军第三军文二团三队副队长、原总政治部京剧团艺术室主任、中国京剧院四团导演及艺委会副主任、宁夏回族自治区银川市京剧团副团长、山西省文化局戏研室导演组组长。1959年任山西省实验晋剧院艺术室副主任、青年团副团长。"文化大革命"中下放忻县地区。1972年回省工作，任山西省戏研室副主任、中国剧协山西分会第二届副主席。1978年任山西省文化局副局长、党组成员。1984年11月离职。1997年10月病逝。他对山西戏曲的贡献是很大的。

处得也特别愉快，很有感情。我和山西就是亲人的关系。我答应，只要山西用得着我，我一定会回来。后来也合作了几部戏，《走西口》知道吧？那就是我离开以后的一部作品，听观众反映还是不错的。我想，我是京剧界第一个转会的人。"

她说，山西的文化对她的表演产生过影响。比如说，晋祠里的宋代塑像，她认真看过，她知道，梅兰芳大师当年就从塑像里寻找梅派的神态。那种神态是平和的，悲悯的，有大美，不愠不火，恰到好处，就像梅兰芳大师的为人。后来，再进行角色塑造的时候，她就会想到那些塑像，那些塑像也是她的老师。

有人说，李胜素的为人极像当初的梅兰芳。姜凤山就这样说过。

淡雅的李胜素直摇头，她说她是比较懒散的，哪敢和大师相比呢？

她说："我没有什么远大目标，演了几十年的戏，演完了人生的所有悲欢离合，人生的况味早就悟透了，淡淡地生活，不争不抢，当站在舞台上的那一刻，做最好的自己，就是对梅派艺术最好的诠释了。"

从我们山西走出去的李胜素如日中天地活跃在京剧舞台上，她简简单单地活着，中正平和地活着，希望能为京剧传承做点自己力所能及的事情。

她到了中国国家京剧院也十几年了，她没有忘记山西，山西人也没有忘记她。

她的身上携带着山西京剧的一段历史。

11.单娜：继续扛起梅派大旗，爱着山西这块土地

随着李胜素的离开，山西京剧缺了一个好旦角，"梅兰芳青年团"这块金字招牌也名存实亡，略显苍白。

有几年，每当要排戏的时候，总得把李胜素请回来挑大梁，这对于本地戏曲来讲，就有一些困难，比如说，排好后，怎么带出去演，李胜素也是国家京剧院的当家花旦，不可能每一场都来配合演出。

"梅兰芳青年团"需要重振，山西京剧也需要有自己的当家花旦。

几年的奔波辗转之后，山西省京剧院终于迎来了单娜的到来。

141

单
娜

先说说"梅兰芳青年团"的来历，这和李胜素有关系。

当年李胜素来到山西后，排演了多部作品。当时的山西京剧院的编剧华而实[①]提出：李胜素是国内第一个拜梅葆玖先生为师的京剧演员，省京剧院又有很多获奖剧目，希望能在山西设立一个梅兰芳艺术研究基地，给更多京剧表演者提供学习的平台。山西京剧院将此创意向时任省委书记胡富国汇报，引起省委重视，胡书记亲自过问此事，取得梅葆玖先生同意，经省委宣传部批复，于1996年6月18日在太原成立了"山西省京剧院梅兰芳青年京剧团"。当时，梅葆玖先生任名誉团长，李胜素任团长并领衔主演，刘元彤、华而实为顾问。当年的挂牌仪式很隆重，梅葆玖先生亲自带队，带着北京的京剧名家姜凤山、叶少兰、梅葆玥、张学津等人以及山西京剧院的演员们上演了《四郎探母》《红鬃烈马》《龙凤呈祥》等几场梅派大戏，鸣锣开唱，声势浩大，一时间掀起了山西戏迷听京剧的热潮，当地观众过足了戏瘾，一时间，山西京剧风头无两。

从李胜素的离开到单娜的到来，人们整整等了十年，如果从1998年李胜素到中国戏曲学院深造算起，实际上已经等了十三年。

十三年时光荏苒，昔日的辉煌被尘封，人们在盼望中轮回，在寂寂中期待。

2010年，山西京剧院时任院长白相杰上任，怎样让国粹在山西再造辉煌？这件事让新一届领导班子颇费脑筋，最后决定从外面挖角儿挂牌主演，就像当年挖李胜素过来一样。当然，还是选择梅派弟子，经过仔细筛选和实地考察，他们锁定了单娜。

单娜当时在浙江京剧院，当时的她深觉英雄无用武之地，对于这个邀请，内心苦闷的她有一点心动，又拿不定主意，她第一时间拨通了师父的电话。

[①]华而实，原名潘耀麟。一级编剧。祖籍山东济宁市，1932年出生于北京。早年即从事戏剧和电影创作，1956年发表和出版了电影文学剧本《汉衣冠》，获中央文化部和中国作协颁发的优秀电影剧本奖。1978年后问世的作品有：电影《知音》、戏曲艺术影片《智收姜维》、电影文学剧本《梅兰芳与程砚秋》《赛金花绿皮书》，晋剧《红娘子》，京剧《海王魂》《蔡锷与小凤仙》《湖畔双碑》，电视剧《上党战役》《评梅女士》《大敌当前》《鲜卑骄子》，栏目剧《宝贝保卫战》等，曾在全国及省内获奖多次。现任政协山西省委员会常委，山西电视艺术家协会主席。1991年7月任山西省文史研究馆馆长。

"师父鼓励我来山西，说这里的京剧氛围很好，而且他也希望我能接过师姐的接力棒，继续振兴梅兰芳青年京剧团。"

2011年6月18日，梅兰芳青年京剧团建团15周年之际，单娜入职山西京剧院，挑起梅兰芳青年团团长大任，继续弘扬梅派艺术。当时的再次挂牌仪式和15年前一样隆重，师父把京城的许多名角都带来了，梅派名剧《杨门女将》《白蛇传》等剧目连演好几天。70多岁的梅葆玖先生亲自为剧团站台，与弟子李胜素和单娜一起演唱京歌《梨园颂》。当时到场的省城文艺界人士也很多。和15年前一样，再一次在人们的心头刮起京剧旋风。

单娜记得很清楚，在此同时，名为梅兰芳剧院的剧场也在省京剧院开张，师父梅葆玖授权并亲笔题写匾额，这个团这个剧院，除了北京外，山西是独一份的。

我不止一次到梅兰芳剧院看戏，却没有考究过这个来历。坐在剧场里，前排设有茶座，古典的座椅古色古香，仿佛回到了戏曲鼎盛的大清朝，戏外的喧嚣纷杂都退居时光的背后，这里只有戏，只有粉墨人生的喜怒哀乐。

从进门一直到剧场的长廊里，布有梅兰芳先生照片，以及他的戏衣，营造一种梅派特有的氛围。

当年梅葆玖先生来了以后，就说："我很欣慰，证明梅派京剧艺术在山西有了坚固的阵地，我觉得对得起父亲，因为我始终在推广梅派艺术。"

我在京剧院找到单娜的时候，她像一个小女孩一样地来见我，美丽的脸庞不施脂粉也有几分动人的韵味。也许是长期浸淫在梅派艺术中的关系，她的一颦一笑、一举一动，不见棱角，很温润。

她1980年出生于大连这座海滨城市，到现在，时光也没有剥夺她的原初印迹，依然带着海滨城市的水灵。她是家里的独生女儿，爸爸是海军。她从小就性格开朗，活泼可爱，爱说爱笑爱文艺。

10岁时，她考入大连艺术学校，成为一名大连京剧团的定向培养生。我很纳闷，军人家庭，又是独生女，爸爸为啥会让她从事艺术？她说爸爸觉得，一个女孩子搞文艺挺有气质的。也许一般生了女儿的家长都会这么想。

在艺校的日子，她每天早上5点钟开始对着墙喊嗓子，上午都是练基本功，拎腰、云手、翻身、飞脚、蹲跳、拿顶、下腰、前桥、后桥、毽子、弹板，一项项下来，每天不知要重复多少遍，仅腿功就有5种，正腿、十字腿、旁腿、偏腿、盖腿，每次要练200腿，飞脚也分高、矮、中、左、右、正、反好几种，每天练到精疲力竭，练不好是不能吃饭的。

分行当的时候，她开始学青衣，后来改花旦。她的开蒙戏是《起解》，从此戏开嗓。可是去了两三年，她的高音还上不去，后来有一次演《拾玉镯》，老师朝她发火了，告诉她，再上不去就不要学了。她急得直哭，一急之下，嘿，还把高音挤上去了，后来嗓子就慢慢好了。

艺校六年之后，她长成了一个漂亮的大姑娘。毕业分配时到了大连京剧团。

在大连京剧团待了三年，她学全了《苏三起解》。怕自己没戏学被荒废，又自费到北京学了昆曲《百花赠剑》。后来被上海昆剧院的蔡正仁①看中，邀她去演连续三本的《牡丹亭》，但没想到团里不放，她没去成。

她在心里暗暗发誓：我一定要考出去，我要离开这里。

她也真的靠自己努力考取了上海戏剧学院戏曲舞蹈学院，离开了大连。在学校学习期间，她对京剧的一些东西提出了质疑，她的问题学院的老师难以解答，之后她便去学昆曲，找张洵澎②学《牡丹亭》里的《游园》一折。这两年，其实挺艰苦的，妈妈是工伤，靠做临时工补贴家用，每个学期两万元

---

①蔡正仁，男，江苏吴江人。著名昆曲表演艺术家，国家一级演员，上海昆剧团团长。1941年7月2日出生，1961年毕业于上海市戏曲学校，工小生。师承俞振飞和沈传芷等昆曲名家，同时得到姜妙香、周传瑛等指点。中国戏剧家协会会员、上海市戏剧家协会副主席、上海市文联委员、上海市艺术教育委员会顾问、上海市政协艺术团副团长、上海市昆剧联谊会会长、上海昆剧团团长。获第四届中国戏剧梅花奖及第五届上海戏剧白玉兰表演艺术主角奖。曾出访演出于美国、日本等国家和香港、台湾地区并讲课。蔡正仁音色宽厚洪亮，表演洒脱大方，能昆能京，唱念俱佳，历有"小俞振飞"之美誉。

②张洵澎，1941年3月生于上海，著名昆剧表演艺术家、戏曲教育家，国家一级演员，上海师范大学艺术系兼职教授，第二批国家级非物质文化遗产项目代表性传承人。文化部振兴昆剧指导委员会委员、中国戏剧家协会会员、上海市文联会员、中国京剧优秀青年演员研究生班导师暨中国戏曲学院客座教授。曾获第六届上海戏剧白玉兰表演艺术主角奖、上海市优秀"园丁奖"，由她主演的昆剧电视剧《牡丹亭》获全国电视优秀戏曲片一等奖，全国电视"飞天奖"和"金鹰奖"。师承言慧珠、朱传茗、沈传芷、姚传芗等名家。

的学费，对于家庭来说是个负担。懂事的单娜后一年就出去找些活动挣学费，减轻家里的负担。

学了两年，毕业后，她去了上海昆剧团。在上海昆剧团的日子里，这个东北来的女孩跟这里的人作风不同，想法不同，生活习惯也不同，很长时间融不进去，她一气之下，离开上海又回到了大连京剧团。

自古京昆不分家，这些年，她京剧昆曲兼演，却一直找不到自己的位置。之后，她在新加坡帮裴艳玲做些传承和演出的事，待了一段时间，辞别裴艳玲，经李浩天（李少春的儿子）介绍到了沈阳京剧院。在沈阳，因为角色的事，一直被人欺负，直到最后忍无可忍，"战争"爆发之后，她离开沈阳，经人介绍到了浙江京剧院。这些年，平均两年换一个地方，她厌倦了，想在一个地方待下来。

她是认认真真地想在浙江待着的。在这期间，2008 年 CCTV 全国京剧青年演员大奖赛开赛，她借梅派名剧《廉锦枫》参赛。她的表演引起了戏曲爱好者陈一名的注意，陈一名把她推荐给好朋友范梅强（梅兰芳的外孙、梅葆玥的儿子），之后，由范梅强引路去了玖叔家里，单娜的扮相、个头都让玖叔满意，又经李玉声（京剧红生）写了推荐信，一年后，梅葆玖正式收单娜为徒，位列梅氏门墙，成为第 25 位弟子，成了李胜素的师妹。当时的收徒仪式是在北京梅兰芳大剧院举行的，仪式上，师徒一起向梅兰芳大师的铜像行礼，并互赠礼物，这个拜师仪式也是纪念梅兰芳 115 周年诞辰的系列活动之一，很隆重，戏曲界名家纷纷捧场。当时，师父激动地说："今天有父亲在一旁'监督'，我感觉任重道远，国家繁荣昌盛，国剧更要兴盛，我岁数越大，越有强烈的传承意识。单娜天资聪颖，基本功很好，希望她能多听、多看、多练，把梅派艺术发扬光大。"

当初山西省京剧院的领导去找她时，她最开始并没有动心，她觉得杭州那么美，最美天下是苏杭啊，毕竟西湖六月中，淡妆浓抹总相宜，太原有什么呢？单娜说，最终答应来山西，是师父的话起了作用，她要来山西，她应该来山西，来接过师姐李胜素的旗帜，来山西弘扬梅派艺术。

她对梅派有自己的理解：不是通盘学师爷，而是要进入戏剧规定的情境里去，塑造一个美的形象，研究透人性，也就能演梅派了，不需要照搬，而是要调动基本功去演出人物，再偶尔露峥嵘就好了。

来了山西，她排演《西施》，后来，又排了《紫袍记》和《陈廷敬》。她安分地做着自己的事，不争不抢，开心地活着，也等待着属于自己的机会。

那天，和单娜聊着聊着就到了中午，我和她一起去京剧院的食堂就餐。看着她和大家有说有笑，打成一片，她善良地照顾着周边人的情绪，不停地有人问她爸爸的事，原来，她已经在太原安了家，并且把爸爸接到了太原，在大连生活了一辈子的海军爸爸竟然喜欢上了太原。我深深地感觉到，她已经融入这块浑厚久远也有人情味的土地。几年的流浪漂泊之后，她在山西安身立命。

山西接纳了她，看着她美丽的面庞，我唯有祝福她在山西找到合适的另一半，再生一个胖娃娃，就更符合古典戏曲的大圆满结局了。我也相信，山西会给她。

当我把她的剧照发到朋友圈后，原中国国家京剧院的沈健瑾老师留言，"这是玖爷的徒弟中比较出类拔萃的一个，她很优秀，有前途"。我相信来自外界的判断，也相信属于单娜的好，会慢慢到来。

这不，由单娜担纲主演的国家艺术基金支持的大型原创历史京剧《文明太后》已上演，相信，单娜会有更好的收成。

我想，单娜流浪了好几年之后，之所以能在山西待下来，是山西的文化底蕴以及人文关系留住了她。这也让继李胜素之后的山西京剧由梅派挂帅的特色保留了下来，其间尽管管理者时有更换，但对这条路线的执行，从不更改。梅兰芳先生提出的"移步不换形"的理念，也对山西京剧形成影响，所以这些年才有一些好的剧目持续出现，也连续参加了八届京剧节。这个理念是戏曲史上很重要的理念，至今在理论界依然有争论，它应该被山西其他剧种的戏曲和戏曲人所参考，在改不改或怎么改的问题上，有一个辩证的说法，这有利于山西戏曲的发展。

单娜只是京剧院一个特例，还有许多人在山西从事着国粹事业的扎根和发展，他们以此谋生，也为此奉献。

几乎是同一年，李铁英团长去世，李胜素来到山西，李胜素离开十年后（这十年，李胜素也一直为山西京剧做事），单娜来到了山西。他们三人几乎串起了山西京剧的六十年历史，虽不是山西戏曲的主流，依然为山西戏曲增光添色，并成长为京剧界一支不弱的力量。

有了他们，以及我没有写出的诸多京剧人，不论是投身于此的管理者们，还是沉下心来演出的演员们，都为此倾心倾力，于是有了山西京剧波折起伏的六十多年。我想，有一代又一代这样的人们，京剧还会在山西一路走下去。

12.郭明娥：上党落子声腔改革者

终于可以说一说我的家乡戏——上党落子了。

流浪在外，多少次夜深人静时，听一段上党落子便可以抚慰我历经沧桑的心，那腔、那调、那韵、那情，是治疗心头隐疾的良方，是身体的故乡，也是精神上要回归的故乡。

之所以说到它，是因为它对于山西戏曲来讲，也是一个重要的剧种。当年，曲润海先生任文化厅厅长时曾说：山西有四大梆子五大剧种。上党落子就是五大剧种之一。

上党落子与其他剧种一样，起始于明末清初，清道光年间趋于成熟。它是由河北武安落子而来，又吸收上党梆子及蒲剧的营养，加上本地小歌小调以及乐户的东西，演变为一个新的剧种，50年代，命名为"上党落子"。

从清代发展到今天，上党落子涌现出许多代表性人物，郭明娥是其中一位。她在继承前人的基础上发展出了自己的"明娥腔"。自从有了梅花奖的评比，郭明娥是上党地区为数不多的"几朵梅"之一，且是长治唯一的"梅花"，也是上党落子唯一的"梅花"。郭明娥属于她的时代，也在她的时代里对上党落子做出了改良，放在整个历史长河里观看，她对得起自己的业界良心。尽管至今对她的评价褒贬不一，但这种革新是值得肯定与赞扬的，这是我选中她的理由。

我介入她的人生的时候，她刚刚从长治市上党落子团团长的岗位上退下来，按她的说法，终于退下来了。她退了下来，有了时间，有了很多回忆和牵挂，于是，也就有了把一个完整的人，一段完整的艺术人生和盘托出的念头。

她应该把经历的一切都讲出来，因为那也是一个时代，一个地方剧种所经历的风云际会。她身上不仅仅是一个人的生命从诞生到成熟的过程，也不

郭明娥

仅仅是艺术生命绽放于舞台又到年龄不饶人不得已退出舞台的过程。她身上有着戏曲所经历的辉煌和失落，有着别的艺术不会经历的艰难困苦，有着被时代所追捧又被时代冷淡的全过程。这是一个范本，一个不可多得的范本，在上党地区也是屈指可数。

上党落子是我的家乡戏，它像血液一样在身体内流淌，那熟悉的声腔响起，有种从内心向外散发的妥帖，因此，对从事上党落子的人们也就多了几分格外的怜爱。在我很小的时候，父亲就带我去看戏，我问他："有什么可看的？"他说："看郭明娥啊，能演女的也能演男的，唱得可好哩！"就跟着父亲看了很多场。我想，这些原因都注定了我今天会站在这里，站在郭明娥的身边，听她想说，写我想写。

她的故事，她的人生，我的心情，我的笔，讲述上党落子的前世今生。

郭明娥出生于1956年。

1956年的中国，国家刚刚成立7年，这7年里，整个国家变化很大。工作重心转移到经济建设上来，工业取得了长足的发展。这一年，中共八大召开，对社会主义改造和建设提出了目标。4月28日，毛主席在中共中央政治局扩大会议上提出：百花齐放、百家争鸣，应该成为我国发展科学、繁荣文学艺术的方针。5月26日，中共中央宣传部部长陆定一在怀仁堂作了《百花齐放、百家争鸣》的讲话，对中共中央确定的这个方针作了全面阐述。这指导和影响着后来几十年的文艺发展，至今仍频繁地在各个场合使用。尽管有人说，这是一种理想的文艺状态，可郭明娥的成长道路与此方针不能说没有关系。一个人的成长终究是由大环境所造就的，这个口号喊出来，全国上下奔文艺繁荣的目标，自然处于其中的人就可以登上历史舞台。郭明娥在这个方针的影响中出生成长，有了她的艺术人生。

郭明娥出生的这一年，长治专区人民剧团赴京汇报演出，历时20天，演出24场，观众达2.1万人，剧团演职人员受到彭真、薄一波、罗瑞卿等中央首长的接见。多年后，她来到这个剧团。

在郭明娥之前，上党落子已经在上党地区流行了上百年。尤以潞城、黎城、平顺为中心，有班社有剧团有唱戏的人。她对上党落子的改造在行腔上。

这个行腔脱胎于她的经历，以及她所接触到的教育。

这要从头说起。

她出生在长治市平顺县龙镇村。龙镇在太行山中，和太行山成百上千个小山村一样，在大山的褶皱里。她父亲在平顺县剧团工作，花脸演员，常年不在家。她们姐妹几个也就跟着母亲生活，农村的人，生活就指那一亩三分地，春种秋收，看天时吃饭，大家都是务农，把庄稼伺候好了，才有饭吃。在郭明娥的记忆里，贫穷和饥饿是那个年岁最灰暗的色彩。

有一件事她记得很清楚，还是在八九岁的样子，叔叔带她去外村看戏，因为路途遥远，腿都走疼了。

她就天真地问叔叔："咱村为什么不唱戏？"

叔叔叹息一声，回答："咱这地方，除了山，就是沟，人家谁来这里唱呢？"

她立马跪在叔叔跟前说："那，我长大了，给你们唱，省得费这个劲。"

这是她要唱戏的萌芽，早就存在她心里了，只等合适的时候开花结果。

上了初中的郭明娥严重偏科，只喜欢文艺，数理化都不爱学，一提起数学就整个的头大，一考试就一塌糊涂。她喜欢作文，所有成绩里，能提得起来的就是作文了。因为还算喜欢作文，对小说及散文类的书籍也就有着浓厚的兴趣。幼年时的阅读，是能对一个人的一生有所影响的。这点阅读兴趣帮助了她在日后的戏曲演出中，能最大程度地理解人物，她的表演也就有了一定的空间。那个时候，她喜欢做的事情有两件，其一是上课的时候偷看小说，其二是回到家坐在喇叭下面听唱，因此也学会了很多样板戏的唱段，她因为这两件事情挨骂，也是因为这两个爱好成就了她。

偶然有一天，她突发奇想，觉得自己不能一直这样过，她得去唱戏、去学戏。

她从家乡步行走了三十里的路，去县城报名，考戏校。竟然就考上了。对于当时的家里来讲，这终归是一件好事，因为这一次招考是正式招工的方式，县人事劳动局都备有档案，他们这一批孩子，考上了戏校就等于了吃上了供应粮，这是她很多年后才知道的事情。母亲开心地给她打点行装。被子褥子，洗漱用具，换洗衣服，尽管没有太多的钱，这些也是得备齐的。父亲只是笑，自始至终没有说一句话。父亲的笑，很多年之后她才懂得，因为父亲也是唱戏的，这也算女承父业了。

1972年5月20日，她离开家，去了平顺戏校。

平顺戏校的创办，是有缘由的。

当时有位劳模叫李顺达，李顺达的祖籍是河南林县，林县人民硬在太行山的悬崖边用自己的双手开出了一条生命之渠，把浊漳河水从平顺地界内引到了林县，改变了吃不上水的历史。这就是全国闻名的"红旗渠"。由于红旗渠的缘故，河南林县和山西平顺就建起了邦交关系。当时两县都有相互慰问的活动，每到年底河南林县的豫剧团就来平顺县慰问演出。而每年来慰问都带着很好的演员和剧目，然而这个时候平顺却拿不出像样的慰问品。因此李顺达就建议平顺县委办戏校，由河南出老师来培养戏曲人才。这就有了平顺戏校，以及郭明娥她们这一批戏曲娃。

与前面写到的孙红丽一样，因为一个人，有了戏校，也就有了一批学戏曲的孩子，这是偶发事件，不像省城京城一样，对戏曲人才的培养是常态。

在戏校的日子里，人们说，郭明娥练功有"四不离"，髯不离口，扇不离手，靴不离脚，盔不离头。为了演好戏，她把功夫下在戏外，老演员在排戏时，她细心观察，请导演分析角色，自己排练时，她把每一场戏每一个动作，当作磨练自己的好机会，反复琢磨，严格练习，刻意追求，自觉地增加艺术积累。

郭明娥的第一出戏叫《扒瓜园》。这部小戏里她就演的是那个宋大妈，一个农村大娘。郭明娥的圆场台步当场就叫了好，老师和观众们都夸她，虽然她只有十几岁，但她扮演的老太太，走路和农村的大娘们一个样。之后，陆续排了《山鹰》《朝阳沟》等，郭明娥都是演老太太。

因为和河南林县一直互动，人家唱的是豫剧，郭明娥他们也就唱的是豫剧，她也吸收了豫剧的唱法融进她的上党落子唱腔中来，形成自己独特的流派，以至于后来，很多人一直说她唱的落子也是豫剧味。

实习演出持续了两年多，县领导察觉出了问题：豫剧虽说好听，但毕竟不是我们的剧种。我们应该唱我们自己的戏，唱我们的上党落子。领导一句话，郭明娥他们全部得改，对于郭明娥来说，已经熟门熟路的技艺，要从头学起，把原先的东西重新归零，难度可想而知。郭明娥能吃苦不服输的劲头又上来了，先找有关书籍，再找老艺人，然后偷偷去看戏，她在做准备。所有的东西她都在心里盘算一遍后，对于上党落子的舞台呈现和唱腔，她有了新的想法，也有了自己该如何走的思路。

这些年是郭明娥他们博取杂收的阶段，唱的是豫剧，要改上党落子，样板戏学着，现代小戏排着，那真是在乱中取胜呢。不过，对于年龄还小的学生来说，这样的教育，倒也受益，因为这样能博采众长，如果能从中提炼出精华来，并能结合自身特点吸收并内化成舞台形象，那是很厉害的。

时间到了1977年，正当郭明娥他们沉浸在现代戏、样板戏的演出过程中的时候，全国又开始恢复传统戏。传统戏支撑着中国历史和中国戏曲史走过了几百年，但是"文化大革命"的搁置和摧毁却让这个东西和当时的社会脱离了。传统戏占据阵地之后，给戏校的孩子们带来了很大的困难，他们突然觉得有点摸不着头脑。传统戏的表演身段、台步、跑场完全是另一个版本。似乎几年来学的东西都用不上了。面对此情此景，老师和学生们都非常着急，只能是两条腿走路。早上的基本功训练改为传统戏的台步，女演员每人拿一条毛巾夹在双腿的膝盖中间，开始练台步。从台步和圆场入手也算是捷径了。

边训练，边排戏。

1979年郭明娥第一次参加晋东南地区文化局举办的戏曲调演。剧团领导和导演解放思想，大胆决定，让她一个人扮演两个戏中的两个主要角色，即《贺后骂殿》中的青衣贺后和《穆桂英下山》中的须生八贤王。演出之后第二天的座谈会上，观摩团的领导和戏剧专家争相发言、热烈研讨。晋东南戏校校长程联考同志说："真没想到平顺县落子剧团会有现在的阵容，论人才行当齐全，论唱腔既新鲜又好听，还不离落子风味。"晋东南行署文化局副局长张仁义说："青年演员郭明娥在《骂殿》中扮演的贺金蝉，具有上党著名演员郝聘芝的风度，论唱腔真可谓字正腔圆，论表演一招一式都很适度。"黎城县编导李河先说："昨晚看了演出，完全出乎我的意料，真是名副其实地胜过当年。"这次评比，平顺剧团获得6项大奖，获奖数额名列全区榜首，郭明娥获优秀演员奖。评比汇总时，为激励先进，树立典型，地区文化局又给了郭明娥一个"特等演员奖"。

郭明娥成长起来了，小荷才露尖尖角。

1981年，她代表晋东南区参加了山西省戏曲优秀青年演员评比演出，她靠饰演的《灵堂计》中的包夫人荣获山西省优秀青年演员一等奖。山西省广播电台特地把《灵堂计》录音录像，向全国播放。演了包夫人后，她拜师郝聘芝，郝聘芝是经过梅兰芳指点的，拜师之后，她就从乡村演出的"野路子"开始正规起来，在唱腔、身段、表演方面都有了很大提升。

在上党地区，人们是把郭明娥和《穆桂英挂帅》连在一起的，后来再唱这部戏，也都是唱郭明娥的版本。让上党人民津津乐道的，一直是郭明娥的唱腔，清新甜润，玲珑婉转。这是她的代表作，也是改造落子腔的开端。

这部戏的唱腔设计是团里的鼓师王开堂，郭明娥和王开堂利用一个夏天来共同研究，反复试验，根据穆桂英的身份和情感，他们采用了"流水""运板""清流水""念板""垛板""散板"等多种板式，50多句的一大段唱腔，做到了起伏有致，抑扬顿挫，行云流水。同时，又吸收了豫剧高亢激昂的节奏变化和优美动听的润腔方法，把人物的感情推到了顶峰，听起来余音袅袅。

1982年，经山西省人民政府批准，山西省文化局决定举办戏曲优秀中青年演员评比演出活动。这次评比活动分别在各地集中举办，专家评委深入各地看戏，然后再对中年演员和青年演员进行评比。郭明娥带着《穆桂英挂帅》出场。当时有评委这样评价她："郭明娥成功塑造了一位刚中带柔、柔中带刚、威武而又妩媚的女元帅的光辉形象，富有创造性地把青衣、刀马旦、武生的表演技巧，恰如其分地运用到这一角色中，从而，形成了上党舞台上'帅旦'这一古往今来独特稀有的戏曲行当。她的行腔，关于运用滑音、颤音和其他装饰音，既有腔圆韵醇的特点，又十分绚丽多彩，在一定程度上代表了上党落子的地方特色。"这是郭明娥对上党落子旦角艺术的一大贡献，也是上党落子改革发展的一次有效尝试。这次评比，郭明娥荣获山西省"最佳青年演员"称号，授予金质奖章一枚。1983年，此剧由中国唱片社灌制唱片，在全国发行。

我在央视的《名段欣赏》里看到这段戏，那真是好听啊，郭明娥的扮相有几分英气，有几分妩媚，唱腔悠扬婉转，又不失落子腔的铿锵激越。

这些年，我也听到一些对郭明娥唱腔的争议，一种说她唱的不是落子，和原来的不一样。一种说她开启的是一个新流派。我更倾向于后一种，她对上党落子的改革和创新应当给予肯定，这对于上党落子的发展来说，是个促进。事物发展总是波浪式前进螺旋式上升的，旧的事物应该有所改变来适应新的形势和变化。另外，开创了上党落子的一个分支，这是毋庸置疑的。

1983年6月，中国文化部主办的第四届全国戏曲演员讲习会在北京西苑饭店拉开帷幕。全国各地有145名戏曲演员参加。上党地区只推荐了郭明娥一个人。讲习会期间，中宣部副部长贺敬之，文化部部长朱穆之、副部长周巍峙做了重要讲话。讲课的有张庚、史若虚、郭汉城、任桂林、刘厚生、马少波、阿甲、李紫贵、夏淳、胡沙、朱琳、俞振飞、张君秋、赵荣琛、阳友鹤、袁玉、陈全波、陈书舫、王秀兰等著名戏剧家、理论家、导演、表演艺术家。这次的学习对郭明娥来说太重要了，可以说是毕生难忘。当时所接受的所有东西，都在后来她的艺术道路上起了作用。

值得一提的是，上党落子只拍过一部电影，就是《佘赛花》。她给戏中的杨继业配音。我的父亲是位乡村放映师，这部电影我小时候就看过，工作以后又看过一遍。郭明娥的声音和唱腔在这部电影中定格，上党地区的观众只听一声唱，就知道这是郭明娥。虽然配音，却打着自己的标签。

她在平顺落子团唱出了水平，唱出了人气，她成为晋东南戏曲界一枝花，但凡重要活动都是她出席。这时候，却进入文艺人都纠结的90年代，那时候，剧团里会唱的人们都是香饽饽，辗转于乡村和城市的八音会特别愿意邀请他们这些人加盟，一夜之间的收获远大于在剧团累死累活地唱戏。即使是主演，一月也就挣几百块钱，而出去一夜的活接近或超过一个月的工资，谁还有心思唱戏呢？从那时起，戏曲遭遇了传承上千年来由于经济环境变化而带来的困境。

郭明娥坦承，自己也差点经不起那种诱惑，如果有个合适的地方，如果有个合适的平台，如果有个兼顾她事业与金钱的路子，也许她也会走。但她没有，她太爱戏曲了，太爱她曾经付出了一切的这条不归路，她守在原地，等待命运给她的一切或好或坏的安排。

1988年7月，平顺县宣传部一纸调令，把她派到平顺西沟戏校任教。经过戏校老师学生共同努力，带出了一支师生结合、并肩作战的精锐队伍，他们浩浩荡荡地向着舞台，向着未来出发。那一年共演出了60个台口420场，创下了年演出场次的最高纪录。他们一路走，一路反响强烈，老百姓拍手称快。那些荷锄负镰的乡亲还是愿意在农闲时，点上一枝旱烟，坐在戏台前，听那熟悉的调子响起，"昔日里有一个汉高皇上，他驾前有一位保国忠良"，全身的疲惫就没有了，邻里的纠纷就没有了，精神就舒展了。

正在热火朝天的时候，一纸调令又来了，长治市委办公厅下达的调令，调她到长治市上党落子剧团工作。

我采访过一些团里的同事们，他们一致说，郭明娥刚来时，大家确实不看好她。所有人都是第一次接触与自己原有的唱法完全不同的演唱风格，这时大家就出现了比较强烈的抵触情绪，从形式上和行动上不认可她的艺术形式。甚至认为她是从县里上来的，与团里的唱法是格格不入的，尽管那时候在晋东南地区，她已经红得不行了，也不行，这是一种排外的想法，也是正常的，长治市落子团有自己的成长历史，也有自己约定俗成的一些思路，要两方面相融是需要时间的。

这使得郭明娥倍感焦急，大家一时接受不了新东西可以依靠时间慢慢地磨合，但自己的演唱方式得不到认可就意味着自己上台的机会减少了，接触不到她最深爱的也深爱她的观众，这让她很难过。但郭明娥对自己的演唱风格有信心，这是多年来在老百姓的欣赏和喜爱、鼓励下不断修改完善的，是经过了百姓们考验的，是观众喜闻乐见的。这个时候，郭明娥知道自己必须讲究方式方法，一定的妥协是必要的。所以她表示，她愿意虚心学习，吸收剧团里有益的、精华的部分来丰富自己的唱腔，但不要随意改变她已经形成的艺术风格和自成一派的唱腔。尤其是她的《穆桂英挂帅》，宁可不演也不允许随意更改。尽管她也做了妥协，但是还是有人认为郭明娥眼高于顶，狂妄自大。好在时间能说明一切，终于，在经过了四五年的融合和交往后，凭借着山里人的纯朴和踏实，依靠着多年从艺的舞台经验，在老演员的先行认同和扶持下，郭明娥终于得到了复排《穆桂英挂帅》的机会，也就等于她再次站在了聚光灯的中心，成为剧团不可或缺的"台柱子"。她原来的唱腔也得到了大家的认可和赞同，并在剧团里掀起了一阵"改良风"，很多看到她价值的人，把郭明娥独创的"明娥腔"定为上党落子的基本演唱模式，并在很长一段时间内，成为长治落子团固有的风格，并形成了程式化的要求。

要说明她对上党落子的改造，就要说明"明娥腔"的特点，我认为其特点有五条：

第一，吐字清晰。

观众们对郭明娥的评价是，不看字幕都能听得懂。这一点用八个字概括就是：吐字清晰，字正腔圆。这是"明娥腔"很明显的一个特点。

这个特点的形成有三个原因：其一是受豫剧的影响。郭明娥这一批学生进入戏校，学唱的就是豫剧，先入为主，豫剧的唱法基础因为是在少年时代打下的，也就有着一定的烙印，再者豫剧的唱腔本身吐字咬字也就很清晰，郭明娥从豫剧唱腔里吸收了很多优势，尤其是吐字方法，到后来她成长起来后，她学会总结自己的唱腔时，首先就是明白了自己的吐字方法是有源头的。其二是她聪明地对台词结构进行调整。上党落子在流水、清流水、散板等板式中比较单一，上句下句如果在唱词的结构方面不做调整，上下句太死板地去唱，听起来不好听，很土气，所以她就在唱词的结构上变化了一下，既不破坏板腔的完整，又能突破古板的唱法，听起来比较新颖。后来在自己演唱时就运用这种方式，她改良得很成功，得到了观众的认可。其三是学习相关文化知识。就规范的吐字而言，如果不认真学习，就连普通的拼音声母、韵母分不清，如果分不清前齿音、后齿音的话，往往在吐字的时候就会乱套：比如"一二三四"的"四"它是个尖音，决不能用团音来念，"四"和"是"，"死"和"事"，"三"和"山"，"水"和"虽"，类似这样的拼音之分也是一个演员要注重的重要部分。郭明娥一直注重学习，在发音方面，自觉进行规范。想起著名剧作家郭启宏来，他为了写好剧本中的唱词，把汉字的7000个韵字全部列出来，弄通弄懂，方便演员演唱。现在这样的剧作家不多了，那么就需要演员自己解决这个问题，郭明娥做到了。

第二，注重塑造人物心理、声情并茂。

大部分地方剧种演唱者存在文化程度不高的情况，况且也没有太多的时间去充实自己。所以在理解人物塑造人物方面就有所欠缺，特别是不能准确地去表达和体现人物、塑造人物的内心活动和动机。郭明娥在长期的演出及和别的剧种名家交流中，悟出了一个道理：戏若想演好，最终拼的是文化。于是她这么多年一直注重学习，每排一个新剧目，她都要买与人物相关的书籍，了解历史，也揣摩人物。然后她把自己对人物的理解再贯通到唱腔中，自然高低起伏就有了变化，声音中就有了属于舞台人物的情感和表达，达到了声情并茂的程度。用老百姓的话讲，听得人汗毛直竖。这一点在地方戏中难能可贵。这也是"明娥腔"的一个特点。

第三，韵味十足。

郭明娥后来特别注重她声腔中的韵味。韵包括唱腔的调、质、色、味，俗称韵调、音质、音色、韵味。一段优美的唱腔包含这几层特色才能形成它的完整性。做到这一点很难，首先要理解重点唱段中的重点句、情感句、高潮句、述说句，重点句要重点发挥，情感句要用音色表达，高潮句要用音质发挥，述说句要出来韵味。郭明娥说自己也做不到这几点，但她知道有这个高度，也一直在朝这个方向努力，所以她的唱腔在上党地区就和其他人有了区别。音色美是郭明娥的特色，这是天生的，但是韵味却是她后天修炼出来的，这值得演员们学习。

第四，道白规范。

上党落子剧种存在于整个上党地区，每个地区都有不同的方言。比如说，上党落子流传最广的几个县中，黎城话与潞城话就不一样，平顺话与屯留话也不一样。如果一个剧团里或者一部戏里，有多个籍贯的演员，一个人用一种方言去道白，这真是一件恐怖的事情。郭明娥意识到这个问题，若要观众能听懂，并能深刻理解剧情，道白是必须解决的一环。郭明娥自己先解决了这一点，接近于普通话道白的她，接受了观众的检验，也获得大家认可。后来她上任落子团团长之后，这成为她长期在纠正的一项工作，通过一定的努力，也把大家的方言统一到规范的程度，那就是：传统剧中的道白，要用普通话的字、上党落子的韵来完成，现代戏中的道白同样如此，既不能只用普通话，也不能只用方言话。二者合一，这是落子团作为市级团与各县团区别最大的一点。

第五，演奏辅助。

在采访琴师李锦华和鼓师李宝鸿的时候，他们提得最多的就是郭明娥对他们的要求。郭明娥深知，一个好的演员，如果想形成自己独特的风格，演奏辅助的作用有多大。多年来，上党落子在演奏中始终达不到演奏和协奏的要求，主要原因是演奏员的理解水平和演奏意识的缺乏，作为一名成熟的演奏员，应该像演员一样地去理解剧情、剖析人物从而进入演奏，可环顾各剧团，基本上是你唱你的、我奏我的心理定式，为剧情和人物服务的意识几乎不存在。郭明娥为了解决这个问题，每排一出新戏时就从头提要求，她给乐队讲课，什么是演奏、什么是协奏，演员和演奏员在演唱时的重要性是什么，所要注意的严肃性、互相配合的默契性、单独发挥的必要性又是什么，每一个演奏员都要做到有思想地演奏，有分别地演奏，找准自己位置，改掉不分轻重、不分高低、不分强弱的演奏习惯。这样的要求使"明娥腔"更突出更完整更优美。

艺术方式定格，下一步就是向更高的目标进军。

1995年中国戏剧第十三届梅花奖在河北石家庄举行颁奖仪式。山西获得4个"梅花"，分别是崔彩彩、张念生、郭明娥、李胜素。长治市委宣传部在宣传文化系统召开了表彰大会，她在会上发言。庆功会上，堂堂的长治文化局局长和落子团团长毫不掩饰，哭得泪流满面，哭得一塌糊涂。她也是，哭了，也醉了。醉得一塌糊涂，哭得稀里哗啦。梅花奖填补了长治戏剧在全国的空白，这是长治戏曲史上最重要的一笔。至今再没有人抱得"梅花"归。

三年后的1998年11月6日，落子团在石圪节煤矿演出，当天下午突然全体集合开会，会上，领导宣读了市委的任命决定，任命郭明娥为长治市上党落子剧团团长。经过激烈的思想斗争，她还是上任了。

郭明娥自1998年上任以来，除了抓一些硬项目，在艺术方面、传承方面也是不敢懈怠的。她的绝大多数时间都奉献在了排演厅和练功房。她深知好戏需要好演员，只有造诣较高或是身怀绝技的表演人才方可真正地吸引观众，从而保障演出的叫好叫座。人总要老的，戏曲演员总要经历从站台到让台的过程，为了上党落子的传承，她严格要求青年演员们，她经常亲自指导年轻演员们的演唱和动作，一招一式皆见功底深厚。戏曲表演中眼神是很重要的传递感情的窗口，微挑的眼角或是沉吟的垂眸，古灵精怪的婉转流动或是悲伤欲绝的淡淡哀愁，一双眼睛可谓能演千种情，万般意。郭明娥还时常耐心地给大家讲戏、说戏，包括一些历史背景和情感的正确表达方法。我采访她的时候，正好遇到王万丽参加山西卫视《走进大戏台》的《全国戏曲演员青年擂台赛》，那天郭明娥作为《成败萧何》一剧吕后的扮演者和王万丽的恩师，给王万丽作技术指导。她知道很多年了，上党落子进一次省城不容易，即使不可能折桂，也要给广大山西观众留下好的印象。因此，她在舞台上详细给王万丽讲解吕后的心理，她说吕后经历了很大的人生挫折，还有从平民到皇后的艰难，吕后经历的不是一般女人的人生过程，甚至她和武则天、杨玉环等那些历史上有名的女人都不一样，吕后心肠很硬，对刘邦也算忠心。

在这出戏里，吕后是揣摩着刘邦的意思要杀韩信的，因此吕后的表演就要有那种既把萧何请进来，又要给他贯彻意图，既要柔软劝说，也要强硬措施，并不好演，眼神应该是几分凌厉几分述说几分无奈几分体贴的，水袖也要用得恰如其分，唱腔咬字要有轻重。郭明娥讲得更多的是吕后的心理。熟读这段历史的我很惊讶，她剖析得如此准确。事后我问她，她说为了排这部戏，她买了很多有关汉初历史的书，仔细揣摩人物，才能让人物活起来。那一堂补习，王万丽受益匪浅。郭明娥说，必须如此做，以后这个人物就要交给王万丽了。

遇到一些大型的排演，郭明娥更是亲自督导，从大转场的走位到主要演员的细微表情她都事无巨细地一一提出建议或指导，真正把"严要求、出精品"的口号落实到位。如果需要，她还会给演员们配戏，别看她每天都在忙团里事务，但只要到了排练场，每个人的台词，她都会，大家说，这是天分。

除了戏曲的专业技能和表演，郭明娥还教授学生该如何做人做事。高层次的智慧开发需要心传口授和渐悟、顿悟来完成，老师需将弟子调教得与自己"心意相通"，然后指定一些剧目让弟子按照既定轨道行事作为一种磨练。她还把《中庸》里科学的学习方法运用到教学中："博学之，审问之，慎思之，明辨之，笃行之。有弗学，学之弗能弗措也。有弗问，问之弗知弗措也……人一能之，己百之，人十能之，己千之。果能此道矣，虽愚必明，虽柔必强。"她的日记本里记下了这些名言警句，她也希望她的学生和后辈们不仅戏好，而且具有正确的学习观、价值观和人生观。戏曲演员所付出的辛苦是常人所不可想象的，她真诚地鼓励大家：不是所有的人都天资聪颖，但每个人都可以无限努力，别人一次能做到的，我用百倍的功夫，别人十次能做到的，我用千倍的功夫。只要这样坚持下去，即使愚笨也会变得聪明，即使柔弱也会变得刚强。郭明娥就这样用心用情地激励着大家不断奋发进取，她曾这样说："看着他们今天练功的辛苦，我就好像看到了他们明天的成功。"

之后，她又坚持带团过了三年。这三年，她的嗓子有了问题，随着年龄的增长，长期下乡也感觉疲累，她知道自己该卸担子了。三年间，她周密地考虑着今后的工作安排，一项一项的。当上级决定由傅永亮接替她工作后，她长长地嘘了一口气，终于可以歇一下了，忙了一辈子，一生最好的年华都交给了上党落子。一辈子，把戏曲当作一件事业来做，忙得脚不沾地，忙得顾不上亲情，至今思来都是愧疚。

郭明娥一句话我记忆深刻："我是个演员，一生在舞台上能够做到认真负责，一丝不苟，实实在在地做了演员该做的事情，所以我很知足。"她一直记得，她是演员。是啊，社会给的位置最终都会归还，跟随自己的永远是自己的艺术。只有艺术是永恒的。

郭明娥虽然离开了舞台，但"明娥腔"还在，她让上党落子在细腻处讲究了起来，她能灵活运用颤音、滑音，让唱腔丰富起来，从而有了色彩。她能取别家之长，补己之短，形成自己鲜明的特色，至于是不是算作一个流派，那是见仁见智的问题，但肯定是上党落子的一笔财富，希望更多的仁人志士来研究她的唱腔，学习她的唱腔，让上党落子真正地成为山西的"四大梆子五大剧种"之一。

她经历了一个地方剧种的特殊历程，她身上也有这个剧种的一段历史。或者辉煌，或者苍凉。她从站台到让台，几十年就过去了。她终于可以轻轻松松地活上一段岁月。

上党落子会记住她的。

但，要明白的是，上党落子和其他戏曲剧种一样，这种艺术范式有着新时代的忧伤与困惑。按发展规律来看，一种艺术范式只属于一个时代，唐诗宋词元曲明清小说，只能在它们特定的时间段飞扬，错过了这个时代，终究会没落，这是铁定的，叹息没有用，哭泣也没有用，看准了这一点，在这条不归路上的我们能做点什么，才是需要考虑的。戏曲人，是否已摸准了现代人的口味和文化情趣，从而能在传承的基础上，做一点改良，让它寿命再长一些？非戏曲人，是不是可以用不同的方式，记录下戏曲的不同层面和历史呈现？即使戏曲没落或转化成其他艺术形式了，我们或者我们的后人还可以去博物馆寻找。

我们身处这个时代，戏曲，或者说地方戏曲，离我们既亲近亦遥远，是一份浓烈的乡愁，等我们失去它时，才会知道，精神或灵魂将无处安放，那个文化的故乡也将不能抵达。希望看到这本书的朋友们，从此多关注上党落子，也多关注你的家乡戏吧，因为它可能离去后不再归来。

13.白香兰：因为家族传承，把"耍孩儿"坚持到今天

在山西的几十个剧种里，上党落子是幸运的，它并不小，因为有地方支持，也有广泛的群众基础，它还兀自兴盛着。而许多小剧种就没有这样的命运了，有的已经绝迹，有的已经凋零，难逃被时代捕杀。

以前只是在资料里零星看到"耍孩儿"的介绍，知道这是一枝奇葩，是戏剧史上的活化石，从元代算起，它已经有六百多年的历史了。

而现在的耍孩儿，见到的人并不多。

我第一次见，是在朔州举行的山西省首届戏迷戏友保护发展论坛上，那天的晚会中，耍孩儿是其中一个节目，演的是《狮子洞》。当日见到，立即惊艳。表演是活泼泼的可爱，脸谱也与四大梆子不同，唱腔甚是婉转好听。尤其演孙悟空幻化的小娘子的那女孩儿，双眼骨碌碌地转。一个戏耍猪八戒的小娘子形象被演绎得淋漓尽致。这一段戏比之大剧种丝毫不差，但它不属于庙堂，属于民间。

后来，我见到了这个女孩，她叫白香兰。

她已30多岁，可是看起来很显小。

她说，她是应县人。

原来，我只知道应县木塔，那座安放了佛骨舍利的千古木塔，有着绝胜木头世界的盛景，太多人的人在木塔前折腰。我在还没有见到木塔前，先见到了应县耍孩儿，有一种莫名的欢喜。

香兰说："我们不是大剧种，但我们有我们的历史风光。"应县北楼口关王庙戏台题壁记载："大清道光十三年六月二十四日有耍孩儿班到此一乐。"说明耍孩儿的形成时间至少也在道光之前，甚至可以追溯到康乾时期。这和其他剧种诞生的年代差不多。一开始，耍孩儿只在应县、怀仁一带活动，后来演出活动区域逐渐扩大，南到忻州地区，北至同绥铁路，直到黄河后套一带。据说，大约在清末光绪年间，耍孩儿的艺术已发展到鼎盛时期，此时同地区各戏曲班社如雨后春笋般到处兴起，每个班社互相竞争，表演艺术飞快提高，班主们为了提高自己的声誉，互相之间经常举行比赛，俗称"唱对台"。当时，耍孩儿班社如果和其他戏曲班社"唱对台"，则往往是耍孩儿班子取胜。

川剧正旦

我说它属于民间，香兰骄傲地仰头，就是民间艺术啊。我理解她的骄傲，民间有民间的生动表情，民间有民间的信仰和虔诚，对于艺术来讲，这些感觉是一样的。

香兰是耍孩儿世家。传到她，听她爸爸说已经是第十九代了。

她的家在应县义井乡大柳树村。

在她的记忆里，爷爷，爷爷的爷爷都是做这个的。在村里，爷爷的院子是个大大的四合院，大概有六个房间。爷爷生有三个儿子，大儿子是鼓师，二儿子是须生，三儿子就是香兰的爸爸会演戏，一家人吹拉弹唱都来得，日子就是在唱戏中过着的。

耍孩儿用的人少，讲究个七紧八松，舞台上大致用七到八个人，也没有固定行当，当时还没有女人演戏，每个人都得工须生、青衣、花旦、花脸每个行当，得会演很多个角色。当时她的爸爸什么都会，总是在补缺。

她家的院子一直很热闹，总是一院子的孩子，爷爷带了徒弟，爷爷的儿子们也带了徒弟，那时候几乎所有的耍孩儿都是爷爷的关系。人多了，就组织起"大柳树耍孩儿剧团"出外演出。演出丰富了乡间的精神生活，也能挣到钱，这也就带动了整个村子的人来学，当然，还是以香兰家的人为主。

爷爷的二儿子，也就是香兰的二伯，有个艺名叫"叫驴红"，嗓子好，是当时耍孩儿的名演员。有一次，在山阴的一个村子演出，那天的演出特别火爆，当场观众叫了十九个好，可是，一个转身，二伯却一下子倒在舞台上，观众还以为是舞台表演呢，又排山倒海地叫一次好，可是过了一会儿，大家觉得不对劲，等把二伯扶起来后才发现，人已经不在了，早已停止了呼吸。这是他们家族为耍孩儿的一次献祭。

香兰听大人们说，那天是个新舞台，而新舞台是有讲究的，要举行一个仪式，让小孩"打佛堂"，可是那天却少了这个环节。

二伯下葬的那天，一百多个徒弟披麻戴孝来送葬。二伯获得了最后的哀荣和尊严。

年仅52岁的二伯走了，可是，这件事却把爸爸打倒了，两年多的时间，爸爸不带团，也让这个剧种由它去自生自灭。

这样的状况持续了两年，两年后，爸爸才终于走出了这种情伤，撑了过来，又开始组团演出，可是却碰上了戏曲最不景气的年代。那些年，全靠姐姐撑着剧团，可是靠演出已经养活不了他们了。

香兰从小就没有想过干别的，她的家世世代代只做了一件事儿，就是唱耍孩儿，在一日日的演唱中传承耍孩儿。香兰很小的时候，跟着家人就会唱会演了，12岁进了剧团，最开始在乐队打小锣，看了别人演，她就会，后来爸爸又亲自调教她，爸爸教，妈妈监督她练功，她和姐姐每天走路不能像我们常人一样走，要走台步，不管走多远，都得走着台步去。爸爸、爷爷学戏都是打出来的，她们比老一辈人已经很幸运了。这样她就学会演许多个角色。不管戏里缺什么角色，她都随时可以补上场，跟当年的爸爸一样了。她说，学戏真的一点儿都不难。

在村里，那些老一辈的叔叔们总是说，香兰啊，你要是不把爷爷的艺术学了，我们就得带进棺材里了。香兰知道，老一辈的人连发声都是毕生研究的，他们这种传统唱法现在的人不会唱了，等他们去世了，就真的不在了。香兰总是为这些心酸。

到了2016年，香兰他们注册成立了"青年耍孩儿剧团"，她的师哥师姐们都在，他们想为耍孩儿做些事。

组建起剧团，她就一直泡在剧团里，她说，她属于这个时代，如果想把老艺术留下来，就得用新内容去重新演绎，也就是老树要发新芽，耍孩儿跟其他剧种一样，有改良有改进，才不会被淘汰。还是有效果的，她改良过的《狮子洞》登上了央视戏曲频道的梦想微剧场。

我问她："这个剧团能挣钱不？"

她低下声音来："挣不了钱，我是为了爱，靠着一份执着在唱戏，所幸老公还能做别的挣钱再养我，有时候，我们也去靠做晚会挣钱，再养剧团。"

听到这些故事，我的心里总是涌出太多的怜惜，只可惜自己人微力薄，所能做的事情太少了。

我问她："你最大的困难是什么？"

她说："一个是让新人参与进来太难了，一个是我想排戏，却缺剧本。"

她得知我能写几个字以后，兴致勃勃地找我："王老师，你给我们写个剧本吧。"

我竟然懦弱得没有敢接话，我知道我写不了剧本，这让她多失望啊，我为此难受了许多天。我在心里暗暗说，也许某一天，我会改行写剧本的，只为我心中几十年的戏曲情。

和香兰分开后，我得知她有了一次到上海戏剧学院学习的机会，我替她高兴。

到现在，她的爸爸在教他的后代们唱戏。而这个青年耍孩儿团也有了一些固定的观众。但这个剧种的传承有危机吗？在我来看，是有的，一个剧种不是一个家族的事，可要拯救，也不是列为非物质文化遗产便可以的事。

耍孩儿只是众多地方剧种的一个缩影，小剧种日益萎缩，根本无力面对市场，在全国所有文艺院团转企的情形下会有怎样的前途？

我迷惘。

我在暗夜里悲泣。

小　结

四大梆子是山西的戏曲宝贝，它的枯荣与兴衰印证着时代的印迹，让许多人歌哭于其中，也让许多人无所遁形。

得有四梁八柱才能撑起一个剧种，得有众多剧种的兴盛和繁衍才能当得起戏曲大省的称号。也得有更多的人服务于此，才能让它再一次兴盛，但是面对时代的冲击，每一个卷入其中的人，该怎么做呢？也许研究过他们这些人的踪迹，都会有自己的思考。

戏曲终究是要消亡的，这取决于一个艺术范型的自然规律，唐诗宋词元曲明清传奇小说，都各自离开，戏曲已经经过了成百上千的年头，而我们只要能拖慢它消亡的步伐，就已经足够成功。

而我这一个微不足道的以文字果腹下酒的人，只能尽量完整地记录。

第三章

戏剧世界的辉煌与多元

山西舞台剧，除了戏曲，还有曲艺、话剧等等，还有许多非物质文化遗产的小腔小调，这些形式主宰着也丰富着山西人的生活，同时也不同程度地塑造着山西人的精神。

1.董怀玉：被两届国家领导人接见的艺术家

多年前，一部话剧《立秋》如同高飞的鹰，从太原出发，飞过高山大海，飞过长城长江，飞过江南烟雨，飞过聚焦和反思，一城又一城地攻城略地，掀起一股三晋风。

人们在这样的戏剧中沉沦也警醒，随之而来的是赞叹和肯定。

而我则在戏中，看到了中国戏曲。《清风亭》的适时插入，让此剧多了些悲壮和沉沉的哀情，那是落日前的鲜亮，那是中国人自己的情感，这种情感是对于财富与伦理的中国式讲述，是中国传统文化最后的色彩。

剧中马洪翰的儿子江涛成了冯老板，他对父亲说：他把戏当成人生，他在戏中找到真情挚爱、欣慰寄托，他活在戏里，长在戏里，他的血肉、灵魂、筋骨全都与戏合二为一、浑然一体。小小戏台，氍毹一块，容得下天高地阔。

人生如戏，戏如人生，"氍毹一块，容得下天高地阔"。这是一个爱戏而不顾戏外天摇地动的人的咏叹调，又何尝不是每一个活在戏里的人的自白？

包括那个随着《立秋》而天下闻名的马洪翰。

寻找马洪翰，不，不是马洪翰，而是饰演者董怀玉，这个念头，在我心头安放了很多年。

董怀玉

话剧不是中国自产的，它是舶来品。

在话剧发展史上，有一个人很重要，他就是弘一法师，这位出家前集诗书画篆刻音乐文学于一身的大师，是一个把中华灿烂文化推向极致的人。1906 年冬，受日本"新派"剧启示，中国留日学生曾孝谷、李叔同等人，于东京组织建立了一个以戏剧为主的综合性艺术团体——春柳社。先后加入者有欧阳予倩、吴我尊、马绛士、谢抗白、陆镜若等人。1907 年，春柳社在日本东京演出《茶花女》《黑奴吁天录》。同年，王钟声等在上海组织"春阳社"，演出《黑奴吁天录》。这标志着中国话剧的奠基和发端。这种以对话为主要手段的舞台剧被称为新剧，后又称文明戏。1910 年，新剧传入辽宁。1907 以后至 1917 年间，上海、北京、天津、南京、武汉先后出现文艺新剧场、进化团、南开新剧团、新剧同志会等一批新剧团体，该时期的代表人物是欧阳予倩。1919 年，陈大悲、欧阳予倩等人响亮地提出"爱美剧"的口号，先后成立民众剧社、辛酉剧社、南国社等戏剧团体；"五四"新文化运动中胡适、陈独秀、傅斯年等人对新剧启发民众觉悟的力量给予特别的关注。《获虎之夜》、《名优之死》（田汉），《三个叛逆的女性》（郭沫若），《一片爱国心》（熊佛西），《泼妇》（欧阳予倩），《一只马蜂》（丁西林）等等，一批优秀剧目诞生，为中国话剧建立了重要的文学基础。1925 年，北京艺术专门学校戏剧系成立，为话剧人才的培养提供了一块阵地。1926 年 2 月，辽宁第一个较正规的话剧团体——爱美剧社于大连正式成立。1928 年，洪深创造性地将英文 Drama 译为"话剧"，区别已陈腐的"新剧"，中国话剧从此定名。

1937 年抗日战争爆发后，中国话剧开始了大普及、大发展、大繁荣的阶段。1938 年 10 月，第一届戏剧节上演曹禺、宋之的编剧的《全民总动员》，轰动一时，可谓这时期剧目的代表。1939 年后，话剧运动重心开始转入城市，话剧演出剧场化。1949 年 7 月，中国戏剧工作者协会（后改名中国戏剧家协会）在北京成立，中国话剧开始了新的发展阶段。中华人民共和国成立之后，先后成立了中国青年艺术剧院、北京人民艺术剧院、中央戏剧学院、上海戏剧学院、中国人民解放军总政治部话剧团以及各省、自治区、大军区的专业话剧院、团。新中国成立后，《龙须沟》和《茶馆》（老舍）、《蔡文姬》（郭沫若）、《关汉卿》（田汉）、《万水千山》（陈其通）、《马兰花》（任德耀）等优秀剧目大量涌现；焦菊隐导演的《蔡文姬》与《茶馆》显示了话剧的民族化追求，黄佐临导演的《大胆妈妈和她的孩子们》介绍了布莱希特的演剧思想。

十一届三中全会后，中国话剧进入发展新时期。在突破旧舞台局限、革新戏剧观念、丰富话剧艺术表现力方面，进行了广泛而深入的探索。戏剧创作上的无场次结构、意念化形象塑造、时空跳跃情节、模糊主题等尝试，舞台艺术上的运用面具、中性服装、几何图形布景道具，激光灯光以及打破第四堵墙、缩短与观众的距离、四面观众等形式革新，引起戏剧理论界的关注，出现了一场戏剧观念与形式革新的讨论，对中国话剧的发展起到良好的作用。新时期话剧对外开放与交流范围也更为宽广，北京人艺的《茶馆》多次在欧、美、日等地演出，中央戏剧学院的《俄狄浦斯王》出访希腊，均获得很大成功，中国话剧从此走向世界。

这是中国话剧的大致历史。

说到发展，要说起一个人，即著名的戏剧家、翻译家，北京人艺的创建人和艺术奠基人焦菊隐，他在实践中进一步探索话剧向中国戏曲学习和舞台艺术民族化的道路，把斯坦尼斯拉夫斯基体系的思想与中国戏曲艺术的美学原则融汇于自己的导演创造之中，逐步形成了自己的导演学派。这一学派的代表性剧目是《茶馆》和《蔡文姬》。也即他把话剧中国化了，而借助的手段是中国戏曲。

多年以后，话剧在吸收够戏曲的养分之后，又强烈地影响了戏曲，这应该是焦菊隐没有料到的，不过这是后话了。

话剧其史虽短，力量却大，《立秋》也是凭着这个形式畅享全国。

我在山西省话剧院见到董怀玉先生的时候，已经是《立秋》问世的第14个年头，已经演出了700多场，年末在改革开放40周年精品剧目展演中，将演出第784场。

14年过去了，戏外的世界不说沧海桑田，也是在飞速流变中，说起精品，却还需回溯14年前的世界，面对这些年财力物力人力的大量耗费，该说什么好呢？

我想见见他，那个在台上既霸气帅气又能演活人物的演员，几经联系，终于可以相见了。

地点约在山西省话剧院的会客室。

我到得很早，面对着门口，我在等待，戏外，他会以什么方式出场呢？在这种忐忑和期待中，先是听见了走廊上中气十足的说话声，接着，一个人推门而入。呀，那么高大，身板直挺，满头银发，谦和地笑出声来的一个老头，甫一照面，我看到了他内心的骄傲，还有经历世事后的豁达和修养，我也不由自主地笑。我断定，我喜欢这个老头。

握手，来意说明，坐下。

他问："我能抽烟吗？"

我从来不介意访谈对象抽烟，也许这样，他们会放得开，会神采飞扬地讲述一点别人不知道的。隔过烟雾，也能掩饰我打量他们的目光。

他拿出一支烟，点上，又拿过自己的水杯，喝一口，还不忘把我的水杯添满。

抬头问我："你看过我的资料吗？"

我说实话："没怎么看，我不喜欢看别人写的，那会影响我的观感和判断。"

他点头，虽然我不知这点头是赞同我的说法，还是不表态："那我回头给你找点资料吧。"

我是真的不想看以前人们写过的，每个人的讲述不自觉地带有他们本身的世界观，那不是我要的，我想用我的眼去看，用我的心去体会，去感知对方的幽微之处，那比写得华丽更重要。

他问："你想听哪一段？"

我惴惴不安地，生怕他回绝我似的小心翼翼："《立秋》之前，《立秋》之后。"

他竟然笑了。

董怀玉祖籍是山东省平原县。

平原县董路口村有个董氏家族，祖上曾经连续三代金榜题名，是鲁西北平原上的"望家大族"。其中一人名董讷，康熙年间考中探花，多地做官，曾与山西于成龙同朝为官。董讷之孙董元度，乾隆年进士，与纪晓岚同朝为官，1979年上海古籍出版社出版的《聊斋志异》就是董元度写的题序。此家族虽说后来又归于平民阶层，但整个家族从古到今都是不喜做官喜作文，这也注定了他们的家族会出文化人，董怀玉便是从这样的家族中走出来的。

这是我认识他以后，无意中挖出来的。不由得感叹生命基因的奇妙，血脉里的文化元素会一代又一代相传。

但在当时，知道他的祖籍后，我有片刻的发呆，他不是山西人，却把岁月和生命都给了山西，他比山西人还要山西，他有齐鲁男人的身架，心里却是表里山河的浩荡和从容。

他出生于1947年1月19日。那个时候正是中国话剧的大发展时期，许多名剧如《雷雨》《日出》《屈原》《北京人》都已经排演出来，曹禺、田汉、郭沫若、茅盾、夏衍等人已经崭露头角，话剧此时在为抗战发挥作用后转入城市。70多年前的他，只是出生在中国的一个普通小孩，还不知道自己将与中国话剧发生联系，并书写上属于自己的一笔。之后，他跟着父母到了广西柳州。

1964年，17岁的少年董怀玉从广西柳州来到运城参加工作，正式开启与山西文艺的生命之缘，之后，调到临汾钢铁厂。临钢的宣传队少不了他的身影，他既参与也组织，京剧、小话剧、舞蹈、器乐、二胡、曲艺、相声、山东快书样样拿得起放得下，还能自己鼓捣伴奏，搞乐队，一专多能。那些年，样板戏很普及，他参演过，就算是给自己的艺术充电。有时候也演小舞台剧。他有悟性，很年轻的时候，他就具备了演戏的形态，人们说他形神兼备。

人生的路，每一步都不白走。所有的这些因素，后来在《立秋》中都用得到，比如说，过硬的台词，就来自年轻时候的训练，学过的贯口、表演的气息控制，都是滋养，而《立秋》中用到的戏中戏，他就更不怯场了，戏曲程式、道白，他都拿手，两种艺术的融合，用一个专业词语叫"无缝"。这个是有难度的，后来，多少人复演《立秋》，都得去掉这一段，专业的戏曲人演不了话剧的人物，而没有戏曲功底的人唱不了戏曲。也好，这成为他的专利，无形中设置了门槛。

他说："我搞话剧是业余的，没学历，属于半路出家。"

我便乐了："半路出家好啊，正是因为没有从头训练，便没有框架的束缚，我们相对自由啊。"

接着，我又弱弱地补了一句："我也是半路出家。"

如果说做一个文字的搬运工，我确实是半路出家，高中还没有毕业，我就进了工厂，多少年靠文字相伴，度过那些红尘的炎凉与艰难，我在文字中与生活和解。很多人问到我什么学校毕业，我都会很尴尬，我是半路出家。

不过，由此也觉得他的话很亲切。

他不会因此自卑，我也不会。

他自信着呢。

一听我这样说，没想到他的身体姿势都变了，又掏出一支烟点燃了，也不正襟危坐了，一条腿半盘在沙发上，喝一口茶水，开始跟我探讨教育问题。

"获得文学和艺术的途径有两个，一是教育，二是实践。这些年，我们的艺术院校有多少？可艺术教育的结果却不好评判。试想，梅兰芳、丁果仙他们，是哪个老师教出来的？当然也有师承，但能不能演好戏却是个人的事。说到底，艺术是少数人从事的行业，它应该从生活中来，靠悟性，它不是教出来的。"

我忙不迭地点头。

我们发出不同的笑声。然后又回到他的历程中来。

1981年3月1日，董怀玉正式到省话剧院报到。

说是刚来省话剧院，却也不是没有基础，早在临钢的时候，他读过了斯坦尼斯拉夫斯基的《演员自我修养》。虽然那时候还是一知半解，这些理论对他还是有触动的。除了读书，老导演到他们那里讲课的时候，他就去学习，也看老演员的创作笔记。他觉得虽然一生也没到话剧的高级殿堂去进修，但实践给予他的养分更多，这种锻造是书本无法给予的，也是没有演过戏的老师们无法给予的。

他在这里，陆续排了《危险的旅行》《刘胡兰》《朱小彬》《爱的风采》《特别记者》《孔繁森》《元朝帝师八思巴》等戏。

他说："演话剧真是太过瘾了。在不同的戏里，可以过着不同的人生，大悲欢大起落，每个朝代的历史和人都藏在心里。"

这份聚光灯下的美妙自是局外人无法理解的。

所有的积累是为《立秋》准备的。

20世纪90年代，中国话剧事业处在了前所未有的萧条期，多数话剧演员开始另谋出路。因为演出很少，话剧院各方面条件都无法改善，他坦言："我们一家三口长期住在一个40平方米、不见太阳的小黑屋里，日子挺难。"无可奈何的他想到了离开。早在20世纪80年代中期，他已经开始涉足影视业。暂时离开的他曾在《天网》《百团大战》《汉刘邦》《孙子》等电视连续剧中饰演主要角色；独立执导过《风流唐伯虎》《响水河的故事》《姐妹情》《普通开拓者》等电视连续剧。尤其是他与老师孙伟合作编导的电视专题片《汉字宫》，还荣获了2004年美国好莱坞首届国际电影电视节"最佳系列片创意奖"。除此之外，还曾在张纪中的作品《天龙八部》中担任统筹。

影视改善了他的生活。1998年，女儿为他在上海买了房，他决定提前退休。

没人知道他的心境，影视是养家，而他的心里一直惦记着自己心爱的话剧。他适应这个舞台，他也会在潜意识中寻找和选择这个舞台。

一直到2003年的某一天，一个电话打开了沉睡的冰层，而冰层下早已热血沸腾。

2003年春节，时任山西省话剧院院长的贾茂盛把电话打到了董怀玉在上海的家，说"有个本子不错，你回太原一趟吧"。他倒是回来了，不过他的目的是回来办理提前退休手续。一回来，贾院长给了他一个剧本，这就是日后红遍中国的《立秋》。

由于长期收藏古钱币，他对晋商这一系的荣辱兴衰是熟悉的，尤其是票号的生死存亡。看剧本的过程中，他就触摸到了一种不同寻常的气息，这是属于艺术家的直觉，是无法描述的。他把退休的事情放到了一边。

《立秋》的问世是有背景的，当时，山西提出了建设文化强省战略，一场关于文化的改革被省委领导提上议事日程，探索一条地域特色文化产业发展新路子成了这场变革的主旨。晋商文化、区域文化、华夏文明等8个研究中心先后在山西成立。

这场声势浩大的变革，我们今日回忆起来，已经不那么明晰，但是那个时候，诞生了一批高质量的文艺作品，比如说：舞剧《一把酸枣》，说唱剧《解放》等等，《立秋》也在这个大潮中翻滚。

2004年年初，著名导演陈颙[1]、著名舞美设计毛金钢等一大批中国文化圈

---

[1]陈颙，国家一级导演。1929年生于哈尔滨，1945年参加革命，曾出演过《白毛女》《刘胡兰》。1954年到俄罗斯留学，是新中国培养的第一代话剧导演。作品有：《马兰花》《伽利略传》《红鼻子》《关汉卿》《三毛钱歌剧》《费加罗的婚礼》《冰糖葫芦》《蒙塞拉》等。

里的大腕云集《立秋》剧组，当时的董怀玉知道，山西要动真格的了！他也知道，这个非同寻常的话剧创作里不能缺失他的身影。

他，57岁的他在几年的漂泊之后，回归了他钟爱的舞台。

我问他："遗憾不?"

他摇头："舍得，舍得，有舍才有得，《立秋》可遇不可求。"

为了争取到马洪瀚这个角色，他工工整整地写了一份7000多字的人物理解递交到导演手中。"我90年代曾担任过《昌晋源票号》的制片，我坚信自己有能力把马洪瀚演好。当然，我希望展现给导演的不只是一个外壳。"导演看到这个东西，感叹，没见过这么认真的演员。角色很快就确定了，票号经理马洪瀚非他莫属。

机遇永远垂青有准备的人。

导演拍拍他的脸，对他说：目标，不可复制。这对他提出了太高的要求。后来导演们对他的评价：刻苦、敬业、激情，也让他的所有努力都值了。

48天，全剧排完。

2004年4月18日，《立秋》剧组召开新闻发布会，省委宣传部、省文化厅相关人员出席，轮到陈导发言时，她却脑袋一歪，垂下了头。会场发生了这样的事情，从来没有过，大家在怔了几秒后，意识到发生了什么事，虽然在最短的时间内给陈导做了人工呼吸，尽量抢救，但3分钟过后，这位著名导演，把《立秋》当作生命来做的人，永远地停止了呼吸。

他看着与自己相伴了48天的导演，看着这位要把山西文化做好的山西儿媳妇，悲从中来。想起《立秋》中的"拷问灵魂"一段，还是陈导自己写的，她要表达中国人的忏悔意识，这样的深重思考是那样的有分量，可没想到，戏还没上演，陈导就燃尽了生命的烛火。

人们抬起陈导，要把老人家送往生命的终点，这时，只听到他大喝一声："生命太脆弱了，她的亲人都不在，我们四个主要演员，磕头送她上路。"

他，跪下了，其他三位主演也都跪下了。

所有在场的人，热泪盈眶。

他们四个人恭恭敬敬地对着导演的遗体，磕头。然后，他亲手给导演换上了"临行"前的衣服。他说，那是给导演家人的交代。

导演的意外离世，对剧组的人造成了很大的精神冲击，这对《立秋》后来的发展犹如一针强心剂，悲情汹涌，化作前行的波涛。

他在陈导的遗体前，默默地说："陈老师，你放心吧，一定不会是'立秋'的，这部戏一定是'立春'。"世事很奇妙，很多年后，话剧院也真的排了一部戏叫《立春》。

他把当天穿的红衬衣脱下来，再也没有穿过。

一直到8年后，《立秋》在国家大剧院演出，当时《零点》节目要采访他，他去换上了那件衬衣，他说："没有这样的导演，就没有我，老师的在天之灵一定会知道，我对她一年又一年的祭奠，这些年，老师一定在保佑着我，在托举着我，《立秋》坚定了我的话剧理想，它是我的终身职业。"他眼含热泪把这件事公之于众。

陈导去世了，很多媒体把她的成就介绍定格在了：未竟的《立秋》。

这和我前面写到的魏长生一样，最后时刻的生命绝唱呈现一种悲剧美。

像这样的情况，排一部作品，竟然让一个大导演倒在了作品的创作中，这在我们的戏剧史上刻下深刻的印记，令人唏嘘！

戏还得排。

怎么办？

陈导的爱人周兴华（中国歌剧舞剧院导演）对于爱人的遗作，只有一个要求，对于话剧院也只有一个要求，就是《立秋》能如期上演。这位善良的老人家推荐了陈导的学生查明哲（中国话剧院导演）。当时，陈导也是在老伴的鼓动下接了的，周先生对山西有感情。正在参加梅花奖评比的查明哲导演看到自己老师的讣告后，急飞山西。周先生对查导只说了几个字：接过来吧。查导没有思想准备，但也无法推辞，推掉了新加坡的演出，接过了老师的重任，这时离正式上演只有9天。

陈导的尸骨还未火化，他与查导这时却出现了矛盾。

原来陈导留下的结尾，是以立秋来结束，有一句台词就是《红楼梦》中的"白茫茫一片大地真干净"。而查导的意思要改为立春，要给人一点点希望。而董怀玉倾向于老导演的手法，这不仅仅是情感问题，还有对于那个时代"三千年未有之变局"的思考，一切都在时代面前埋葬了，彻底的悲剧，这更有力量。于是两个人观点不和，就吵，顶牛。查导没想到这个演员这么轴。

有一次要录像的时候，查导不在，到结尾的时候，他按自己意思演出了，然后，把心一横，对大家说："要杀要剐随你们，我就是想留点怀念。"当然，后来的演出版本，都是按查导的意见来。

正式演出之后，查导约他去了一个小酒馆，查导第一句话就问："你什么意思啊。"他只是笑。两个对艺术追求极致的人喝酒喝到凌晨，后来，惺惺相惜，他们成了好朋友。

为了写这篇文章，我回放了他们最早演出的录像，是查导的版本。而结尾的时候，搬出了老导演陈颙的遗像。我能感知到现场的悲壮和涌动的情感。而当我静下心思考的时候，我推崇老导演的版本，那个立秋的寓意更悲壮，那不仅仅是对晋商，还是传统文化的一曲挽歌，这比留下希望更有力量。当然，这只是我个人的思考。

《立秋》上演后，他给自己的"马洪瀚"总结了一句话：这是个集正气、骨气、霸气于一身的战败了的末路英雄。

是的，末路英雄，马洪瀚面对的是一个大时代的到来，而中国人未曾觉察，他虽败犹荣。

他是个喜欢动脑子，也能够挑战自我的人。角色马洪瀚有着他的影子。

最开始接触导演的时候，他曾去找导演谈话，他觉得马洪瀚应该是项羽似的人物，导演非常欣赏他的想法，所以我们在看演出的时候，在马洪瀚劝儿子回去那一场，听到"四面楚歌"这样的台词，看到他劝不回儿子时，为了体现白发人送黑发人的凄怆，那种虽生犹死的感觉，他两声苦笑，在大笑中背过身去。那一瞬间的凄凉真是蚀人心髓。艺术就是这样，是通过意识达到下意识的，他在台上演起来，如鱼得水，有骨头有肉。

他说演员和角色的距离，最高境界是合二为一。省文化厅老厅长郭士星就曾称赞他：马洪瀚就是董怀玉。

最开始排戏时，关于戏中戏那一段，他曾去找过郭厅长，他思考的问题是，民国时，如果唱晋剧，道白是蒲白还是现在的太原话？这是他长期养成的思考习惯，这涉及四大梆子流布的时间问题，在吃不准的情况下，他去请教。老厅长回答了他，蒲州梆子流传到山西中部，中路梆子兴起时，基本未改道白的韵味，即永济周围人的话，到民国时，还用蒲白，一直到丁果仙那一代，才开始说太原官话。于是在最开始的演出中，很多专家就听到了蒲白，这下可惹麻烦了，一堆专家找过来，说晋剧道白怎么能是蒲白？他还得把这其然和其所以然都得解释清楚。

自从《立秋》面世，横扫全国各大奖项，董怀玉也借此获得各种奖项：第12届文化部文华大奖"表演奖"；第16届上海白玉兰戏剧艺术"主角奖"；第6届中国话剧金狮奖"表演奖"；首届北京丹尼国际舞台表演艺术奖"最佳男演员"提名；2008年荣立山西省"先进个人一等功"。

演着演着演火了，西藏、新疆都去了，祖国江山一片红，尤其去台湾演出，那叫一个轰动啊，这一轰动，引起中央领导的关注。时任中共中央总书记胡锦涛指示，《立秋》要全国巡演，评论界要有评论文章，并在全国发行DVD，还点了演出。

就在要给总书记演出前夕，他的嗓子出现了问题，声带长白斑，这可坏了，《立秋》全国演出的合同都签满了，晚上还要给首长们演。山西省委领导们指示，要找最好的医院、最好的大夫，不惜一切代价，要把董怀玉看好。院长带着他找到中央乐团的一个声音老师，这位老师是给梅兰芳看病养嗓子的，有个偏方。为了保证演出，他们要到了这个偏方，马上去中药店里熬了中药，给他喝，还好，这个偏方确实有效，保证了演出的进行，一直到两年以后，他才去做了手术。这个事虽小，却可以看出艺术家的生命是那么珍贵，它不是别人给的，是自己用肉体生命换来的艺术生命。

当天给首长们演出之前，得知胡总书记的日程只是来接见、握手。他心里一动，有了自己的盘算。

演出完毕，总书记过来挨个和演员握手。当到了他这里，他一方面是激动，另一方面是计谋，就是两只手拉着总书记的手不放。

总书记对他说："演得真好，真感人。"

他随着总书记的话说："感谢总书记对话剧百年的支持，感谢总书记对话剧《立秋》的支持。"

他准备了一肚子的话，他在心里想，如果总书记不说话，他就再说下去，同时也不撒手。

总书记也许确实被演出现场打动了，又说："这个戏虽然过去我没看过，但我关注《立秋》很久了，虽然是立秋，通过它，我看到了文艺战线的春光。"

OK，打破常规。

OK，一切都好。

群情振奋。

当时的电视媒体把这一段播了出去，山西的记者群因为到不了跟前，也就不知道总书记说了什么，等接见仪式结束了，都涌了过来询问，他的记性非常好，一字不漏地复述给大家。但后来这一段，平面媒体都没有推出，因为事前制定的是不讲话不宣传。

但他，已经创造了属于自己的传奇。

事后，山西方面从上到下都很兴奋，夸他胆大，夸他心理素质好。他倒认为没什么，自己演出完满头大汗，跟总书记说句话，也没啥吧。

我很兴奋，我捞到了独家新闻。

我问他："我来写这一段，是独家吗?"

他说："不是独家，但也差不多，这个事很多年被雪藏，人们是不提的。"

我对他说："我要写，一字不落。"

他说："我觉得也应该说出来了。"

我忽然想到一个问题，打断他的谈话，问他："人们说，很长一段时间，你都不火，一直到《立秋》，你是怎么看待这个问题的?"

他笑了笑："我以前笨，老是冲着外面寻求道路，捧着金饭碗讨饭吃。"

我想，我懂得他的意思，一个人的道路，也许有千万条，但只有一条可以助你成功。而对一个艺术家的定义是这样的：有自己的代表作，没人可以替代，在一个领域内做到极致。只有选定一条路一门心思走下去，才有可能成为艺术家，才有可能"火"。

他说：做话剧，要耐得住清贫，经得起诱惑，耐得住寂寞。

他说的这句话，一点儿没错，他是涉足过影视领域的，影视领域钱来得多且快，却是一个喧嚣和复杂的存在，是快餐文化，它离真正的艺术相去甚远。回归了话剧，回归了初心，别看戏演了一次又一次、一年又一年，却回归了清贫和寂寞，也只有在清贫和寂寞中，才能发现艺术的真谛，才能与自己的灵魂对话，这种灵魂层面的高层次对话，不是金钱可以堆砌的。不管人们承认不承认。

当时，他手里还有几个项目，其中一个是张纪中导演的电视剧《神雕侠侣》中饰演吴三桂，一个是去安徽出演话剧《万事根本》。为了《立秋》，他割舍了这些能为他带来丰厚回报的项目，也割断了与外界的一切联系。

我迫不及待地问：《立秋》之后呢？

相比《雷雨》和《茶馆》（《雷雨》从1935年始演，演了500场；《茶馆》从1958年始演，演了600场），《立秋》的700多场（马上就要演出784场），已经创造了奇迹，且分分秒秒还在创造奇迹。他的日后呢？

自从接了《立秋》，他这14年，都给了两部话剧，还有一部是《生命如歌》。

电视剧《亮剑》红火了好几年，人们却鲜少知道《亮剑》的部队是哪一支。实际上，电视剧中那个性格鲜明的独立团团长李云龙的原型就是开国中将王近山。王近山曾任八路军一二九师三八六旅旅长。这支部队后来奉命驻扎新疆，成为"新疆生产建设兵团农业建设第六师"。

说起这支英雄的部队，要回顾一下它的英雄历史：

《农六师简史》记载，新疆生产建设兵团农业建设第六师是由八路军一二九师三八六旅七七一团，以及后来由青年抗战义勇军组建的三八六旅十六团、国防十二团、新疆军区八一农场等组建与改编而来的。新中国成立后授予将师军衔的有96位，其中有元帅徐向前，大将王树声，上将许世友、陈再道等8位，中将王近山、徐深吉等13位，还有吴宗先、程悦长等73位中将。

1927年，黄（安）麻（城）起义，次年秋组建光山独立团，1933年整编为红军三十一军九十一师，创建鄂豫皖革命根据地，历经四次反"围剿"，开辟川陕根据地，之后两翻雪山、三过草地，走完二万五千里长征。抗日战争时期，转战晋冀鲁豫地区，先后奉命数次整编。1937年8月，番号为八路军一二九师三八六旅七七一团。1938年7月，七七一团在临清地区与东进纵队的二团、抗日游击独立第二师合编为一二九师独立旅。8月，独立旅在南宫与青年抗日游击纵队合并，青纵的3个团分别编入独立旅的3个团，名称仍称"青纵"。1940年5月，青纵改编为八路军一二九师新四旅，辖七七一团、十团、十一团。1942年夏，新四旅改辖七七一团、二十团、军区骑兵团3个团，成为第二个时期的新四旅。11月下旬，新四旅与冀南四分区合并，辖七七一团和十一团。1944年2月，七七一团和三八六旅十六团、冀南军区二十五团组成第三个时期新四旅，称陕甘宁晋绥联防军区新四旅（旅长王近山、张贤约，政委徐立清），肩负保卫延安和解放大西北的任务。

1947年10月，新四旅和教导旅合编为西北野战军第六纵队，称六纵新四旅。1949年1月，部队南下，新四旅奉命改编为中国人民解放军第一野战军第二兵团步兵第六军十七师，下辖四十九团、五十团、五十一团。1949年9月25日，新疆国民党驻军通电起义，为整编起义部队，确保新疆和平解放，奉命随第六军改属进军新疆的中国人民解放军第一兵团领导。同年11月，挺进新疆，驻防迪化至伊犁地区一线，卫戍迪化，剿匪肃特；培养干部，建党建政；拓荒种地，生产自给。

1951年12月，十七师调出1481名指战员参与组建西北空军。

1952年2月，党中央、毛主席发布进疆部队的整编命令。1953年1月至3月，驻疆部队划分国防军与农业生产部队。

原六军十七师除组成1个国防步兵团、2个军分区、1个生产管理部及与十六师合编1个补训团以外，其余部队接受军区八一农场，组成农业第十七师。1953年6月5日，十七师更名为中国人民解放军新疆农业建设第六师。本月15日，十七师发布部队番号更名命令，7月1日启用新番号。下辖农业团场4个，农业分场2个，工程支队1个，总人口15691人。是年冬，师部迁至五家渠。1954年10月，新疆军区生产建设兵团成立，农六师编属兵团领导，全称为新疆军区生产建设兵团农业建设第六师。

1975年4月，生产建设兵团体制撤销，是年5月1日农六师建制随之撤销。部分厂矿农牧企业划归乌鲁木齐市和自治区直属外，其余对口移交昌吉州各部局；原师机关组成昌吉回族自治州农垦局，隶属自治区农垦总局和昌吉州双重领导，管理农牧团场及文教卫生单位。1978年下辖农牧团场19个。

1981年12月3日，中共中央、国务院、中央军委做出《关于恢复新疆生产建设兵团的决定》。1982年4月1日，恢复农六师建制，命名为"新疆生产建设兵团农业建设第六师"。

这是一段光辉的历史，而话剧《生命如歌》便是五家渠人自己的诗、自己的歌。

新疆这个地方，在我国的版图中占有重要地位，在地图上，它与8个国家接壤，它的稳定，对于我国来说至关重要。历史上习仲勋多次视察过，2014年4月29日，习近平总书记去视察，并留下了指示：新形势下，兵团工作只能加强，不能削弱，使兵团真正成为安边固疆的稳定器、凝聚各族群众的大熔炉、先进生产力和先进文化的示范区。这段指示，也成为《生命如歌》的台词。

农六师是山西省对口援疆单位，当年曾经在山西抗战多年，有很多太行太岳出去的山西人。《立秋》曾经到这里演出过三次，习近平总书记视察后，他们对山西话剧院提出，能不能给他们量身打造一部戏。这就是《生命如歌》的由来。

之后，主创人员多次到新疆采风，军垦人悲喜交加的人生，以及他们为了中国革命献了青春献终身，为了中国稳定又献了终身献子孙的情怀，让人们潸然泪下。

最终，这样一部阐释兵团人生命基因和精神密码的话剧排了出来。剧中男一号陈旭刚的饰演者便是已经67岁的董怀玉。此时，他已经"怀"着《立秋》这块"玉"度过了10年的时光，10年里，他对剧本的挑选已经到了苛刻的程度。所以这10年来，很少接戏。

当他看到《生命如歌》的剧本，他感觉到了磅礴的情感和一种历史使命，他接下了，这是他想要的戏。

他对自己的要求是：不能重复《立秋》，不能有《立秋》的影子，必须挑战自我，颠覆自己。如果说《立秋》里的马洪瀚是飘逸的，是历史留下的背影，那《生命如歌》里的陈旭刚，就是沉重的，带着军垦人复杂的情感，还有和时代发生的冲撞。

他的造型一出来，立马一堆好评，手拄着拐杖，满头白发，一下子苍老的感觉出来了，他一说话，苍老的心境也出来了。

他针对陈旭刚这个角色也总结出一句话：一个在党性和人性面前纠结了一辈子的人。

也是这样的矛盾构建了舞台上的心理冲突，那个心理冲突是对观众情感的一种合理冲决。

当时首演前夕，杜学文副部长（时任省委宣传部副部长）陪同兵团六师宣传部高部长和几个文化馆馆员来观看节目，那天的演出连彩排都算不上，服装、化妆、道具、灯光什么都没有，但结果却让来人哭得稀里哗啦、泣不能言。高部长说，你看我的眼镜布都湿透了，没法说话。他们说，那就是他们兵团人的生活，兵团人的情感。

　　首演在山西大剧院，兵团司令部宣传部郭部长及几位常委来看节目，他们哭得一塌糊涂，一致称赞此剧为"兵团大戏、使命大戏、援疆大戏"，是"新时代的《生命的火花》"。马上决定到新疆去巡演。

　　在新疆演出，演一处轰动一处，不用说兵团老一辈人收不住泪水，即使那些兵二代也是，泪飞顿作倾盆雨。当时在八师演出时，有一个文化馆的女馆员来看戏，她说她是来踩点的，先看看戏怎么样，再让爸爸来看。但看完戏却说，这个戏没法让爸爸看，这就是他们家的故事，她的弟弟当年去了广州，爸爸不认弟弟，弟弟结婚后有了孩子，妈妈想去看看，爸爸坚决不去。而她自己，当年找了北京知青做爱人，后来知青回城了，她没走，她单身了一辈子。当天的演出，她哭得受不了。看完演出，讲出这段故事，她回去了，却把泪水留下了，以至于我今天听到这样的事，我也止不住泪水。

　　像这样的故事太多，而且那些从太行太岳奔赴新疆的人更是，看到太行山就已经止不住乡愁，他们没有了老家，根也没有了，青春在哪里，哪里就是家，可是那大山，他们转战过的太行山、太岳山，永远是他们的故土。

　　情感缠带着泪水，责任连带着使命，为期一个多月、23场巡演，足迹遍布新疆7个城市，《生命如歌》席卷新疆，受到了新疆各族群众的高度评价。

　　这部戏同样引起了中央的重视，在2016年8月18日举行的第六届少数民族调演结束后，董怀玉作为剧组唯一的代表，受到习近平等党和国家领导人接见并合影留念。

　　时隔10年后，山西话剧再一次进入全国人的视野，董怀玉再一次显现他在艺术上的精气神。

　　对于这部戏，他不想多说，他觉得时间还短，还需要经过时光的考验。

　　我们等着就是。

　　这部剧演出第188场时，我再次看了它。除了满场滚滚的泪水，还有家国之思和家国之诗，我捕捉到这部剧背后的中华民族传承了几千年的秘密，因为这个秘密，它宏阔高远。

　　冷不丁地，我问他："你觉得，山西话剧在全国处于什么地位？"

　　他沉吟："在全国省级院团来讲，还是不错的。只是有一个普遍的问题，就是后继无人。"

后继无人，也许是所有戏剧都面临的问题。

今年已经72岁的他，坚守着自己的话剧舞台，也坚守着自己钟爱的话剧事业。大把大把的时间他都给了公益事业，他要做山西话剧的传带人，他已经在几十所高校做过讲座，他辅导过很多院校的年轻人来演《立秋》和《生命如歌》。在这方面，他是无私的，他觉得能够把艺术的精髓传下去，这是积善积德。

他依然喜欢收藏，保持着一种学习的能力，真诚待人，过着佛系生活。

在话剧领域里，他是一个典型代表，他自学过斯坦尼体系，又出演过戏曲，他的多方文艺实践在他身上得以内化，具体到表演中，就是把所有实践既融汇又能明晰地分野。这与学院派有很大区别，也并不多见。

"小小戏台，氍毹一块，容得下天高地阔。"就像文初所讲，人生如戏，人的一生就是转换不同角色的过程，当他把自己所有的角色都扮演好了，他也就成了一个一撇一捺大写的人，董怀玉做到了，他的世界天高地阔。

2.张星：我想出去闯闯

张星是个阳光帅气的大男孩。80后。

一样是在山西省话剧院的办公室见到他的。

一照面，他问我："你见过董老师了？"

我点头。

他说："他肯定不会跟你说一样事情。"

我抬眼，一副不置信的表情，难道我遗失了重要事情？还有啥小道消息？

他接着说："2015年，我们排《生命如歌》的时候，董老师白天来院里排练，晚上到医院照顾老伴。两处穿梭，他从来不跟别人提这些。他的老伴身体不好，有时候出门都得带着。这么多年，他都是这样过来的。后来，他就不接戏了。"

一时，我竟然有些沉重起来，想起董怀玉那挺直的身板，想起他骑着电动车融入夜色中，心头不知什么滋味涌上来。

有点儿难过。

张星又说："董老师对话剧心中有执念，他常说对不起老婆孩子，但对话

张
星

剧，问心无愧。他是我的榜样。"

我问张星："如果《立秋》需要换主演，谁可以胜任马洪瀚？"

他摇头："没有，暂时没有，我们还不足以传下去，董老师是省话的招牌。"

我点点头。嗯，这就是不可替代。

话剧《生命如歌》里，张星饰演主角陈旭刚（董怀玉饰演）的大儿子陈宝国。

当初接下这部戏，张星并没有想到它会走多远，这个戏的戏核和灵魂是在新疆被叫醒的。

他被唤入《生命如歌》剧组的时刻，是一个他将要动身去右玉的中午，行李已经都收拾好了。此前，他在右玉接了一个纪录片，他也不瞒我，就是去挣一点小钱，贴补给家里。随便吃了口午饭，就准备动身，梁军院长（时任省话剧院院长）的电话打过来，让他到单位来，想让他出演这个"大儿子"的角色。他当时的困难是已经接了纪录片的定金。第二天到了院里，梁院长在等他，给他准备了一沓钱，说这是自己的钱，不是院里的钱，让他去退剧组。他一下子被感动，哪能要院长的钱呢？他于是把钱退了给剧组，生生地还多退了2000元，算是赔偿金。他的行为又感动了院长。两个人，被对方彼此感动。就这样，当天下午就进入《生命如歌》的剧组。

《生命如歌》剧组实力很强，是省话剧院倾全院之力打造的一部兵团题材的原创大戏，也是全国第一部专题援疆文艺剧目。①演员自不必说，除了董怀

---

① 编剧王元平曾创作《八路军》《雄关漫道》《保卫延安》《历史永远铭记》《烽火长城》《范府大院》《丑角爸爸》等电视剧，其作品还有话剧《大漠小站》《绿房子》《兵妹子》《壮哉西疆魂》《高高的白杨》，豫剧《魂系太阳河》、秦剧《天下安定鼓》、眉户剧《凤凰村轶事》、陇剧《敦煌魂》、京剧《望河楼》《沧海忠魂》《红沙河》等剧目，曾屡次获得过全军电视金星奖和中宣部"五个一工程"奖。导演是胡宗琪，舞台剧作品有话剧《黄土谣》《沦陷》《风刮卜奎》《天下第一桥》《雨花台》《范长江》《白鹿原》《詹天佑》；歌剧《我心飞翔》《野火春风斗古城》；京剧《沧海忠魂》；龙江剧《鲜儿》等。其导演作品多次获中宣部"五个一工程"奖、文华新剧目奖、文华剧目奖、文华大奖、"国家舞台艺术精品工程十大精品剧目"；个人多次获得文华导演奖、中国戏剧节优秀导演奖、全国新剧目展演导演奖。

玉，还把院里的其他优秀演员"一网打尽"。

他当天念了几句台词就上场了，这个故事太好了，陈宝国身上的无私，以及他对兵团浓浓的感情打动了他，尤其是陈宝国的灵魂和父亲对话那一场，情感被迫于要说又不能说，说了也说不清的边缘，他和董怀玉的对手戏演起来很过瘾，他演进去了。

他以为他演了，还能表达出一些什么，已经够好了，但事后的事实告诉他，还远远不是这样。

戏排成后，到新疆巡演。

长达70多天的巡演日子里，他每天都处于一种亢奋和悲壮中。大多数演出地点的环境很艰苦，没水没电，上个厕所都得去荒郊野地，他生活的年代已经不是新中国建立之前的年代，他并没有经历过这种生活，但是在这种艰苦中，他学会了忍耐和珍惜。没水，那就不洗脸，没电，那就不看手机，只是这让他们的家人在那么长的日子里有了四千多公里的牵挂。有时候碰上新疆暴动，他们还得转场。

生活的苦都是可以克服的，毕竟兵团会努力让他们生活得舒适一点。但那种情感冲击，实在难以用语言形容。有一场在五家渠的演出是退伍老兵的专场，那天，救护车早早地等在了剧场门外，生怕这样的戏让老兵有一点闪失。戏演出完毕谢幕时，第一排的老兵被人们搀上台来，竟然恭恭敬敬地向他们敬了一个颤抖的军礼。一刹那，全部演出人员都忍不住了。这世上，还有一种水，叫作泪水，承载着人类无法用语言说出的情感。戏散场半天，他们都走不出来。

散场后，等着他们的，还有一个女人。一个装束很高雅，却哭得不成样子的女人，她给他们鞠躬，一个劲地感谢他们。她说，她是兵团的兵二代，这个戏写的就是她的故事，她跟爸爸意见不一致，偷了父母的钱，偷偷地离开了家，从乌鲁木齐到北京，再辗转到了深圳，家里还因此报了警。4年后，她有了钱，从深圳飞回兵团的时候，她是兴冲冲回来的，总算可以跟爸爸说一声，自己没丢人，也算事业成功，可是，爸爸却早已离开了人世，长眠在一生奋斗的土地。她哭，她痛，自那以后，她才知道，她血液里流的原来是兵团人的血性骨气和热情。她扔掉了深圳的一切，从此扎根新疆，再不离开，在新疆做服装生意，她没有嫁人，也没有孩子，她要守护着自己父亲所守护的。

张星在讲这些故事的时候，大眼睛里有星光在闪烁，但他忍了。我这个听故事的人，又何尝不是在忍。

就是这样的故事，使张星对兵团的理解更深。他是80后，没有经历炮火连天的时代，也没有经历新中国成立之初的不易，一出生已经是改革开放开始了。通过这些故事，张星回到了过去，知道了这支英雄部队，也知道了援疆的来历。陈宝国这个人物在张星心里发生了化学反应，原来演只是躯壳，现在注入了灵魂。他演起来，更得心应手了。

也是这个戏，让张星想起自己的父亲。

很多年，父亲都没原谅他。

张星的父亲是河南辉县人，家里祖辈务农，但父亲从小有志气，16岁时参了军成了一名铁道兵，转业后，分配到中铁十七局，来到了太原。后来，自己考到太原公安局政治部当干事，由于写得一笔好字，也就给领导写材料，工作多年后，被提拔到山西国家安全厅任一个副处长。

父亲一辈子是不服输的人，也从不放弃，这一点遗传给了张星，所以同质的父子两个也就像刺猬一样，互相顶着不服输，很长一段时间里互扎着至亲的对方。

张星的家庭其实很让人羡慕的，公检法对于社会来说，是一个不同的阶层，有一定的特权和优越感。但张星却意外地远离了这个系统。

他的小学是在省实验小学度过的。上学时，他就爱演课本剧，记台词、学表演，瞬间就能找到感觉，他还学了吹长笛，全身的文艺细胞。初中是在十二中上的，初三那年学校举办了元旦戏剧大赛，他和班里人一起组团弄起一个课本剧《皇帝的新装》，他演得还挺好，这幕剧被老师的爱人看到了，老师的爱人觉得他形象好、声音也好，适合走舞台剧的路子。那时候，他已经长到了一米七二，是个标准的美男子了，加上好听的声音，确实有先天条件。

老师的爱人随后带来了省艺校的招生简章，他想去参加考试，父母不同意。父母压根不想让他走这条路，在父母的规划里，他应该考大学，然后进公检法工作，再理想不过。但他不愿意，他喜欢舞台剧。他背着父母，跟老师借了200元钱去报名，一试二试都通过了。他知道自己如果想上，得曲线救国，要争取父母同意，必须先说服省艺校的老师，再让老师和父母沟通，他真诚的沟通获得了老师的首肯，带着老师两次面见父母，都没有让父母点头。后来，学校写了一封长长的信，给家长，大意是希望父母给孩子一条路，孩子的选择也不一定是错误。

无计可施之后，他和父母约定了七年的时间，他去蹚一蹚这条路，实在立不住，他会回来按父母规定的路子走。

省艺校的四年，他的成绩是优秀的。但在之后的考试中，却一直碰壁。考中央戏剧学院考了两年，没考上，考上海戏剧学院，依然是这样，专业课非常好，文化课不够。他很后悔在初中耽误了学习，不然，不会让文化课成为拦路虎。他这才知道，当演员不是只靠专业，还得拼文化，当然，文化才是支撑艺术家之所以成为艺术家的大背景，这是后来才知道的事儿了。

他在艰难挣扎着的那些年，也完全可以走影视的路子，实际上，由于电视剧《还珠格格》一夜成名，那时候就全国来讲，在艺术方面几乎是电视剧的天下，凭他的外形去做影视演员足够，但他不愿意，他怕废了。从这一点上讲，他是固执的，却也是聪明的，这种固执和聪明，也许还有一个词：坚守。坚守，坚守，多少人在谈坚守啊，而这坚守要付出多少代价，就是身外人所不知的了。

就在这几年，他跟父母关系一直不好，他是独生子，母亲查出了乳腺癌，做了手术，由于自己的关系，又得了抑郁症，还自杀过，父亲为了照顾母亲，只好提前退休。父亲是军人，又从事着公安事业，一辈子好强，加上职业的关系，从不会说软话，他呢，也倔得不肯低头，跟父母多次发生口角，父亲打过他，母亲只会哭。

张星说不下去了。

要哭不哭的样子。

我难受得直抹泪，我也有孩子，这种情况，哪一个为人父母的人能忍得住？哪一个为人子女的人能无动于衷？可见，能一直坚持自己的理想，有多么难！多少人半途折戟，多少人无功而返啊。

停了半天。张星继续说："我现在想起来，特别后悔，那时候的想法很简单，其实就是想飞一下，哪怕碰得头破血流，哪怕撞了南墙，总算努力过，可是不会阐述自己对舞台剧这个职业的理解和看法，也就让这种误会持续了很多年。"

2005年，张星到了南京炮兵学院文工团，在这里半上班半就读，读了4年，有了大专文凭，也在下连队的演出中，丰富了自己的演出经历，提高了表演能力。

2009年，他参加了山西省话剧院的招考，顺利进入这个他想要的表演殿堂，要知道，那时候的《立秋》已经上演了5年多。从此，他正式开始了自己的表演道路，也回到了太原，回到了父母的身边。

那一天，是2010年1月3日。他记得很清楚。

刚来了这里，当然也只能跑跑龙套。但他在暗地里用功，他在一日日的龙套中，参详老师们的表演，记下他们的台词。他相信会有用。

第一次出演的是《立秋》里的一个小角色，有一次在演出中，一位老师的母亲病故，当晚就要上场，却空下一个角色，他自告奋勇接下了。他也不隐讳自己曾经的思想斗争，脑袋里有两个小人在打架，一个说自己是新人，是不是需要这么早就跳出来？另一个说自己认为自己能行，还能不争取？演出完后，人们对这个小角色褒贬不一，看笑话的人多。但他挺住了，这给了他一部分自信。

当话剧《立春》上马的时候，他顺利接到了A角，也在查明哲导演的磨练下，演技一天天提升。虽然这部剧由于种种原因停摆了，但他成长了。

一个人，工作就是他的兴趣，爱好就是他要从事的事业，这是很幸运的一件事，这样的概率在人群中并不高，但张星在这样的演出中，获得了人们的信任和肯定，现在已经做到了院长助理，成为省话剧院的中生代。

但父亲依然是他的心结。

父亲一天天看着他在成长，其实心里是欣慰的，但面子上下不来，肯定不会跟自己儿子低头。即使是他考上省话的时候，把好消息报给父亲，父亲也只说了几个字：好，祝成功。

妈妈好说，抑郁症不厉害的时候，曾跟他说过："不求你大富大贵，只图安安稳稳，知道你想干自己的，不想服从我们安排，但是话剧能生存到什么时候，这是发达国家的东西，又被影视冲击得厉害，你们的生存空间在哪里啊？我们的担忧，你也要铭记在心。"

听到这里，我由衷地佩服这位母亲，虽然身有疾，却有大格局，她的思考比很多身体健康的人要深远很多倍。这有多么伟大。

这些年与父母聚少离多。即使病了，也只是轻轻地跟父母说一声。只能自己跟自己说要坚强。他珍惜跟父母在一起的日子。

从新疆巡演回来，他郑重地发一条信息给父亲：请您看戏。

父亲把海报拍了一下，只拍了一个他的名字发过来，并配上了一个笑脸。张星看着那个笑脸，悲喜交加，想哭，父亲从心里认可了自己，父亲心里的隔阂终于消除了，自己的坚持和能力加上10年时间，终于走到了父亲心里。

就在进入话剧院之后，一下子有了工作有了家，成家立业这个词一下子就变成了现实。有了孩子后，他发现父亲总是在他上班走了之后，偷偷地过来，帮自己带孩子。他也在心里偷笑，这样已经是生活最好的恩赐了吧。

其实，我第一次见到张星，并不是在话剧院。是在南宫后台，他不记得了。

那天，南宫演出话剧《甲午祭》。这是我第一次接触张星。

张星在《甲午祭》中饰演日本人，那个和李鸿章谈判的伊藤博文。伊藤博文是日本近代政治家、明治九元老之一，日本第一个内阁总理大臣、枢密院议长、贵族院院长，明治宪法之父，官至从一位、大勋位、公爵。明治维新之后，伊藤博文曾经四次组阁，任期长达七年，任内发动了中日甲午战争，使日本走向了东亚头号强国的地位。抛开民族感情不谈，这是一位很厉害的政治家。我是在写到清朝名臣——五台徐继畲的时候，发现伊藤博文曾经受过徐继畲《瀛寰志略》的启发。我常常想，如果没有徐继畲，没有《瀛寰志略》这部伟大的著作，是不是就不会有甲午战争？

这部戏是以李鸿章为主角展开的。晚清风云在舞台上乍现。

原来是希望他出演李鸿章的，但他想照顾自己刚出生的孩子，于是选择了一个戏份比较少的伊藤博文来演。

张星饰演的伊藤太帅气了，还有一点书卷气，以至于人们不像下意识里那么恨他。张星认为甲午战争也只是日本经过维新强大起来后，对中国这个几百年前的老师必然的一次背叛和侵略，在这个强大的趋势面前，伊藤或者李鸿章都是机器。所以他的塑造，也就不那么咄咄逼人。

历史有时候是吊诡的。

对于山西话剧的地位和未来，张星是有自己的思考的。他说：山西话剧院有过历史的辉煌，但那属于过去。就总体水平在全国来讲，还是低下的，这是文化氛围决定的，是地方院团共同的问题。但山西是文化大省，应该有自己的文化追求，不能再颓废了，要大胆一点，听听走在前沿的大都市的文化理念，和时代接轨。山西现在不是做什么的问题，而是怎么做的问题，要做必须做文艺精品。

张星说到这里，我对他另眼相看。

我要告别的时候，他说："这几年我想出去闯闯，去中戏听课，听我没来得及上的专业课，认认真真地学习斯坦尼体系，去北京人艺或者国家话剧院去，哪怕当个实习生也行，跟那些大艺术家学习，真正沉下身子来学习，然后，我再回山西来，我要组建一个小团体，玩先锋艺术，探索山西话剧的新路子。"

那一刻，我笑了，笑得那么舒畅。我曾看到著名剧作家郭启宏创作话剧《李白》的心得，其中提到了一个典故，说的是竹林七贤之一阮籍"青白眼"的故事，阮籍只对自己人用青眼，对看不惯的人白眼相对。李白在世间，受人青白眼，郭启宏本人也是，对青白眼有自己的理解。我此时对张星，已经不是另眼相看了，要用"青"眼相看。

我相信，山西话剧有未来。

3.王兆麟：生来是演员，一刻也离不开舞台

张智说，有一个人跟他一样，是在文化体制改革中演艺集团转企时挑了重担的，而且最主要的是，他们同年同月同日生。

同年同月同日生，在同一个城市，同样级别，同样从事文艺院团工作，同时在文化体制改革时挑起重担，这是多么难得的缘分。

张智说到的人，就是山西省曲艺团团长王兆麟。

说到这个人名，大家都很熟悉，当年一段山西各地方言朗诵的《再别康桥》，笑倒了多少人。那个民国才子徐志摩，那个写下无数首情诗的忧郁王子写出的多情而有涟漪的康桥，被他们演绎成绝版的喜剧片。

带着这种喜剧般的期待，穿梭过食品街的嘈杂和汇聚了各方烟火味的空

王兆麟

气，我走进了曲艺团的办公室。

我们握手，坐下。

他说："我给你留了两个小时。你想谈点啥？"

他一边在地上转圈圈，一边看着我。

我莫名其妙，不知道他在不在状态："聊聊你自己，最好从小时候说起。"

他这才找到茶具，又叫人送水进来，一副说相声的经典表情："我是准备跟你谈艺术的，你怎么谈人生？我都没准备。"

轮到我傻眼了，这是说相声的节奏吗？可是我不会捧哏呀。

说自己的人生，还需要准备吗？我在心里嘀咕。

他问："你对曲艺了解多少？"

我很没底气地说："不算多。"

打小在农村看的是戏曲，听过上党鼓书。村里人把鼓书叫说书的，以前县里有个说鼓书的男人，他经常说的一段鼓书里的男主角叫雷保童，大意都记不清楚了，只记得自己跟着这个说书的走过一段，那时候刚刚没有了妈妈，听着鼓书下泪，仿佛书里的人就是我，哭过以后，心里会好受一点。

那时候不懂什么是曲艺，也不知道这是曲艺的一种。

电视普及以后，对曲艺的启蒙是从相声开始的，马季、姜昆、牛群、冯巩他们开启了电视相声时代。即使这样，对曲艺也不是通盘了解。曲艺都有什么门类，历史渊源如何，传播方式如何，受众又如何，我心里是没谱的。一直到需要采访王兆麟的时候，我才去做了一番功课。

但愿这样的临时抱佛脚不会被他考倒。

曲艺在我国的历史很悠久，可以追溯到唐宋。

早在古代，中国民间的说故事、讲笑话，宫廷中俳优（专为供奉宫廷演出的民间艺术能手）的弹唱歌舞、滑稽表演，都含有曲艺的艺术因素。到了唐代，讲说市人小说和向俗众宣讲佛经故事的俗讲的出现，大曲和民间曲调的流行，使说话伎艺、歌唱伎艺兴盛起来，自此，曲艺作为一种独立的艺术形式开始形成。到了宋代，由于商品经济的发展，城市繁荣，市民阶层壮大，说唱表演有了专门的场所，也有了职业艺人，说话伎艺、鼓子词、诸宫调、唱赚等演唱形式极其昌盛，孟元老的《东京梦华录》、耐得翁的《都城纪胜》

都对此做了详细记载。明清两代及至民国初年，伴随资本主义经济萌芽，城市数量猛增，大大促进了说唱艺术的发展，一方面是城市周边地带富有浓郁地方色彩的民间说唱纷纷流向城市，它们在演出实践中日臻成熟，如道情、莲花落、凤阳花鼓、霸王鞭等；另一方面一些老曲种在流布过程中，结合各地地域和方言的特点发生着变化，如散韵相间的元、明词话逐渐演变为南方的弹词和北方的鼓词。这一时期新的曲艺品种、新的曲目不断涌现，不少曲种已是名家辈出流派纷呈。我们今天所见到的曲艺品种，大多为清代至民初曲种的流传。

曲艺作为说唱艺术，虽有悠久的历史，却一直没有独立的艺术地位，在中华艺术发展史上，说唱艺术曾归于"宋代百戏"中，在瓦舍、勾栏（均为宋代民间演伎场地）表演；到了近代，则归于"什样杂耍"中，大多在诸如北京的天桥、南京的夫子庙、上海的徐家汇、天津的"三不管"、开封的相国寺等民间娱乐场地进行表演。中华人民共和国建立后，给已经发展成熟的众多说唱艺术一个统一而稳定的名称，统称为"曲艺"，并进入剧场进行表演。

曲艺作为一门表演艺术，是用"口语说唱"来叙述故事、塑造人物、表达思想感情并反映社会生活的，正如戏曲艺术的本质特点是"以歌舞演故事"，曲艺艺术的本质特征当是"以口语说唱故事"。这是曲艺有别于其他艺术门类的本质属性。因为主要的艺术手段是"口语说唱"，所以曲艺的艺术形式相对比较简单：由一人或几人说演；或者由一人或几人演唱，辅以小型乐队（往往是三五件乐器）伴奏。又因为是以口头语言进行说唱，所以其表演方式是以第三人称的叙述为主，间以第一人称的模拟代言。这样，在舞台表演上便体现出"一人多角""跳出跳入""一人一台大戏"的特点。从而与戏曲、话剧、影视等表演艺术的"角色扮演式表演"大异其趣，即所谓"说法中现身"与"现身中说法"之别。

虽说别树一帜，曲艺与戏曲却是同源的，它们在大百科全书里属于同一个条目。

正在脑袋里回想呢，他却开始朗诵一段《谁是最可爱的人》：

在朝鲜的每一天，我都被一些东西感动着；我的思想感情的潮水，在放纵奔流着；我想把一切东西都告诉给我祖国的朋友们。但我最急于告诉你们的，是我思想感情的一段重要经历，这就是：我越来越深刻地感觉到谁是我们最可爱的人?!

谁是我们最可爱的人呢？我们的战士，我感到他们是最可爱的人。

也许还有人心里隐隐约约地说：你说的就是那些"兵"吗？他们看来是很平凡、很简单的哩，既看不出他们有什么高深的知识，又看不出他们有什么丰富的感情。可是，我要说，这是由于他跟我们的战士接触太少，还没有了解我们的战士：他们的品质是那样的纯洁和高尚，他们的意志是那样的坚韧和刚强，他们的气质是那样的淳朴和谦逊，他们的胸怀是那样的美丽和宽广！

我听着这好听的声音，一时间怔了，这是放过考我了，艺术课又开始了，面对我一个听众，也这样郑重其事地表演？

我呆呆地听着。

可惜没有镜子，没有记录下那一刻的表情。

他没有笑话我的呆样子，等朗诵了一段后，就开始说他的事儿。

他跟张智一样，出生于1965年，小时候对语言和歌唱就有特殊的感觉，嗓子还特别好，进了学校的宣传队，经常上台朗诵、唱歌。那时候，村村有广播，一般收的是中央人民广播电台，他跟着电台学唱歌，他说那时候唱歌的人都不跑调（三天以后，我才知道他这句话深刻的含义），广播里播放《谁是最可爱的人》，他就跟着学，自己也觉得，这篇文章写得那个好呐。学这个，也学了一口朗诵腔，偶尔被老师叫起来，他就朗诵这一篇，倒也像模像样。对这篇文章的理解随着岁月的增长越来越深刻，只是可惜的是，现在的小学课本里没有了这一篇。

现在回想，想朗诵好或者播音好，最关键的是学好汉语拼音，拼音学得字正腔圆，发音就是标准的。

初中毕业考入晋中文工团，这个文工团也带有艺校的性质，就是在实践中学习，学习中实践。这段时间对他最大的改变是性格。他小时候不像现在这样能说能笑、爱玩能闹，小时候特别胆小，解决的办法就是当众说话，文工团出去表演，站在台子上，面对着那么多的人，你得说得出来、唱得好听，才能吸引观众，这就锻炼了他的能力，尤其是锤炼出自信了。他说，一个人获得自信的良药就是当众说话。

1984年12月，他调入山西省曲艺团。

山西省曲艺团成立于1959年6月。艺术品种包含有相声、小品、快板儿、二人台、太原莲花落、山东快书、大同数来宝、潞安鼓书等十余个曲种，曲艺团在全国性的曲艺比赛中多次获奖。曲艺团经历了"文化大革命"之后，到80年代十一届三中全会之后，在马继武等老一辈曲艺人的带领下，又开始新一轮的创业。

王兆麟就是这个阶段进入曲艺团的，是马继武先生（时任曲艺团团长）慧眼相识，带过来的。他经历的正是这个创业阶段。

在这个团体里，他连学带演，成长很快。那个年代，他们经常下基层，自己打包行李卷铺盖，自己做饭，住破旅店。不过那个时候有个好处，演出是卖票的，因此他想不清楚为什么现在的演出就走到了送票的地步。没有补助，没有奖金，那个时候工作得可欢快了，很多东西都是那个时候积累下的。

其实，曲艺对演员的要求更高，就说相声吧，包括"说学逗唱"四门功课，几乎涉及所有的门类，嗓子不好不行，领悟力不够，也不行。除了说唱本体，还要广泛吸收兄弟艺术的滋养，比如说影视、戏曲，要演什么是什么，学什么是什么。曲艺演员很大程度上是全才。

再说到朗诵，曲艺里是没有朗诵的，但朗诵也是说唱艺术，也需要进入特定的情境，播音、解说、旁白、谈话、评书，这些有相通的地方，又有不同，情感的表达不同，决定声音的处理不同，连发声的部位都不同。

朗诵本不是他的主业，却让他折腾成重点表演，很多场合，都能见到他和搭档马晓红朗诵的《人民万岁》，有时候搞朗诵的人还把他请去讲授朗诵，这事闹的……不过，也说明一个道理，艺术是相通的。

我忍不住，让他举例。

比如说，单田芳的评书，大家都爱听，他即兴来了一段《隋唐演义》，声音像极了单田芳，他说，这就不能用朗诵的声音去表达。

再比如说，《舌尖上的中国》，大家都爱看，因为这个节目是以文化托起饮食的，声音里就有一点沧桑，这就不能用一般的解说音。

再比如说，任志宏的《国宝档案》，那种历史感需要表达出来，你就不能用播音腔。

如果说什么演什么不能进入什么情境，就是失败，比如说读一首诗，要进入诗人的心理状态，就说《沁园春·雪》吧，你就需要知道这首诗是什么时候写的，在哪写的，为什么写，当年红军东渡黄河，到达石楼，面对苍茫雪景毛主席写下这首诗，你看这北国风光，万里雪飘。试想，谁是英雄？理解透了，再读就不一样，说着说着，他开始朗诵。

那一刻，窗外有晴空，就我一个观众，万籁俱寂，我静静地听着《沁园春·雪》的"大河上下，顿失滔滔……欲与天公试比高"，一时间觉得浪波汹涌、千山万壑，构造出一股大气势来。

这股浪波翻卷，也让我回想着他这些年的成长印迹：

1990年相声《打麻将》获晋冀鲁豫"山河杯"曲艺大奖赛最佳演员奖。

1992年小品《真假之间》在"宋河杯"全国曲艺小品大赛中荣获一等奖。

1993年相声《小二黑结婚外传》在第一届中国相声节中荣获"金玫瑰"演出奖。

1995年相声《光棍进行曲》在首届"侯宝林金像奖"电视相声大奖赛中荣获"荧屏奖"，同年，被评为"晋、冀、鲁、豫十大笑星"和"山西省跨世纪文艺新星"。

1997年在山西省"原太杯"曲艺大奖赛中荣获特等奖。

2002年小品《爷爷、儿子、孙子》参加由文化部、广电总局等七部委主办的中国人口文化奖荣获优秀奖。

2002年小品《真假之间》获晋、冀、鲁、豫"山河杯"曲艺大赛金奖。

2003年小品《照相》参加中央文明办、文化部主办的第二届全国四进社区展演（专业组）荣获银奖。

2004年小品《名副其实》参加由文化部主办的"金狮奖"第四届全国小品比赛荣获银奖。

2004年9月相声《歌声与心声》荣获全国相声小品邀请赛二等奖。

2005年7月小品《罪证》参加晋冀鲁豫津"山河杯"曲艺大赛荣获编、导、演三个一等奖，并被中国曲协主席姜昆誉为"2005年中国小品的大亮点"，还荣幸地参加了中国相声、小品精品展演。

2005年10月相声快板《意外收"祸"》参加全国快板新作品比赛，荣获专业组最佳演员奖（一等奖）。

2006年小品《罪证》又荣获第四届中国曲艺最高奖牡丹奖（文学奖），该作品还在全国曲艺月刊《曲艺》独家发表。

2007年荣获华北五省"相声小品"大赛编导奖。

他的节目多次在河南、河北、山东和省市广播电台、电视台播出，其中一些节目还在中央人民广播电台和中央电视台播出，并连续三年被邀请参加晋、冀、鲁、豫四省联办的春节晚会。他表演的一些节目还在中央电视台和省市电视台播出。一些节目还录制成合式磁带出版发行，如中国唱片公司出版的《山西群星拜大年》，山西音像出版社录制的《劝君安全行万里》和相声专辑《哈哈集》。他的成绩被载入《中国当代艺术界名人录》。

他在山西，用自己的辛勤和努力伴随着山西曲艺一起成长。

他说："那个时候拿奖，是真的拿奖，根本不用跑奖，再说，也跑不起。山西曲艺那个时候很厉害的，安静、曹强、王秀春等一大批编创演人员，在全国来说，也极少有。"是的，前一段时间著名作家陈为人写出了王秀春的传记《撇捺人生王秀春》，当天的研讨会现场，王兆麟曾作为嘉宾发言，他当年就是演着王秀春的《真假之间》拿下的一等奖。

说起风靡一时的方言朗诵《再别康桥》，他说，那是2012年的作品，当时是朗诵艺术协会成立的晚会上，全是朗诵，实在难出新，那就必须改造一下，怎么改造呢？想了想，那就说方言吧，这是曲艺人的强项，用全省每个地方的方言来朗诵，争取个与众不同吧，没想到效果还挺好。

他的办公室里有一个人头像，是陶瓷的，安放在书架上。

他看到我在端详，低声说："那是我的师父。"

陶瓷像的本尊，大家都熟识，无数次地出现在荧屏上，相声小品曾经给多少年的除夕夜带来欢乐。这个人就是侯耀文，大家都知道的相声大师侯宝林的三公子，中国十大笑星之一，也是他的恩师。

他说："我特别怀念那个年代，那时候，我们山西感觉是处处春花开，太旧高速刚刚开始施工，为此，我们创作了很多关于太旧公路的段子。马季和我师父来山西的演出也比较多，经过别人的保荐，师父也看过我的表演，就决定收下我。师父是真心收，那天的拜师仪式是在青年路龙鼎大酒店举行的，师父带来了许多文艺界的名家，还有许多领导及大型媒体，我的师哥也来了好几个，仪式特别庄重。我是师父的第十四个徒弟，人称'老十四'，师父给我写过的'博采众长再创新'，我一直留着。"

我错开话题，说起另一件事："现在相声界有个现象叫郭德纲现象，你怎么认为的?"

前一段时间，中国曲协副主席、中国说唱文艺学会常务副会长兼秘书长、中国艺术研究院曲艺研究所所长吴文科写了一篇《改革开放40年来中国曲艺的演进轨迹及潮汐脉动》，把40年的曲艺分为4个阶段：第一个阶段为1976—1982年，艺术复苏的呐喊与荣光；第二个阶段为1982—1992年，回归本体的振兴与迷蒙；第三个阶段为1992—2005年，应对变革的调整与偏误；第四个阶段为2005—2018年，发展探索的多元与纷争。

第四个阶段是以2005年底郭德纲及其德云社在茶馆小剧场的相声演出突然爆红并蹿红京城为主要标志，新时期的曲艺发展进入多元探索和多方纷争的全新阶段。一方面，民营曲艺班社的纷纷成立与陡然蹿红，包括其在市井茶馆恢复传统性日常演出的经营格局，不仅成为21世纪初叶中国社会文化生态及曲艺业态出现相应调整的重大表征，反映出曲艺创演从之前主要由体制内的专业团体所主导，演变为同时存在体制外民营班社所参与的多元格局。另一方面，体制内曲艺团体的舞台创演，由于长期计划经济模式下所形成的经营惯性，以及驻场演出方式面临萧索的条件制约，很难适应新形势的发展要求，也很少推出相对优秀的精品力作，亟待通过全面调适以探索新的发展坦途。(这个阶段有2007年山西省曲艺团排演的"大型笑剧"——话剧《咱爹咱妈》)。与此同时，面对市场经济的汪洋大海及所带来的各种影响，有些手足无措的曲艺界，围绕自身创演的各种观念与实践，也出现了不同方式的言说表达乃至理论纷争。较为集中的话题，包括相声界的"反三俗"讨论，"绿色二人转"的理念宣示，对"二人秀"的变异批评，对苏州弹词创演满足开篇、偏向中篇、忽视长篇并迷恋"起脚色"等倾向的质疑，等等。这种多元纷争而缺少共识和共享的现象后面，暴露出的是缺乏主潮和主导的有效引领。改革开放以来特别是新世纪以来曲艺发展的调整与探索，包括通过树立文化自信、坚守艺术自我、确立艺术理想，实现艺术辉煌而跨越"高原"、迈向"高峰"的远大追求，因而仍然行走在遥远的路途上。

王兆麟经历了后三个阶段：第二个阶段——回归本体的振兴与迷蒙，他正在学艺的路途上；第三个阶段——应对变革的调整与偏误，他学有所成，且带着山西曲艺的势头露峥嵘；第四个阶段——发展探索的多元与纷争，他在专业进取的道路上，身份发生转变，成为一个管理者。对于最关键的第四个阶段，我想听听他如何关注并阐述自己的艺术立场。

　　几乎没有犹豫，他对着师父的像，缓缓开口："当年师父力排众议，收下郭德纲，曾经在私下里对我们说过，别看这个人现在这样，这个人可了不得。师父当然属于主流的，师父相人的水平是一流的，郭德纲不算主流的，但师父看出来郭德纲的不可限量，事实也证明了师父的眼光。可主流的又怎么样？很多相声演员没有作品，安于现状，混吃等死。我们的师爷侯宝林把相声去其糟粕，带上了大雅之堂，很多好的相声都是曲苑里的精彩篇章。该怎么传承是需要考虑的问题。应该感谢郭德纲，他不是主流，又怎么样？相声就是郭德纲的饭碗，就是他的衣食父母，他闯荡十几年，把相声做得这样大，带动了年轻人去爱相声，催动了行业的发展，功不可没。但他也不是没有弊端，像他这样，从商业出发，不容易有经典产生，但德云社却一代代传承，对相声来说，不是坏事。我们主流的从业人员，也要改变自己，主流非主流不要打架，应该互相融合，那才是相声的春天，那才是相声的高峰。"

　　我佩服他的识见。

　　他在说话中，把头扭了过去，面对着自己的师父，久久，久久，眼中含泪。

　　面对这样的情景，我总是没法自处，内心深处那一块柔软的地方，一次次地被攻陷，我咽下一些酸楚，也久久、久久地等他回神。

　　他终于扭回头来，收拾起全部的心情，仿佛刚才的悲伤从来没有过。

　　他的悲伤我懂，师承一直是传统文化中最重要的一环，尊师重道才是我们该守的根本，尽管有人走着走着忘记了为何出发。

　　2010年，他接下了曲艺团书记一职。

　　2012年，单位转企时，他接下了曲艺团团长一职，自此团长书记一肩挑，一直到现在。

　　那时候接手，也非他所愿，他想搞艺术，但面对上级的真诚邀请，无法拒绝，可以这样说，他的接任，既是上头点将，也是众望所归。可面临的艰难，他也是知道的。

刚上手时，曲艺团的状况并不是很好，没人员没钱，不知道去往哪里。当年的文艺整体市场也不是很好，虽然转企了，但观众的观念没有转，靠卖票无法满足全团人的吃喝拉撒。他说，经常看到有人宣传"一票难求"，那都是自欺欺人的话，文化氛围根本没有养成呢。

接手后，想办法排节目、找演出，在并州路中正天街和别人一起办了一个"好悦来"相声剧场，团里的人只要身体允许，愿意付出，除了工资，在那里还可以再挣一份钱补贴家用。最艰难的时候，他怕耽误孩子们的前途，曾鼓励孩子们自己去创业。在改制初期，他们一年只能演出50场，经过几年的辛苦经营，现在演出能达到500场了，这是十倍的量啊，当然，也是十倍的辛苦。

总体来说，目前状况不错，来这里的年轻人有了稳定的收入，交了各种保险，队伍稳定下来了。好在，在他手里，山西曲艺不敢说有多大进步，却也是尽力保留了特色，实现了几代人的延续。

可是，这样的职位也耽误专业，这是没办法的事，也是无法得到很好解决的事儿。

看着他两鬓已全白，我的心里一声长叹，估计他从我眼中接收到了这声长叹，他也叹息了一声，就是这几年的时间，这种心力上的付出比做演员累得多。但他也坦承，他带着最大的真诚，做了自己能做的事情，实现了自己的人生价值。

说起代表作，《人民万岁》算不算？

他说，当然算。

很多个节目里，他都会和自己的搭档马晓红一起表演朗诵《人民万岁》，当湖南口音的"人民万岁"喊出来时，剧场里的人，每每被感染到泪流满面。

他说，这个节目好，是因为毛主席老人家的个人魅力。他的搭档配合得也好，情感技巧都递送得恰到好处。

有一次在乡下演出，也把这个节目带下去了，刚刚朗诵完，就见一个老人冲上来，抱着他不放，一个劲地说"想念毛主席"。这是位朝鲜战场上回来的志愿军老战士，老战士的弟弟也是军人，弟弟牺牲在解放太原的战争中。一会儿，老战士一抹泪，问："你们来了多少人？""30人。"老战士跑出去了，一会儿拿着三条烟回来，让他们收下，老战士冲着他说："我没有去过别的剧团，这只是我的一点心意，你就收下吧，不是给你的，是给大家的。我的一点心意，我一天比一天感谢毛主席，感谢习主席。"

这个节目就这样成了他的保留节目。

他说要把"好悦来"剧场继续办下去，哪怕赔钱，只要相声还在就好。

我征询他的意见："我改天去'好悦来'体验一回？"

"没问题，你去前线看看效果，看看我们的整体水平，和观众的反应。"

隔了一段时间后，我独自去中正天街"好悦来"剧场体验生活，这是一个长条的半环形小剧场，台下的座椅能保证每个人的视角都能看到演员的表演。

坐在小剧场里最好的茶座上，我笑得岔了气，扶着腰，我感到一种久违了的满足。

"好悦来"是商业性质的，一个座位好一点儿的要100多块钱，而在这灯红酒绿的城市，竟然还有这么多人肯花费一点金钱和精力来这儿为曲艺捧场，我的心由不得蘸满了甜酱，以至于吃到什么，都是甜味儿。除了开会和必要的应酬，王兆麟也时常出现在这里，他来与他的观众约会。手艺才是立世根本，他不会丢掉自己的手艺。这个剧场开办两年来，已经演出了650余场，成为山西小剧场的一个亮点。可是，那些坐在剧场里笑得前仰后合的人不会知道，这个小剧场是赔钱的，他们所有的努力只是为了少赔钱，2017年刚创办时，一年亏损65万，经过努力，现在亏损减少到了29万。但他自豪地说："我们取得了社会效益啊，扩大了曲艺的知名度，收获了省内外很多粉丝呢。"是啊，这世间有许多事真的不是用钱来衡量的，尽管我们处在一个经济飞速发展，很多传统文化被边缘化的社会里。

他还和省艺校一起办了曲艺班，他要让几年后的曲艺团有一大批的后备人才，他要求孩子们不仅仅学专业，还要向艺校其他班的人偷艺，影视、戏曲、歌舞、话剧，凡是文艺形式，都要学过来。

他说做自己喜欢做的事，能为人民服务，人生已经很好了，无所求。

与大火的郭德纲不同的是，作为主流的曲艺团体，山西曲艺团一直承载着文艺轻骑兵的使命，是党的喉舌。把政策和温暖送到基层去，直接面对偏远地区的老百姓，也是他一生的诉求。两年来，他带着大家创作了《宣传党的十九大，精准扶贫曲艺行》主题节目，深入贫困地区、革命老区、边远山区，足迹遍布山西各个地市，走过了280多个村庄。下乡时，他舍下面子去找人谈场租，直到急得满嘴起泡，到演出的时候竟然张不开嘴。下乡的队伍中，他的身影一直在。"好悦来"的实验剧场，他也在，他一直没有脱离一线。他说，他就是个演员，离不开舞台，坐在办公室会恐慌，只要能看到大幕一次次拉开，只要能演戏，再一次次谢幕，从生活中来，到生活中去，说人话，办人事，此生便不白来。

他竟然是这样一个简单的人。

我们聊的是人生，还是艺术，我已经分不清，关键是我来上了一堂免费的艺术课，好像学会了捧哏。

4.艾伦巴赫：山西交响音乐史上的功臣巨匠

山西有交响乐，山西的交响乐在全国来说还是不错的，而我们平常人却大多不知道这一点。

我是通过一个外国人了解到这个团体的。

2018年春节刚过。

"老丁走了。"

这样一条消息迅速在音乐界传开来，很多人陷入悲痛之中，春节的喜悦迅速被冲淡，音乐界尤其是交响乐范围内的人们纷纷用自己的方式凭吊和回忆，彻骨的悲伤和凄凉隔着遥远的几千公里的距离，在地球上空回旋和弥漫。

这便是我在那年春节年假期间捕捉到的信息。

老丁是谁？

大家为什么这样悲伤？

带着这样的疑问，元宵节过后，我走进了山西省交响乐团。

刚刚到达，握手寒暄，甚至没有来得及为双方介绍和确认彼此身份，当一听说我是来采访老丁的，他们的眼眶就先红了。

"再也没有这样一个外国人，牵着狗，走在我们这个院子里了。"

艾伦巴赫

"再也没有一个人，盯着我们排练，还跟我们生气闹意见。"

"再也没有这样一个老师了，把我们像魔鬼一样地训练。"

"我没有知音了，再也不能拖他出来，喝个小酒，随时讨教音乐了。"

"他是累倒的。"

"他喜欢山西。"

"他还给我们团省钱，替我们着想，还帮我们找政府要钱。"

他们的情绪，顺带着让我也难过起来，老丁应该是个好人，和他们结下深厚的友谊，且和他们朝夕相处，工作生活都给他们带来了影响。

可是，一个外国人，一只狗，音乐，累倒，这些字眼，我听进去了，却怎么也拼不出一个故事。

副团长刘斌对我说："你来看个东西。"我跟着他到走廊上，看到了大大的音乐季海报，一个外国人，金发，是不是碧眼，看不清楚，一根指挥棒和他浑然一体，呈演奏的姿态，倾斜着身子，定格在海报上，静静地看了几分钟，感觉有《命运交响曲》响起来。

我再问："他是谁？做了什么？他是哪个国家的人？他在音乐界什么地位？他和大家发生了什么故事？"

他们说："你应该采访我们朱团长，他知道得最多。"

好吧，等朱团长。

已是半夜，朱团长打来电话："我在阳泉，我们明天见面吧，感谢你能关注到他。"

第二天中午，朱团从别处办事回来，我们找了一个干净亦清静的地方，他给我讲述关于老丁的故事，也补上他的同事们缺失了的细节。

先来介绍一下朱团长和交响乐团。

朱团长全名朱建安，现任山西省交响乐团团长，从大提琴演奏员一路成长为今日的一团之长，伴随着交响乐团的发展和壮大。

山西省交响乐团始建于1952年，原隶属于山西省歌舞剧院。在过往半个多世纪的发展中，积累了大量中外经典作品和多部具有山西风格的交响乐作品，曾两次受国家大剧院邀请，参加了"第一届中国交响乐之春音乐季"和

"中国交响乐之秋音乐季"，演出了具有山西地域特色的大型交响音乐会《黄河的记忆》、世界经典作品《双贝五专场音乐会》，深受业界好评。交响乐团连续多年举办了省城军民迎新年交响音乐会；先后委约作曲家创作推出了《太谷秧歌交响组曲》《山西随想》《黄河壁画》等韵味醇厚、风格独特的山西题材的交响乐作品，获得广泛赞誉。

2009年，山西省歌舞剧院转企改制，2011年山西省演艺集团组建成立。此间，山西省交响乐团开始酝酿独立建制，后经省委宣传部审批，2015年2月，由省文资委下文，交响乐团从山西省歌舞剧院正式剥离，独立建制。至此，山西省交响乐团成为独立建制的职业交响乐团，并成立具有独立法人资格的山西省交响乐团有限责任公司。目前下设交响乐队、合唱队，是山西省唯一一支编制完整的专业交响乐团。

朱团长说，一定得把老丁的故事讲给大家，这是我的责任，也是他的义务，没有老丁，就没有山西交响乐的今天，就没有山西交响乐团在全国乃至在国际音乐界的地位。

可以说说老丁了。

老丁是德国人，名叫埃拉胡·冯·艾伦巴赫（英文名：Elahiu von Erlenbach）。他在昆明工作期间，有了中文名：丁乙留。艾伦巴赫先生出生于巴伐利亚州的一个市镇比尔格施塔特，是世界著名音乐家、指挥家。他先后就读于法兰克福音乐和表演艺术学院、柏林汉斯艾斯勒音乐学院，并获得钢琴、指挥双硕士学位。

艾伦巴赫曾师从于指挥大师塞尔吉乌·切利比达克，并在德国的弗里乔伊·费伦茨比赛中获奖。20岁起先后与歌庭根交响乐团、里萨市立交响乐团、俄罗斯圣彼得堡室内乐团、新布兰登堡爱乐乐团、德国普鲁士室内乐团、德国恩高斯达特室内乐团等许多欧洲交响乐团、室内乐团合作。曾在柏林大都会歌剧院、德国德斯澳国家歌剧院、巴黎香榭丽舍剧院成功演出。同时还参与创建"德国法兰克福音乐表演艺术学会"并担任其艺术总监。多次在德国法兰克福Mouson大剧院、柏林爱乐音乐厅、捷克布拉格国家歌剧院、英国伦敦皇家艾伯特演奏厅等地举办音乐会，先后担任德国广播交响乐团、柏林交响乐团、吕讷堡歌剧院、弗赖贝格歌剧院，以及捷克布拉格交响乐团、奥地利节日乐交响乐团等乐团常任、客座指挥。

这里还要说说德国音乐。

德国以音乐闻名于世，是世界上著名的音乐之乡。德意志民族是一个热爱音乐且极具音乐天赋的民族，它在音乐方面的成就无与伦比，世界上几乎没有哪一个国家在其历史发展过程中，能像德国一样造就如此多的音乐名家。历史上，德国音乐的中心，一直是在奥地利首都维也纳，谈及德国音乐史，人们总要把奥地利包括在内，因为这两个国家不仅同属德语语言文化范畴，而且在其漫长的历史发展过程中，两国是休戚相关、密不可分的。巴赫和亨德尔是德国 17 世纪最杰出的作曲家；海顿、莫扎特和贝多芬三人被称为维也纳最杰出的古典音乐大师；誉为德国歌曲之王的舒伯特与舒曼则是 19 世纪德国浪漫派音乐的杰出代表；19 世纪下半叶，决定德国乃至欧洲音乐发展道路的中心人物是瓦格纳；此外还有勃拉姆斯、勋伯格、米德米特等音乐名家，他们也为德国及世界音乐发展做出了重要贡献。

德意志民族是一个热爱音乐的民族，在德国，对音乐的爱好可谓是全民性的。音乐在德国人的文化生活中占有重要的地位，已成为人们抒发共同情感的一种很好的社交方式。在德国现代化的都市中，人们常能看到一些民间艺术家在街头表演。他们手拉古老的风琴，自编自演，自弹自唱，给喧闹的都市增添了一种清新、古朴的色彩。

正是这样的音乐氛围，孕育着艾伦巴赫这样的音乐家。

艾伦巴赫喜欢中国，中国文化像磁铁一样吸引着他，他在德国结识了现任中央音乐学院院长俞峰，就跟随俞峰来到了中国。并作为中国第一位受聘于文化部与官方签约的外籍指挥家，与中国中央芭蕾舞团、北京交响乐团、中国电影乐团以及国内大部分地方乐团有密切的演出合作。他的指挥演出遍及中国各大城市，包括北京、上海、天津、深圳、青岛、澳门以及几乎所有的省会城市；此外，他还在新加坡、日本、韩国等地多次成功举行音乐会。中央电视台、地方电视台、各大媒体都曾演播并报道过他的演出。

与山西结缘始于 2000 年。

那时候，艾伦巴赫受聘于南开大学艺术团，他带团来到山西演出，朱团长便注意到了他，然后由同学推荐，结识了他，正好乐团也没有指挥，便邀请他来指挥一场音乐会。他的艺术水准自然没的说，队员们也很喜欢他，从此也就结下了不解之缘。

这就开启了长期合作之旅。当然，聘请他，朱团也有实际的社会效益和经济效益方面的考虑，山西很少有外国人参与演出并担任指挥，这样上座率颇高。

他来到山西以后，就长期生活在这块古老的土地上。

工作中，他明显带着德国人的严谨和认真，用我们的话说，就是"轴"，一根筋。

他对待音乐很严苛。平时训练是多声部分开训练的，他还要认真落实到每一个演奏员、每一样乐器，他随身带着校音器，每一个音准必须演奏到他要的标准。这样大家就有些接受不了，跟他有摩擦，但他在这方面不妥协，在他的眼里，艺术第一。他不厌其烦地给大家讲解，陪大家排练，一直到他满意。他是指挥，也是整个乐队的中心和灵魂，他就这样天天处理着服从与妥协的关系，直到音乐在他面前一点点成形。

他工作起来是玩命的，一天二十四个小时，上午下午晚上三上班。

他的认真表现在方方面面，有时候演出条件不好，舞台小或者没有舞台，还有可能到边远地方去，他一样认真地对待，西装革履、一丝不苟，发型整齐，面带微笑，跟平时在国家级的大型音乐厅等同，他这种精神是乐团人的榜样，也带动、鼓舞和激励着乐团所有演奏员。

2013年开始，在他的带动和努力下，乐团开始策划和筹备第一届交响音乐季。

交响音乐季是衡量职业乐团的重要标准之一，音乐季的水平综合反映出乐团的艺术水平、财力、信誉和影响力，是一个乐团迈向职业化的必经之路。

山西省交响乐团这时候还隶属于山西省歌舞剧院，条件差，工资低，尽管这样，因为艾伦巴赫的严苛和魔鬼式的训练，首届交响音乐季演出获得圆满成功，在省内有了很好反响，同时也获得全国音乐界的刮目相看。

他在山西做久了，也和山西人成为朋友，这样朱团便得知，他有一个音乐总监梦，他是那样喜欢山西，希望这个总监梦能在山西实现。

朱团由此进入深层次的思考。乐队将来何去何从呢？如何继续深入走职业化的道路？而艾伦巴赫自从来到山西，也为山西交响乐做了很多工作，他已为乐团的职业化走出了最关键的一步，是不是可以把这两个方面结合起来呢？何况，艾伦巴赫在音乐界的地位加上他的工作态度，一定能让山西交响乐再往前走一步。朱团经过深思熟虑把此意见上报演艺集团，经演艺集团调研后，出资把艾伦巴赫聘为交响乐团的音乐总监。

有了这样的聘书以及信任，艾伦巴赫把全身心都扑到乐团建设上来。

除了首届音乐季上的约翰·斯特劳斯等人的作品，艾伦巴赫开始要求乐团投入交响乐史上最重要的曲目如《德意志安魂曲》《卡门组曲》《贝多芬交响曲（九部）》上来，这是难度最高的曲目，除了少数国家级乐团曾经演奏过，省级乐团几乎无团敢碰，但艾伦巴赫要做，他用他的执着和认真，带领乐团真的完成了几部高难度作品的演出。

现在想想，那时候是怎么过来的啊！大家都说，为了做成高品质的音乐季，他是拼了命了，比如说《安魂曲》要用到大型合唱，还必须是外文，这就需要有大型合唱队的配合，那时候太原师范学院行知合唱团承接了合唱部分。艾伦巴赫白天在乐团排多声部的演奏，晚上开车到榆次大学城去排学生合唱，吃不上饭，他从来不跟团里说，自己开车去，那么远，他一个外国人，虽然说外文说得还不错，但他不识字，就这样他开着导航，自己找到学院。每天排到深夜一两点，再自己开车回来。吃不上饭，就自己买个汉堡充饥。回来还要背谱子，看谱子，准备第二天的排练，可能也就只能睡上一两个小时，又开始新的一轮奋战。太困的时候，就自己去买红牛或者咖啡提神。大家劝他休息，他回答：艺术高于生命。

正是这样的拼命，大家看在眼里，都跟着他尽全力，往前走。一年一季，迄今为止，已经办了6届音乐季。山西的交响乐，真的叫响了。业界对山西交响乐赞誉有加，没想到这样一个省级乐团拿下了最难的音乐。

对于山西省交响乐团，朱团总结为三年三个台阶。

2013年，首届音乐季顺利演出并获得成功。

2014年，乐团有了音乐总监，实行了总监负责制，向乐团职业化强力挺进。

2015年，由于乐团目前取得的成绩，省文资委下文，把交响乐团从歌舞剧院独立出来，真正成为一个职业乐团。

可别小看这一小步，实际上，这对于一个城市和城市文明来说，是一大步。交响乐团是一个城市作为具有文化底蕴的国际大都市的衡量标准之一，是一个城市的文明程度的体现。在对外交流中亦是对等交流的文化表演形式。交响乐起源于西方，用西方人能够理解和接受的模式宣传本地文化是最好的外宣手段。无论是政治影响力、社会影响力等方面，都是一个城市的名片和无形资产。

在这个角度上讲，艾伦巴赫是山西交响乐的功臣巨匠。朱团长说，我这样形容他，一点儿也不为过，如果不是他，交响乐团至今还是一个业余团，不知道还要流浪多少年，才能职业化。

是的，如果不是他，做不到这一点。

生活中，艾伦巴赫经常学毛主席的口音，用一口湖南话说：做人要厚道。

厚道，没想到这么一个纯中国的词，纯中国的做人道理，却被他做到了极致。

他来到山西之后，对于给予他的报酬从来不提，经济条件好的时候，给了就行，不好的时候，他也不说，至今乐团还欠着他一部分工资。他说，为了艺术，可不谈价钱，他更看重山西人的情义。平日工作的时候，他从来不讲究吃住，多数时候住快捷酒店，毫无怨言，让他住乐团的小房子也行。有大型演出的时候，可以换一间条件高级的酒店，他还会推辞，他说，知道你们没钱。

有一次，下午他还在和大家一起排练，宾馆就打电话给朱团，让他去结账，说客人走了，朱团很纳闷，明明还在一起排练啊，怎么说走了呢，去问他，才知道，他是晚上的飞机，他上午就退了房，知道乐团经费紧张，这样可以为乐团节省一天的房费。晚上十点的飞机啊，朱团感动得不知如何是好。他们就一直在排练厅坐到九点，才送他去机场。这样的事情发生过不止一次，有时候，他自己在外面等时间，有时候，大家顾不上他，他就自己打车去机场，在机场坐上四五个小时等飞机，就是为了给乐团节省半天的房费。

乐团排练厅的隔音效果不好，有回声，有杂音，他自己掏钱买了最新的材料，重新装修。这样的慷慨解囊不止一次。

为了让乐团演奏得更好，他会利用私人关系请一些外籍指挥家来，团里没钱，他都是自己出钱，甚至连专家来的吃住，他都包了，不让团里花钱。

他的所作所为和很多耍大牌的国人形成了鲜明对比。

他排练的时候像魔鬼一样，可私下里，他跟小孩子一样，学着说俏皮话，还兴致勃勃地学山西骂人的话。他打打闹闹地和大家像兄弟姐妹一样相处。

他喜欢狗，就养了一条狗。狗狗大名叫：拉K。

他一生没有结婚，拉K就是他的儿子，每当他要出门工作，就把拉K托给乐团的朋友们照料，他走的时候，还会留下相当多的狗粮，他不会让大家为他破费，回来的时候，他还会买许多礼物送给帮他照料拉K的人。

他对狗狗极好，无论走多远，只要有空闲，哪怕只有一点点时间，他都会飞回来看看，见了拉K的面，抱起来又亲又吻。

他的行为让我想起一位古人，宋时梅妻鹤子的林逋，隐居在西湖孤山，暗香浮动就是林逋的绝唱。对于艾伦巴赫来说也一样，艺术就是他的爱人，狗狗和交响乐就是他的孩子。

他来了山西太久了，过年过节的时候，大家都会叫他去家里吃饭。有时候，也叫他去小酒馆里吃饭，他总是抢着付账，甚至刚进餐厅，他就把钱先押在吧台，大家多数时候没有付账的机会，敬酒的时候，他的酒杯永远会低于你的，他对人的敬重发自内心。

他还爱才，团里有个子弟叫翟溪，他认识后，认为是个好苗子，就对翟溪说："你一定要到最好的音乐学院去深造。"他联系了自己的老师，让翟溪去考法兰克福音乐学院，考前没地方住，他就安排自己的爸爸妈妈出门旅行，把房子让给翟溪住，走之前，两位老人还把冰箱塞得满满的。翟溪很争气，真的考到了法兰克福，现在成了德国一个大公司签约的钢琴家。像翟溪这样被艾伦巴赫送出去的孩子有多少，他自己都记不清了，还有的孩子在外国成了家，也有的孩子深造后回国为国家的音乐发展出力。

为了感谢他，按中国的风俗，大家都想请他吃饭，但他一概拒绝了，他认为，他是和孩子成了朋友，跟家长没关系。

最重要的，有一次，他已到宁波工作，听到张复明副省长要到乐团来调研，他急匆匆地买了机票飞回来，他见了省长，向省长呼吁，山西交响乐团条件太差了，太穷了，这样不利于乐团发展，也不能很好地成为一个城市、一个省的名片，希望省委给予支持，事后，他又用德、英、中三种文字写成信，交给张复明副省长。张复明副省长对他赞扬有加并亲自回信，省委就此事进行了研究，就这样，硬是给乐团要来了280万的专项经费。

朱团长说，他就是白求恩，是交响乐界的白求恩。

想起在《纪念白求恩》中，毛泽东主席有一个经典的论断，说他是"一个高尚的人，一个纯粹的人，一个有道德的人，一个脱离了低级趣味的人，一个有益于人民的人"。再看艾伦巴赫，不也是这样吗？

2018年2月18日，艾伦巴赫在他的故乡比尔格施塔特的家里一把椅子上，永远地闭上了眼睛。

在此之前，临近中国的春节，他知道大家都会在这个时候放下一切，回家团圆，因此他也回德国去看他九十多岁的老爸。回去后，觉得身体不适便去医院检查，医生已经判定他的心脏有问题，让他住院接受治疗，但是他惦记中国的演出，惦记交响乐在中国的发展。他说，艺术应该是高于生命的，他得回中国来，然后在免责责任书上签了字，离开医院，回了家。他对弟弟说："如果上帝要带我走，我就跟他走了，如果上帝不带我，我就到中国做音乐。"

没想到，一语成谶，上帝真的带走了他。

他永远长眠于德国了，那里的音乐氛围会永远包裹着他的灵魂。

拉K还在我们山西，还在同事家里养着，他却不在了。

再不会有这样一个人到中国来了，再没有一个人像魔鬼似的逼大家排练，可是，团里的每个人都哭了，想念汇成海，恣意横流。

朱团长说："我和他相交20年，却因距离这么远，不能送送他，他帮助了我，帮助了交响乐团，可是今天我却只能隔空吊唁。我派了在德国工作的儿子去，派了翟溪去，派了接受过他帮助的孩子们去了。我真的难过啊。"

看到朱团长泪水纵横，我已不能控制自己，泪水打湿了记录的纸笔。

相对无言。

我对朱团长说，别伤悲，他去天堂和妈妈团聚了，他像是冥冥中有意识似的，身归了故里，魂，也归了故里。

可是，我的心里也在叹息，朱弦断，明镜缺，此刻，弦断谁人听？弦断谁人续？

艾伦巴赫值得纪念。《命运交响曲》已经奏毕，我们还来得及奏一曲《安魂曲》。

朱团长擦去自已的泪水，说："我已经发起倡议，要在我们的清明节后，也就是4月6日，给艾伦巴赫办一场追思音乐会，我们用我们的方式纪念他，我们给他演奏他最喜欢的《安魂曲》。这场音乐会，已经得到了音乐界的广泛支持，很多兄弟院团都会来人参加。"

后来，清明节后，我准时在山西大剧院艾伦巴赫的追思会上听到了山西交响的动听。当艾伦巴赫的身影出现在大屏幕上的时候，我看到许多人眼里含泪。

天堂肯定也有音乐，你看，他的指挥棒已经举起，你听，我们熟悉的《卡门组曲》也将响起。

几个月后，我在山西举办的"绿色的旋律——2018右玉森林音乐会"再次听到他们的交响，感觉到了山西风情的旋律，那属于世界，也属于山西，那些乐章里有艾伦巴赫的魂灵。

小　结

山西戏剧或者说山西舞台剧，有过辉煌，有过徘徊，也有前进中的艰难探索，而我写到的这些人，他们身上携带着历史记忆。梳理就是回望，如何在新时代的号角中，找到再次崛起的秘密，也许他们会提供一点思考。

下部　寻找

话剧《哈姆雷特》里有一句台词：生存还是毁灭，这是个问题。这个问题跟随着莎士比亚经风雨见精神。生存还是毁灭呢？住在戏里的人，把一生都献给戏的戏外人，都有这样的问题，但他们中的大多数都把这种问题置之度外，与戏同生共长。那么，戏曲或戏剧本身呢？生存还是毁灭？不同的人面对不同的问题，那么，我去寻找！寻找世外的桃源，寻找域内的干戈，也寻找一个秘密。

第四章

戏剧边缘的芸芸众生

　　一个院团、一个剧种里，成了名的只是少数，更多的人籍籍无名，他们一样为山西戏剧承受着时代的欢悦或者阵痛。除了他们，这个世界上还有许许多多平凡而又伟大的人，他们爱戏，他们把毕生精力都投入其中。没有人知道他们，也没有人为他们树碑立传，他们就这样籍籍无名地欢乐并痛苦地过着自己的生活，把戏当作他们的一部分。

　　我在行走的路上，常常遇到他们，我喜欢他们，也敬佩他们，他们一定意义上比我更简单和纯粹。他们是民间史，他们是社会史，他们与我们比邻而居。

　　我想，我用笔记下他们，也许就是记下了某个不平凡的瞬间。

1.陈跟东：鼓者的地位与时代的无奈

　　古往今来，一台大戏，众生喧嚣，角儿粉墨登场，赚足了掌声笑声与泪水。进入新时代后，戏曲向话剧学习，尝试着进入"导演中心制"，然后是导演与编剧的让人瞩目。万般皆上品，却很少有人去原始舞台的一侧或者城市剧场的乐池里看看，还有一个被人们遗忘的人。

　　这个人就是司鼓，人们俗称：打鼓板的。

　　司鼓手里有鼓有板。鼓，又叫单皮鼓和小鼓，演奏时用两根鼓楗子或鼓签（细竹制成）敲打并配合手势，指挥各种乐器。板，也叫檀板或拍板，一般由三块木板分两组连接，用来打节奏，也配合锣鼓点来指挥其他乐器。鼓和板组成鼓板，鼓板到了司鼓之人手里就成了乐队之王，它是司鼓的"武

217

器"，也是司鼓的灵魂，一鼓一板主宰着整个舞台。

并不是每个司鼓都会被人忘记。

有一个人，在演奏时就经常被人们偷偷地掀起舞台一角的帘幕，放肆地观看。观看他的人，会在他鼓槌子横飞时陶醉，甚至忘记了舞台上脸谱化了的主角。人们说，看他打鼓板是种享受。

他叫陈跟东，山西省晋剧院的一名鼓师。

我也想知道这种享受是什么滋味，于是有一天，在省晋剧院要出征昆山演出晋剧名剧《打金枝》之前的一次公开演出中，我钻到了乐池边。

乐池里，各种乐器适时而鸣，乐队人员各司其职。我是一个莽撞的闯入者，这里并没有我的位置，我只能蹲在一边，像一头小兽，接受着乐队人员莫名的眼神。

我来观看鼓者的舞蹈，也体会鼓者的自由。

琵琶、笙箫、马锣、大鼓、唢呐的"围剿"中，一个鼓者，面色如水。他用眼角余光其实已经觉察到我这个闯入者的到来，却依然如故，面色依然如水。双眼盯着舞台，也不时扫过乐队众人，手腕翻飞，鼓槌和檀板也在飞舞，双耳支棱着细听各种声音，几乎是全神贯注并忘我的。他的身体随着鼓板有一种不定时也不定性的摆动，像舞蹈，而他的姿态像歌唱。节奏快时，全身抖动如陀螺，节奏慢时，神情舒缓若江河。不时举起的手势，我并不明了，但我知道，那是一种魅惑的暗语，他的乐器们懂得。

我看不懂鼓者的舞蹈，但我看懂了鼓者的自白，剧情和人物都是在他胸中的，他随着演员和剧情的推进，心里波涛汹涌，全场戏，通盘情，都早已在心头演绎成辽阔山河。

也许我不是全然明了鼓者的所有语言，但我看到了鼓者卓尔不群的地位。

全场下来，演员谢幕，他依然还在敲击，等所有的一切偃旗息鼓，他才能在众人群戏的尾声中停止下来。戏迷们涌上台前，去找自己的偶像合影亦交谈，他坐在椅子上，双手终于停止舞动，长长地出了一口气。

大汗淋漓。

看到这一身淋漓的汗，我的心中涌动着不知名的情绪，那是一种从来没有过的新鲜感受，悲怆亦欣喜。我悄悄地走了，没有和他告别。

并不是所有的鼓者，都可以成为陈跟东。

陈跟东家传渊源。

他的姑父白晋山是泰斗级的鼓者，是给丁果仙他们那一辈人打鼓板的。他的父亲陈晋元也是著名的鼓者，给丁果仙司鼓，也给王爱爱、栗桂莲她们打过鼓板。姑父与父亲虽是一辈儿，但姑父年龄大，其实是父亲的师父那一辈的。母亲是小旦演员，给丁果仙配戏，后来进了戏校教学。姑姑是青衣演员。姐夫也是打鼓板的，是马玉楼的儿子田少华。

这样的家族，听起来就让人肃然起敬。

这样的家族，又怎能不传承出一个像样的鼓者？

陈跟东出生后，就天天听着鼓板声过着日子，他早已习以为常。从小，他的乐感极好，识谱能力也极强。父亲指出了他的人生路，就是要子承父业，但在他小时候却没怎么严苛地对待他。由于工作忙，常常是教他几分钟就走了，余下的时间由姐姐们轮流看管他练习。因此，小小的他早早就会打鼓板了。也正因为父亲的不严苛，才让他没有厌倦这个职业。他每天都打上一会儿，就当作玩，坚持了四到五年。

11岁时，他考上了太原艺校。在学校依然是学鼓板。学校是封闭型的，他也就心无旁骛，沉下心来练，加上每周可以回家，再接受父亲的指导，他的技艺有了长进，练就一身童子功。

父亲带他的方式很奇怪，就是让他在学校的带乐排练中，把所有他演奏的过程全部用磁带录下来，再带回去给父亲听，父亲听了再给他指出不足之处，包括方法、气息等。这样的磁带，他一录录了两年多，其实有时候父亲也顾不上听，但他还是认认真真地录了，这些磁带陪伴了他的少年青涩岁月，也一直跟着他，直到他成为一个合格的进而优秀的鼓者。

他说他是被动进步的，家里环境是这样，命定也是这样走路的。没有也不会有别的选择。

毕业分配到青训班的时候，父亲、姑父还在，他们是晋剧的中流砥柱，那时候，全体上下都在抓新剧目抓新人，在这个团队里，眼界宽，容易积累。

自己打的第一个戏是《三上轿》，花艳君的戏，第一次打板，初生牛犊不怕虎，还真没觉得难。

第二个戏就是大戏了，《尤庚娘》。当时才刚刚17岁，父亲把这个戏让出来了，虽然定了他上，但心里还是没谱，然后就在家背谱子，自己在家巩固了一个半月，到了排练场，直接就上场了。当然，父亲也是觉得儿子储备够了，才敢让儿子上场。父亲徒弟很多，对艺术极苛刻，如果不是对儿子有信心，绝对不会让台的。这个戏，虽然背着压力上场，最后结果却是一鸣惊人。

从此，他成为晋剧界一名优秀的鼓者，稳坐头把交椅很多年。

世事沧桑，父亲那一代人走了，他更成为王者。对过手的剧目也越来越理解得精到。自己也带了几个徒弟后，对待鼓板更郑重了，艺术到了一定程度，往前走，越来越难，其实他觉得自己一生也没超越了父亲。

我是外行，看许多招式还是云里雾里的。

为了加深对这一行技术的了解，我和一个戏迷，也是晋剧音乐的爱好者苏林和进行过交流。苏林和是这样看陈跟东的演出的：

> 每一场演出，就是一次实战，司鼓就是"不开口的导演"。这种感悟源于几年前看省晋剧院陈跟东老师的一次现场演出。在《打金枝》"打宫"一场，彩女踩着轻轻的小锣声上场，而后金枝女在小击乐由轻渐重、由缓渐紧中欢快舞蹈，郭暧进门的"水钓鱼"的轻重调整、收放顿切都让我觉得心里十分痛快，让演员的每一步都更有气势，走出了人物的心情，踏入了剧情。
>
> "闹宫"是晋剧曲牌的"集大成者"，是考验文场乐队水平的一折。有一些鼓师把每个音符打得很实，就是跟着旋律一起疯狂，不时伴随着演员的动作安插小锣底号。而陈老师基本都是轻拿轻放、张弛有度，到了演员有动作的时候将底号很清晰又分量适中地安插到位，一方面方便下手操作，再一方面演员可以放心地将动作和表情尽情挥洒，而且丝毫不影响文场音色混响的效果，这样一副雍容华贵、威严大气的"皇家印象"描摹出来，加上用至简至重的楗法渲染皇帝的愠怒，以细碎俏皮的楗法紧跟皇家女儿的"手、眼、身、步"，把金枝女心里的"阴晴云雨"释放得淋漓尽致。
>
> 一出《打金枝》下来，我对打鼓有了新的认识。后来，只要有机会看青年团的演出，我总会抽空到武场乐队那里看陈老师打鼓，不仅是一

种视听享受，更主要在看的同时有了一些感悟。

陈老师很注重底号安插的变化。比如披头子，现在基本不用双楗磕两侧鼓皮的方法，应该是这种安插方法出来的音质饱满程度影响到了演出的总体效果；在"打宫"那场"我生气就是为了你"之后二流水的绕弦也将双楗滚奏改用板楗结合的操作技法，让击乐变得更加干净，这样的操作得到了业内人士的认可，也引发了人们对击乐的审视和思考。

曾经和陈老师求教过一些楗法问题，他说："老辈人在传统戏里的击垫就是最好的教科书。要想打好一出《走山》，啥时候把丁果仙、牛桂英这两位大师录像里司鼓的击垫方法，用心反反复复听上一百遍，再结合表演看上一百遍，里头的味道自然就出来了。经典是需要反复琢磨的，我们现在在继承上做得远远不够。"

看过陈老师打《水斗》和《探谷》，清清利利，每一个动作都把击乐铺排得棱角分明，单单一个"四股头"就能把演员抓得牢牢的，最后的一个亮相必掌声雷动。应该说，他已经完全熟悉了剧中表演程式，而且对此时主角的体力和状态有了最客观的把握，并兼顾到众多配角的身段进展，还能够把武场下手的注意力和表现欲充分地调动起来，这是一种个人实力的展示，非一日之功。

凡可司鼓，必通晓锣鼓经，必先习楗法，口念得，手应得，才敢坐那个位置操作，而后愈加熟练，也就习惯成自然。特别是一些专业鼓师，下乡年头长，舞台经验丰富，更是手到擒来，即使酒酣耳热也能够应付下来。

知道了这样的具体事例，仿佛自己也对鼓板通晓了一些。

我好奇一个鼓者需要什么样的素质。

他说，这个要求其实蛮高的，不亚于一个角儿的素质。要有扎实的基本功，人生积累要很丰富，场上演员派别不同，要有不同的打法，对乐器要有极高的分辨率，场上反应要快，要懂得戏曲程式，乐感要好，综合协调能力要强，能合理正确地处理文武场和演员的关系。艺德要好。虽是一戏之长，要能理解光环永远是别人的，自己只是幕后的英雄。一个鼓者，多少年的人生和艺术经验，要在荆棘上滚过，才有可能成功。

听听就觉得这不是一个轻松的活儿，而是全方位的历练。所以说，不是每一个鼓者都能成为陈跟东。每一个剧团都有一个或数个鼓者，但要达到这样的要求，是极难的。

具体到舞台上，哪个演员的嗓子出了问题，乐队要包着他走，哪个演员今天嗓子特别好，要给他打出兴奋来，哪个乐队人员状态不在，要用鼓板引出他的状态，哪个走神了，要把他叫回来，场上每个人的情况都要在自己掌握中，反应要快，还要在瞬间调整。就像猜心思一样，全体人员要想配合好，不容易，因为每个人的心理节奏不一样，但要把他们调成一盘棋，就像玩游戏。全体人员的情绪上来了，这绝对是场好戏。打得不能太满，也不能太浅。自己调整时，不能让观众听出来。

打一场戏，就是一场战斗，因为每场都不同，也就充满了刺激和乐趣。这是一个鼓者的骄傲。

我总算知道了，他的面色如水，其实精神已全部聚在一处，面色上越平静，他内心使用的力气越大。

我问他："打出境界是什么样的感受"？

他想了想对我说："把细小的感觉都打出来，那个时候是灵魂出窍的感觉。说不来，就是刹那间的东西。"

我懂这种感觉。正因为投入全副精神，他也就接触到了与天地沟通的一根弦，那个时候，是物我两忘的，是没有人世的嘈杂的，只有灵魂在宇宙间的遨游。

我想起一个问题："好多名角儿，比如说梅兰芳他们，是有自己的琴师和鼓师的，这和你们现在有什么区别？"

他说："不一样，那样的傍角儿，只要做到和艺术家心灵沟通，就是一场高质量的演出。而山西梆子从来没有那样的情况，鼓师要熟悉所有派别，了解每一个演员，这相对就有了心灵交融的障碍。只能尽量去懂得每一个人。"

我在采访谢涛时，谢涛说到鼓师琴师对她的演唱那绝对是锦上添花的，有时候真能做到心灵上的默契。我在采访郭明娥时，郭明娥也谈到鼓师打第一个音，自己就知道这场演出能使几分力气，鼓师遇到不痛快时，就盼着给她打一场戏，在戏里发泄。这样的心灵相通，对鼓师是高要求的。只是不可能再像以前一样傍角儿了。

我想知道这样的鼓者，面对追星族是什么感觉："那些人追着看你打鼓时，你什么感受?"

他腼腆地笑："不仅仅是看，还有人跑上来探讨艺术，有这样的观众，打得就兴奋，这是一种互相刺激吧。"

原来，人都是一样的，人生在世，不过寻求的是一种惺惺相惜相求，因此，知音也就有了特殊的分量。

我问他，有没有什么遗憾?

"有，怎么可能没有。艺术上的遗憾来自以前可以看到老艺术家表演，但那时候看了不懂，现在懂了，看不上了，也许自己不可能有父亲那样的辉煌了。生活上的遗憾来自家庭，因为鼓打得好，也顺利有了一位好妻子，妻子在晋剧院唱须生。他们有共同语言，有时候，他就在家里给妻子说戏，反正一个鼓者就是一个相当称职的导演。只是两个人都是戏曲人，只能把孩子扔给老人，让孩子从小就承受着孤独寂寞，缺少爱的陪伴，但这是没办法的事。但全家都是从事这个的，也习惯了。"

到了现在，陈跟东说得很谦虚，但他在院团里的地位是不一样的。他却实打实地对我说，他是困惑的。

他的困惑，来自不能再进一步的遗憾。"打到现在的分上，量有了，质却难以有所突破，自己不满意，要创造属于自己的特色太难了。30年了，有父亲的地位创下的鼓板王国作基础，有晋剧院各位领导不同时期的提携，老师们的舞台经验也带着自己成长，自己走得是很顺的，几乎是在赞扬声中长大的，可是，现在觉得力不从心了，要向更高的艺术道路上奔，前面没有方向。"

听他说话，感觉他沉浸在这种日常中，艺术就是他的日常，他其实很快乐。他的快乐是因为他还在坚守他的鼓板王国。他说他更喜欢乡下，看着乡下的淳朴，听着乡下的风声，那才是戏曲的乐园。他多数时候是让台的，让他的学生们去打，早早地锻炼年轻人，他帮他们总结，给他们指点。日子也就这样过下去了。

我能体会他在乡下的快乐。在乡下演戏，必须是有乐队的，乡下多演传统戏，传统戏就是文武场皆备，哪怕是小型乐队，也是晋剧最基本的配置。有锣鼓的粗犷，也有管弦的温柔，是他小时候接触的音乐原型。

而现在的城市演出，被改造得很多，一个新戏，动辄用大乐队，管弦乐的成分远远大于锣鼓经，甚至不用锣鼓，鼓师不再是指挥，而是一个大乐队的一个演奏员，或者根本没有鼓师。一根西洋的指挥棒代替了一切。那不是自己的精神故乡。很多时候，戏排成，合乐，再录制成伴奏带，乐队就成了演出时的闲置人员，他们与他们的戏曲音乐，越来越远了。可，伴奏带哪有鼓师在现场奏出的那种瞬息万变的境况，即使小有瑕疵，可那是生动的，演员情况千变万化，也许会有江河般的挥洒，而伴奏带会制约他们，所有的激情和舞台自由，生生地被埋葬了。没有乐队的戏曲还是那让我们沉沦亦喜爱的戏曲吗？

本来，庙堂或者江湖都应该有他们地位的，在时代的发展中，他们却不得不退守江湖。

而这种改革或者改造，对不对？或者能走多远，还依赖于时光的判词。

2.自费6万元寻找丁果仙足迹的农民

1912年八月初十，一个女人带着两个女孩一个男孩共三个孩子，讨饭讨到了河北省冀州市门家庄乡丁家庄村，突然，天降暴雨，母子四人被大雨浇得全身透湿，寸步难行，母亲尽量用身体护着三个孩子，直到体力不支，晕倒在雨中。大雨过后，村口走出了一个老太太，看到这样的凄惨景象，就喊村里人来救人。待这位母亲醒来，哭着求告，救救孩子吧，就这样，村人买下了三个孩子中的老二。从此，这个叫二妞的姑娘与自己的亲人分开，到死未能见面。

那个时候，没有人知道，这个被卖掉的姑娘将是日后红透半个中国的晋剧大师丁果仙。

而小小的二妞，从此离开，也不知道她出生的村庄和家人名姓，顶着别人的姓，活了辉煌也凄凉的一生。

这个谜，丁果仙一生都没有解开，一直到她死后很多年，有一个丁果仙的崇拜者，叫段兴旺，他自费6万元，行程几万里，走访了几百人，凭着对晋剧名角的一腔喜爱，补齐了丁果仙的一生，填补了历史空白。

故事要从段兴旺小时候讲起。

段兴旺8岁的时候，妈妈带着他去姐姐家住，姐姐比他大19岁，家在太钢电力厂。住了几天，妈妈把他扔在姐姐家就回去了，他闹得不行，姐姐就带他去湖滨会堂看戏，那天演出的剧目正好是丁果仙和牛桂英的《打金枝》，他一下子就爱上了戏，喜欢上了丁果仙的演唱。

五十多年过去了，尽管后来无数次地看过《打金枝》，段兴旺对当初那个场景仍然记忆犹新，他永远记住了湖滨会堂，并在无意识中开始了自己喜欢、敬爱并为之奔走的岁月。

看了这场戏，他就回了文水的家。这年冬天放寒假，他兴致勃勃地来到了姐姐家，但等待他的不是他想看的戏，而是"文化大革命"前的运动，破"四旧"开始。传统戏不能唱了，只能唱现代戏，晋剧院的大门都被砸了，丁果仙的家也被抄了。还是个小孩的段兴旺就在晋剧院门口看到许多被扔出来的东西，他看到有丁果仙的名字，就把这些东西装了回去，有照片有文件有表格有记录等等。

我问他："那时候，你不怕?"

他说："不知道怕，自己就是个小孩。"

八年后的1972年，他在文水的家里，那时候全村只有一台电视机，村里人都在一起看电视，他看到电视里说，丁果仙去世了。16岁的他已经懂得了痛心和难过。有空了，就会翻出那些东西看看，也会想起在湖滨会堂看戏的情景。

到了1977年，传统戏恢复了，段兴旺就开始看戏，哪个村子演戏去哪个村子看。

在看戏的过程中，他认识了刘宝俊，得知刘是丁果仙的徒弟，就谈起自己曾在晋剧院门口拣到东西。两个人越说越近，刘宝俊也就说起了自己师父在"文化大革命"中被批斗的过程。那时候，丁果仙被关在奶生堂（现在的戏校）的一个小房子里，门口拴着两只大狗，谁都不能靠近，刘宝俊的儿子不怕狗，刘宝俊就买好了老豆腐和鸡蛋让自己的儿子去送。每天批斗的时候，刘宝俊怕别人认出自己，用围巾围得严严实实的，只露出眼睛，跟在拉着丁果仙的大卡车后面，一路走一路哭。

丁果仙是1972年大年初二去世的，除夕刘宝俊还去看过，初二准备去的时候，还没走到奶生堂，就碰到王驿（开照相馆的）说，不用去了，已经不在了。去世的时候，只有保姆刘爱英在身边。

段兴旺就找到了刘爱英。

丁果仙是半夜两点去世的，刘爱英从奶生堂步行走到天地坛家里去报信，丁果仙的丈夫任秀峰赶到医院，把丁果仙用小平车拉回了天地坛自己家里。

刘宝俊赶到丁果仙家里，随后阎慧贞（也是丁的徒弟）也去了，两个人给自己的师父各穿了一只袜子，遮住了受伤的脚。

当时的讣告是郭士星起草的，那时的郭士星还没有成为后来的文化厅厅长，只是一个政府的小干事，郭去找了山西省委常务书记王大任，同意给丁果仙发讣告。

对于这个细节，我也纳闷，人不在了，发讣告不是正常的吗？段兴旺给我解释，当时的情况，不发讣告，说明是"牛鬼蛇神"，是没有人敢来吊唁的。

就这样，火化了一代大师丁果仙（火化后，先是安置在双塔寺附近，后来，任秀峰的儿子把骨灰运回了忻州老家，可是丁不是任秀峰的原配，进不了祖坟。几年后，弟子们集资，郭士星向省委打了报告，就在双塔寺附近为丁果仙批下一块地，这才把大师的骨灰又从忻州挖回来，永久地埋葬在双塔寺附近，最近双塔景区正在改造，但没有动及丁果仙的坟）。

时间到了2007年，段兴旺在收看山西电视台《走进大戏台》的时候，看到一个小女孩，唱得竟然跟丁果仙那么像，最后这个小女孩得了冠军。他一打听，这个女孩叫张红丽，在戏校学习，张红丽的老师叫杨效璋，也是丁果仙的徒弟。

说来也巧，我曾经采访过张红丽，当时张红丽是以新生代歌手进入人们视线的，曾经也唱过须生，但没想到，还有这样的渊源。

有一天，段兴旺在和杨效璋聊天的时候，屋子里进来一个人，是杨效璋戏校的同事，叫郭继斌。郭继斌听他们在聊丁果仙，就说他家有一双靴子，是丁果仙的。

段兴旺就跟着郭继斌到了平遥梁赵村的家里，见到了郭继斌的老父亲郭树训，这才得知，郭树训是冀午斋的外甥，也就是说郭树训的妈妈是冀午斋的妹妹，而丁果仙嫁给了冀午斋。

这一段故事帮助段兴旺串起了丁果仙的一大段人生。

1925 年冬天，在太谷县马连滩原 11 号院（现公安局宿舍），丁果仙嫁给了冀午斋。当时的冀午斋在太谷主管税务，丁果仙在祁县赵村飞毛腿三光子众梨园戏班搭班唱戏，丁果仙的父亲丁凤章和三光子因为气息相投成为结义兄弟。丁果仙唱戏总是下不了台，很多有钱的赖皮都想把丁果仙买走，三光子就得费很大劲来保障丁果仙的安全。到了太谷，就不再担心安全问题，因为三光子认识冀午斋，冀午斋人很妥当，做事稳重，能压得住阵势。一唱戏冀午斋就会让手下在戏台下巡台，这样就没人敢闹事。每次演戏前，冀午斋还会把太谷县的各大字号商铺老板请到一起，设好多桌酒席款待这些人，冀午斋很会办事，税收办得好，太谷的人就都说他好。请客吃饭中间，三光子总会领着丁果仙三姐妹为客人端茶倒水，一来二去的，丁果仙就和冀午斋有了感情。

1926 年，冀午斋的父亲冀顺奎来到太谷看儿子，发现儿子在外面又娶了丁果仙（冀午斋的家在平遥小胡村，这时在老家已经娶了段振英，并且两人生了冀鑫、冀森、冀淼、冀焱四个儿子，儿子们起名是按照金木水火土五行排列的）。看到丁果仙已有身孕，冀父就问，腹中的孩子是冀家骨肉吗？冀午斋说，是自己明媒正娶后有的孩子。冀父就说，自己的孩子要生在自己家。冀午斋说，段振英和丁果仙会打架的。冀父说："有我这老父和你老母在世，她们就不敢闹事的。"就把丁果仙领回了平遥小胡村。

冀父共有五个儿子、五个媳妇，丁果仙来了就成了第六个媳妇，一家二十多口吃住在一起，自己院子里住不下，租下了路东雷继昌院内南窑给丁果仙居住。在这个大家庭里，老四的媳妇尹四女是管家，每天负责定菜谱，其余媳妇轮流洗碗做饭，这些事不用丁果仙做，吃饭的时候就让 7 岁的冀鑫到路东院里喊姨娘吃饭，丁果仙每次都会给冀鑫做个戏曲的动作，逗得冀鑫很开心。丁果仙抽空还会到梁赵村郭有容家吃饭喊嗓子练功，郭有容就是郭树训的爸爸，也就是郭继斌的爷爷，郭有容娶了冀午斋的妹妹。他们家保存的这只靴子，就是那个时候练功留下的。

丁果仙和冀午斋的妹妹都有身孕，1926年8月，冀午斋妹妹生下了郭树训。到了农历十月，丁果仙生孩子，这天下着大雪，7岁的冀鑫在屋外堆雪人，冀午斋在门口走来走去，后来生下来一个男孩，准备起名叫冀垚，这样，金木水火土就齐全了，突然，这个孩子就死了。当时传言，是冀午斋的大老婆段振英花钱让接生婆把孩子弄死的，还让丁果仙落下了终身不能生育的毛病。

段兴旺又找到了当时给丁果仙侍候月子的老四媳妇尹四女的儿子，也说当时有这个传言。

之后，段兴旺打听到冀午斋的孙子，也就是二儿子冀森的儿子，叫冀虎升的，段兴旺就找到了冀虎升，冀虎升说，虽然自己的父亲不在了，但大爷冀鑫还在，只是大爷在台湾。

冀虎升与冀鑫有联系，虽然冀鑫去了台湾很长时间没有音讯，但到了后来允许两岸通信以后，两人就联系上了。

冀虎升也有想见一见大爷的意思，两个人就决定去台湾，段兴旺找人办好了护照，两人于2013年到台湾见到了冀鑫。

冀鑫给段兴旺又接起了很长的故事。

冀鑫说，当时自己的妈妈段振英，面对的是当红名角儿丁果仙，是没有那个胆量去加害人的。

丁果仙的孩子之死成为一个谜。

1927年冬天，冀午斋为丁果仙成立了锦艺园班社，院部设立在太谷县南街路西孔祥熙路东孟兴让3号院和车马5号院，两个四合院里，班主是冀午斋。当时可以演的剧目有《花子拾金》《斩子交印》《折桂斧》《游花园》《狐狸缘》《琥珀珠》《斩黄袍》《忠保国》《反徐州》《空城计》《走雪山》《渭水河》《八件衣》《芦花》《取北原》《天水关》《坐楼杀惜》《七星庙》《凤台关》《破洪州》《英杰烈》等。这个戏班子一成立就声震三晋，不论是剧目还是演员都是响当当的。1928年4月15日，在文水县上河头村观音寺开光演出，锦艺园与双聚梨园两个戏班子唱对台戏，丁果仙三唱《花子拾金》，与盖天红合演《交印》，盖天红饰六郎，丁果仙饰八王，一炮打响。双聚梨园的戏没人看了，连演员都跑来看丁果仙，人们还留下一句谐语：男的不如女的，十三红（也是名角儿）不如果子。

当时阎锡山特别爱看丁果仙的戏，每个月都会把戏班请去他的府邸唱戏，在演戏前，冀午斋都会宴请阎锡山手下的官员，也就为自己铺下许多关系。锦艺园红火一时。

1931年，戏班参加了六大戏班在山西大戏院举行的赈灾义演。

1934年，冀鑫正准备结婚的时候，突然间徐沟税务出事了，主管税务的人被抓进了监狱，冀午斋跑到监狱说，这个人是自己的手下，身体虚弱，愿意代替坐牢。丁果仙得知冀午斋进了监狱，马上去探监，冀午斋告诉丁果仙，回去找个文化人按他的口气写一份材料，并交给一个人。丁果仙想到商报的记者任秀峰和冀午斋曾有过往来，就找到任秀峰，按照冀午斋的意思写到深夜，至于写的是什么，现在也是一个谜。材料递上去以后，冀午斋在监狱里深受折磨，病重时监狱通知了冀午斋家人，三弟把冀午斋接回了小胡村。这时候，冀午斋的父亲已经过世，但没下葬，留下遗言，等大儿子回来给风光下葬。冀午斋听了忧思过度，当晚就去世了。冀鑫作为长子拉灵，同时埋葬了自己的爷爷和父亲。

冀午斋死后，丁果仙和冀鑫三兄弟（冀鑫、冀森、冀焱这三兄弟一直随着冀午斋住在戏班里）回到了太谷锦艺园，丁果仙成为班主。丁果仙开始和任秀峰来往，冀鑫三兄弟对自己的父亲之死有疑惑，他们渐生嫌隙，冀焱回了老家找自己的生母，冀森去了榆次打工。临过年的时候，丁果仙将唱戏攒下的一份股份钱给了冀鑫，告诉冀鑫，让他回家找自己的亲妈过年，今年她不回平遥了，丁果仙和任秀峰在一起了。冀鑫就回了老家。

过了年，冀鑫到了太原，找到阎锡山手下的空军司令张子良，这是冀午斋活着的时候结交下的人，张子良向阎锡山汇报了情况，这样冀鑫就得到了修飞机的学习机会。两个月后，阎锡山派人给了冀鑫一张银票和一张便条，冀鑫就到西安空军学院上了学，经过两年的学习后，分配到南京机场成了一名真正的飞行员。1948年，冀鑫被派飞台湾，冀鑫回了一趟老家，最后在太原找到母亲段振英，带着老母亲飞往台湾，自此再未见过丁果仙。

冀鑫和丁果仙在一个戏班的灶上吃了9年的饭，还是有感情的，曾经问过丁果仙："姨娘，你是哪里的？"丁果仙就哭了，她只知道自己是河北束鹿县的，不知道是哪个村的，她也知道自己是被卖到太原的，当时只有三岁，依稀记得妈妈的模样，记得抱住妈妈哭。

段兴旺就知道了，丁果仙一生也不知道自己到底是哪里人。段兴旺发誓，一定要为大师找到家乡。这就有了他几年寻找的路程，也有了这个故事。

2013年，段兴旺踏上了去寻找丁果仙家人的路程，先到石家庄，从石家庄坐车到了获鹿县，问了半天，才知道由于口音的关系，本来是要找束鹿县的，他走错了。那里的人告诉他，束鹿县现在叫辛集市，他就返回石家庄，再坐车到辛集。到了辛集，先找到公安局，打听姓钱的都在哪个范围，因为当时丁果仙给冀鑫说过，她被卖掉的时候，听到她的妈妈和人说过"钱"字，到底是姓钱，还是卖的钱，就不知道了。段兴旺就想从这里入手。从公安局得知，钱姓大概都在王口镇，尤其是翰林庄村，姓钱的人比较多。

段兴旺到了翰林庄村，碰到一个人叫钱炳春，告诉他，100年前的事就不要打听了，大家都不知道。不死心的老段觉得自己大老远地跑来了，还是要多问问，就跑到了村委会，村支书答应帮他，然后把村里70岁以上的姓钱的人都召到村里来。来了的人中有一个叫钱日良的人，他说他的大爷叫钱流风，大娘叫六妮，当时，大娘领着三个孩子出去讨饭，没有再回来，听说把老二卖了。后来村里有个赶马车的王振刚，在河北藁城见到一个男孩很像钱家的人，一问果然是，就把这个孩子带了回来，放在钱日良家，起名叫钱日水。钱日水就在钱日良家长大，也就是说，钱日水与钱日良是叔伯兄弟。

段兴旺找到了钱日水的女儿钱秋玲，但也说不清楚当时钱日水的姐姐被卖到哪里，也从来没有见过人回来。

段兴旺觉得这家的故事跟丁果仙的遭遇很像，因为丁果仙知道自己是老二，也是在讨饭的时候被卖的。但仅仅这些线索并不能确定。

段兴旺正在束手无策时，忽然想起来，钱秋玲说过，那时候，她奶奶讨饭是迎着日头走的，也就是早上出门，是往东走，下午回去是往西走，转一个圈能回来。段兴旺就抱着试试的心态，在一个早上迎着日头往东走，一个村一个村地找，两天走了四个村，忽然看到一个村子，牌子上写着"丁家庄"，段兴旺想到丁果仙的姓，就走进去了。

找到了丁家庄的村支书，村支书的老父亲丁俊海还在，老人说，丁果仙是他家买下的。这下好了。段兴旺很开心，说明了这些情况，丁家庄的人要求和翰林庄村的人见面，于是在段兴旺的引荐下，两个村子的人见了面，通过互相寻问和印证，基本确定了丁果仙的老家，翰林庄为此出示了文字材料。

两个村子一会合，丁果仙早年的经历就补充完整了。

河北省束鹿县（现辛集市）王口镇翰林庄村，钱流风和六妮在1906年生下了钱大妞，1909年三月初五生钱二妞（丁果仙），1911年生钱日水。生下小儿子后，钱流风去世。第二年母子四人开始出门乞讨生活，也就是本文开头出现的场景。

当时出来喊救人的老太太和儿子丁凤鸣把昏倒的母亲救到自己家中，这位母亲醒来就哭了，一声声地央求村人救命。

这个时候，丁凤鸣的堂兄丁凤章正好在老家收房租地租，丁凤章算个买卖人，在太原开有店铺，经营皮毛生意，店铺就在现在的火车站北面，旁边还有个妓院。丁凤章看着这母子们也实在可怜，就想出手买下钱大妞，女孩嘛，可以卖到妓院，一边想一边就拿出了三十个铜钱。让丁凤章想不到的是，钱大妞抱住妈妈的腿死活不松开。看这样不行，老太太一扭身看到了二妞，就把二妞用月饼和水果骗到另一个房间。二妞妈妈拿着钱领着大妞和儿子出了门外，又难受得不行，转回身来找到二妞，抱住二妞哭了一场，二妞妈妈实在觉得该走了，留下话给老太太，二妞是三月初五生的，属鸡。之后就哭着走了。

这是丁果仙唯有的一点点记忆，知道自己的出生年月，剩下就是撕心裂肺的哭声了，对了，还有一个虚无缥缈的"钱"字，还有几样水果。丁果仙从此再没有见过亲生母亲，成名之后，多次往束鹿县发报，也没有任何消息。

丁家庄的老太太也不知道丁果仙到底是哪里人，只知道是个讨饭的女人把女儿卖掉了，这件事成了丁果仙终生的遗憾。

二妞妈妈走后，估计老太太猜到了丁凤章买二妞是要送往妓院的，善良的老太太就让自己儿子丁凤鸣买下二妞，还说千万不要让丁凤章买走。可丁凤鸣已有一个女儿叫丁果红，有两个儿子分别叫丁成玉和丁成凯。老太太给儿子说，买下二妞将来可以给成玉做媳妇，丁凤鸣听妈妈的话，把钱给了丁凤章，算是买下了二妞。二妞当时吃的是鲜水果，丁凤鸣的大女儿又叫丁果红，老太太就给二妞起名叫丁果仙（鲜）。

从此，丁果仙开始了另一段人生路。

翌年，也即1913年，丁凤鸣的老婆去了，觉得养活丁果仙有点费劲，丁凤鸣就把丁果仙带到了太原，丁凤章看到丁凤鸣的情况，好歹也是自己亲戚，就给丁凤鸣开了个杂货铺。丁果仙也就顺理成章在杂货铺当小跑腿。杂货铺刚开，老太太去世了，100天内丁家去世两个人，丁凤鸣觉得不祥，就把丁果仙给了丁凤章，然后回家了，丁果仙这样又成了丁凤章的养女，取名丁步云。丁凤章后来又捡回来一个孩子，按岁数算丁果仙的姐姐，取名丁巧云。平时，两个女孩和隔壁妓院的小红一起玩耍，小红后来被妓院的人活活打死了。丁凤章就告诉两姐妹，两条路，要不学戏，要不去隔壁作妓女，小丁果仙心想，自己说啥也不去当妓女，自己要去学戏。心里想好了就对丁凤章说："我要好好学戏，挣大钱，好好孝敬你，养活你。"

丁凤章的店铺隔壁还有个毒品馆，毒品馆的刘喜则会唱戏，也吸毒，每次吸了毒就要到这边让丁果仙倒水给他喝，丁果仙就趁机跟刘喜则学戏，第一出戏学的就是《花子拾金》，后来戏班开业时就唱的是这出戏，还唱红了。

有一次，丁果仙在海子边（现儿童公园）盯着水看了半天，刘喜则看到她的反常行为，就问她是怎么回事，她说："师父你看，青蛙叫，肚子就会涨，声音就高。"从一只青蛙身上，小丁果仙竟然找到了自己的发声方法。刘喜则真是喜则（"则"，方言，意为"了"），兴高采烈地告诉丁凤章："这个孩子是个唱戏的料啊，你让她去戏班里正经学习吧。"丁凤章就把丁果仙送到了奶生堂的戏班，这个戏班是1915年由蒲剧老艺人老顺保成立的，一直办到现在。

在戏班学了不久，山西很多地方发生瘟疫，因此政府下令不让聚集唱戏赶会，戏班就解散了。丁果仙只好回了老家。这个时候有个艺名叫太平红的艺人孙竹林也解散回家了，丁凤章就把孙竹林请到家里教丁果仙，丁果仙又拜师孙竹林。

1916年，丁果仙开始在太原开化寺、泰山庙、三圣庵一带卖唱，很受好评，丁果仙开始能挣钱了。丁果仙在断断续续地跟着孙竹林学习的同时，又偷学了很多老艺人的唱法，比如秋富生、三儿生、万人迷、贵儿红、拉面红、疙瘩红等人，丁果仙的唱法在进步，边学边唱，也给丁凤章挣了些钱。

1922年，丁果仙进入祁县城赵村飞毛腿三光子众梨园戏班。之后在这里认识了冀午斋。后来的故事就接上了冀鑫所讲。

关于丁果仙的故事，这里要补上的是，冀鑫走后，丁果仙成了锦艺园的班主，1935年与任秀峰举行了婚礼。同年，与丈夫任秀峰组建了步云剧社，恢复了丁果仙的名字。之后唱红了整个北方，被誉为"晋剧须生大王"。丁果仙在不同的场合为民众演唱，深受人们喜爱。新中国成立后，参加了第一届全国戏曲观摩大会，其间，与牛桂英一起在中南海为毛主席、周总理等党和国家领导人专场演出《打金枝》。1953年赴朝鲜慰问志愿军。1955年拍摄了晋剧《打金枝》戏曲电影，在剧中扮演唐代宗。1954年，任太原市戏剧学校首任校长。1959年，加入中国共产党，当年调入山西省实验剧院（现山西省晋剧院）任副院长。1962年，任山西省戏曲学校校长。1966年开始被批斗，1972年离世，终年63岁。

段兴旺凭着一股对晋剧的热爱，以及对丁果仙大师的崇拜，硬是在没有任何支撑和凭借的情况下，采访了上百人，收集了与丁果仙有关的资料上千件，最终补充完善了丁果仙的身世。

我问他："你有没有打过退堂鼓？"

段："没有，就是个心劲吧，每找到一个人，我都能高兴半天，每找到一张旧照片，我都觉得丁老师在天之灵都会高兴。"

问："那你的钱是从哪来的？"

段："我以前做过一点小买卖，有一点钱，全搭进去了，孩子也给一点儿。"

问："累不累？"

段："不累，不觉得累。我有成就感啊。虽然磨破了好几双鞋，值得。没有人比我更知道她的历史。"

说着，段兴旺就拿出一大堆照片，一一给我指认。

段兴旺又说："想到丁老师去世那么可怜，我就想哭。"

这些心愿完成之后，段兴旺每年清明都会去双塔寺给丁果仙大师祭奠。

采访完毕后，我却看到，段兴旺连个大病保险都买不起，自己得了糖尿病，却打不起针，买不起药，不禁一阵唏嘘。

3.那些年轻的戏曲人

戏曲终究是要在传承中一步步走下去的。因此，后来人就变得很重要。

客观地讲，现在很多剧团出现青黄不接的局面，假以时日，这样的剧团或剧种发展堪忧。

尽管国家一直在出台政策，但基层年轻人的状况，可持续发展情况又如何呢？

我由此关注了几个有代表性的年轻人。

省晋剧院有个好苗子，叫翟丽美。很多老师就讲到她，说她有前途，后来她参加了2018全国青年戏曲演员大奖赛（山西卫视《走进大戏台》的一个栏目），获得第一名。逐渐为更多的人所熟知。

翟丽美出生在昔阳县翟絮村。她是80后。

她的家乡据她讲，算穷乡僻壤，交通极不方便。她家里人都是干这个的，她的姥姥姨姨舅舅都是干这个的。12岁时，她进了舅舅的艺校，跟着舅舅学了几年，学小旦。几年后，她进入阳泉晋剧团，看着老师们演戏，自己偷偷学，那时候最大的愿望就是能站到台前。即使生存环境很不好，也还是有机会的，只要你学会了。她在这里改学了青衣。再后来团里缺啥就上啥。这个剧团解散后，她到了胡嫦娥晋剧团，这是个民营团，但水平不低，她在这里继续学。2005年，她来到太原市实验晋剧团，在这里一边跟团演戏，一边到太原艺校进修。再后来认识了现在的爱人，跟着爱人又来到了省晋剧院。终于，一直漂泊不定的她安顿下来了，有了自己的小房子。在太原这几年，她得以拜了晋剧名家苗洁为师，学了自己师父的拿手戏《凤台关》《富贵图》等。2016年，还被郭兰英挑中出演郭老师歌剧中刘胡兰一角。郭兰英老师的唱法对她受益匪浅。

提及参加大戏台的节目，她开始不敢去，后来，她说服了自己，带着八折戏参加了这场比赛，这场比赛对于她的心理还是影响很大的。参加这场比赛对她的好处还有一个，即拜了著名的影视演员、越剧名家何赛飞为师，虽然师徒相隔很远，但何赛飞会从自己的人生经验出发，对她的表演给予指点，教会她挖掘人物。

她从乡下走出来，在基层剧团唱过，跟过民营剧团，后来又进了晋剧院，还算是命运垂青的人。她扮相好，嗓子好，身上有功夫，也有自觉自己训练自己，在年轻人里算出类拔萃的。

她在艺术上也犹豫过，也彷徨过，作为戏曲演员，站到台前的机会太少了，真的特别难。从开始从艺就是这样，一步步挣扎。走着走着，免不了失落。可是怎么办呢？坚持了这么多年，实在不能放弃。

她是一个个例，虽然她一步步优秀起来，但要出人头地却不易，而许多年轻人有机会，艺术却不成熟。这种相背而行的状况，我常常难以得出结论。

和她命运类似的还有一个女孩叫刘红霞，2016全国青年戏曲演员大奖赛的冠军。

一样来自农村，因为从小喜爱，就走上了这条道路。

小刘也是在参加比赛中，拜了评剧名家、梅花大奖得主冯玉萍为师，后来"移植"了冯玉萍的大戏《孝庄长歌》。几年的积累后，熟悉她的观众逐渐多了起来，在乡下的演出，也慢慢挑了大梁。

但并不是每一个孩子都能和她们一样幸运。

比如说，我遇到一个女孩，叫王晶。

这个叫王晶的女孩，扮相漂亮得不行，嗓子又好。可是却一直没有合适的单位。父母视野不宽，早早地让她结了婚。她的人生便少了许多奋斗的机会。在几个院团里，她都没法待，各种各样的情况让她无法生存，有时候被骚扰，有时候被嫌弃，有时候会因为抢了主演的风头，被搁置。现在的院团需要考试，她又不具备条件，属于她的机会太少。最近我得知，她的丈夫又患病了，这让她雪上加霜。

这真让人长叹息，这么好的一个演员，愣是没有个去处。

而许多没有名气的演员，更是可怜，他们挣得很少，住集体宿舍。常年在乡下，他们大部分来自乡下，只为了挣一个可能有的前途。有的人在等待，有的人是因为热爱，有的甚至不懂规划，只是随波逐流，可他们撑起了戏曲。

我到家乡的剧团调查过，很多孩子年幼时被送进来，没有上过艺校，也谈不上懂艺术，只是跑跑龙套，挣上几百块钱。就这，也是一种人生。

他们日后都是什么走向呢？

也许有的改行了，也许有的会留下来，但相同的是，戏曲的滋养会走进他们骨子里。

4.舞台队：一支干着民工活儿的戏曲队伍

极少有人注意舞台队，也更不会有人写他们。可是少了他们，演出便无法正常进行。

我在采访中遇到过无数个面孔，看到过许多不同的表情。他们隐入了角儿之后，看起来就是卖苦力的，可他们也有喜怒哀乐。

平时，他们有一个挺好听的名字，叫舞美队。

我在省曲艺团见到一个黑乎乎的小伙子，大概是风餐露宿才让他有了这样的肤色。曲艺团的领导告诉我，这个叫陈小飞的小伙子，一个人能顶十个人呢，但他不善言辞。等我见到他的时候，果不其然，一句话不说，后来他把我叫出去，低声跟我说了一句话：王老师，我不会说话，我给你写一段，行不？

我看了他写给我的一段话，又问了别人情况，才大致了解了一点儿。

前面说过，他们曲艺团作为文艺轻骑兵，一直辗转在乡下，从夏日的酷暑难耐到冬日的寒风瑟瑟，舞美队一直走在路上。下乡时，演出安排得满满的，几乎都是一天三场，下车就演出，演完就上车出发前往下一个演出地点。舞美队的人每天至少要装三次台、卸三次台，设备都不轻，夏天热得人汗流浃背，冬天冻得人只打哆嗦，每天中午匆匆吃上一口饭，也不休息，就抓紧时间赶往下一个演出地点。

累不累啊？

怎么能不累啊！一天装六次台真的很累。可是遇到的最大困难还不是这个，是交通问题，许多村子特别偏僻、贫穷，路上来回就要行驶四五个小时，道路崎岖颠簸，很多人本来已经吃不消了，到了演出地点，还得装台卸台。人就像扒了一层皮一样。有的地方道路不通，他们还得下车修路。

我的眼前不由得出现民工队伍，他们扛着最重的东西，吃最简单的饭，却为别人奉献着。他们几乎是同一个性质。

小飞说，他对下乡演出感触颇深，看到老百姓朴实纯真的笑脸，有时候觉得再苦再累也值得。小飞又骄傲地说："我们是以天为幕布，以地为舞台的，我们深入宣传党的十九大和党的精准扶贫政策，为村民们送去艺术的精神大餐，我们是山西省的红色文艺轻骑兵。"

看着他的留言，本来心头升起怜惜的我，忽然又笑了，这很像官方措辞呢，跟外交辞令一样。每天顶十个人干民工的活儿，这样觉悟高？

后来，我得知他是曲艺团的办公室主任，我也就明白了，他游走于舞美队和一份责任之间。他适得其所，也算是辛苦得报偿。

但不是每个舞美队员都会成为办公室主任。

我在省话剧院采访的时候，遇到的都是年轻孩子。舞美队的小阎，说起话来还有些羞涩："这几次下乡，最苦的是露天演出，我们装台都是在暴晒中进行的，村子里没有戏台，就在一个平地上演，风沙吹得一身土一身泥。下了雨，鞋就一直湿着，窑洞又湿，没办法晒干，衣服也没法洗，本来就喝不到水，又出汗，盐渍和汗渍弄得惨不忍睹。天天就是这样过来的，村里的路不好走，除了拖拉机拉，就是人扛，年轻人平时不干这些，可是再难也得坚持下去，经常等到把舞台车弄回住的地方，就是后半夜了，早晨又得起来，赶到下一个村子里。确实很累。"

带队的李佳说："有一次住在村子里，窗户纸是以前的那种麻纸，都破了，条件可想而知。更苦恼的是，晚上还有人偷东西，就是偷电缆，没办法，每次抓住又放，不想与人结怨，而演出又不能少了设备，只好晚上轮流看东西。经常下去吃饭，都是水煮白菜，就着咸菜，米汤里还没有米，城里人是真不适应。但是在这个过程中，新来的演员连女同志都抢着帮舞美队装车，我们在这个过程中结下了深厚的友谊。这两年下乡，遇到了十几年没有遇到的问题，锻炼了应变能力，演出完分开的时候，大家都舍不得走，依依不舍的，等回到太原的时候，大家都是站在原地，等别人先走，好像生离死别一样。"李佳说的时候，我看到了他眼里的晶莹。

话剧是剧场艺术，极少到乡下去，这两年省里出台送戏下乡政策以后，省话也在这个行列里。他们的舞美队经受极大的考验，所以他们几乎全员变成舞美队，连女孩都是，也因此结下深厚的友情。

这是对年轻人的考验，也是对文艺队伍的检验。

什么样的人适合干这个活儿呢？

我在跟随省晋剧院青年团下乡时遇到这样一幕。我看到团长赵勇强亲自去拉幕，也干其他体力活。

我问他："平时也跟团吗？"他说："必须跟，随时处理事情，团里没有闲人，都得干活。"他指给我看书记，书记竟然在叠服装，一件一件叠得整整齐齐。原来每个人都身兼好几职。

那是个夏天，我坐在侧幕边汗流浃背地等着看演出。坐了一会儿，可能我长得比较平民，天生的笑容也比较平民，主管业务的副团长就过来找我聊天，他是从自己的实际工作出发的。"现在舞美队难招人啊，都是临时工来干，上头的政策是要招大学生进文艺院团，可是现在的大学生都是独生子女，或者家庭条件都不错，也不大愿意或不太可能做舞美，让他们搬箱子听起来就不现实。多少年以后，肯定就没有人干这个了，现在的舞美队，有16个人，只有3个正式员工，其他都是临时工。可这个也不是纯体力活，是苦力加技术，只有干久了，才能知道怎么干，舞美队出了差错，整个演出都砸了，没办法，舞美队的工资太低了，今后的工作，就一个字，难，难啊。"

过了一会儿，好几个年轻孩子都围了过来，听说是记者采访，都过来说几句，我问他们，"工资高吗？""不高，扣除一些费用，只有1000多。""那为什么不走？""就是因为小时候喜欢了这个才来的，也不知道还能干啥，也舍不得走。"那天，我还看到有个最小的演员才16岁，小女孩站在台侧，一句一句地学着唱腔，很认真。也是因为太喜欢这个了，多苦也要干这个。

孩子们对我说："我们干的这个，外人都不知道有多辛酸。"

我说："我知道，我懂得。"

"很多家长不让孩子干这个。"

我说："我也知道，如果我的孩子，我也是舍不得让孩子干这个的，太苦了。"

"我们觉得省里领导不重视我们。"

"不会的，这不是一直在出政策嘛。"

他们看我懂，又高高兴兴地走了，去干他们手里的活儿。

是，是因为喜欢，才留住了他们的脚步，是因为喜欢，百姓们还能看到这样的艺术。等到80后、90后、00后成长起来，喜欢的人越来越少，又有多少人从事这个事业？想一想，这真是让人担忧的事情，那个时候，再有好的政策又有什么用？

我在家乡采访时也了解到，很多剧团不配舞美队，有演出时，就花钱雇民工来干，对于并不乐观的戏曲演出情况来说，这是一笔很大的开销。

我不知道该怎么评价他们，只好把事实罗列在这里。

5.夹缝中生存的民营剧团

全省有许多院团，省级、市级到县级，大部分是政府管辖，但也有一部分民营剧团靠演戏生存。

胡嫦娥晋剧团是晋剧比较有名的院团，长期演出下来，有一定的口碑，还有一些不错的演员。他们在传承传统戏，在乡下还有一定的市场。

还有一些剧团并不是这样，我家乡也有民营剧团，在我看来，其实就是没有建制、没有固定演员的剧团，他们四处找台口，然后再花钱雇国有剧团的人来演。这对广阔的农村市场来说，倒也是一种补充。

在写到杨仲义的时候，因为《云水松柏续范亭》和《宁武关》两部戏，我注意到一个剧团，就是忻州市梅琳北路梆子团。

一个民营剧团能演两部大戏，且是获得国家艺术基金支持的戏，他们是什么样的情况？人员配置、演出市场、运营状况都如何呢？我想知道他们与国有院团的不同。

这两部戏都是曲润海老厅长的剧作，也就央求他帮我建立了联系。

到达忻州的那天，天雾蒙蒙的。

梅琳团团长孙永清到火车站来接我。

他把我带到了忻州市的剧场。我这才知道，他们连正式的办公地点都没有。我们就到剧场的一个办公室开始聊天。这对于我来说，倒也没有什么差别，我的重点在故事。

孙永清原来是忻州市北路梆子二团的武丑演员，到了2000年以后，剧团没有多少演出了，他和爱人都在团里，没啥收入。那时候剧团少，政策也允许民营剧团经营，他看到农村还是需要戏曲的，他就想，为啥不能自己干？

说干就干，到艺校找学生做演员和乐队，找年轻人来做舞美，还有老团里朋友们的支持，一夜之间，贷款贷了30万，说干就干起来了。

先排戏，请了北路梆子名角贾桂林的女婿高占奎来做导演，贾桂林老师的拿手戏《王宝钏》《李三娘》《血手印》等几个戏排出来后，也就把学生们都调教出来了。舞美他自己就懂，他带着年轻人干，教会他们操作。再去社会上挖了几个成熟的演员。两年时间，阵容就有了，除了传统剧目，那时候北路梆子一团二团的戏，他们都会演。那两年最红火的时候，一年要演二百多天、接近500场的演出，最远的地方走到陕北和内蒙古。

演着演着，剧团和演员都有了点气候，很多团就从这里挖人。因为自己是民营剧团，没有编制，因此很多人成批地被挖走。剧团塌了，再找人，再起来，几年之间就这样重复着，被"围追堵截"着，咬着牙往前走。

为啥叫梅琳剧团？

孙永清嘿嘿地笑，"当时就是注册的时候，一着急就用了这两个字，梅指梅兰芳，琳指贾桂林，一京一晋，最典型，也是我们想学的榜样。"我也笑，原来就是这么匆忙中无意识地定下来的，不是深思熟虑，不是搬着《易经》鼓捣出来的，倒也好听，也有特殊意蕴。

能排曲老（曲润海）的剧本，是与曲老有缘分。

他从小就认识曲老，是啊，说到戏曲，山西有多少人不认识曲老呢？但真正见到曲老，已经是他经营剧团的时候了。

有一年，他们排了一个戏《玉玺恨》，导演和编剧请了曲老来指点。曲老来的时候，自己也担心，人家做过高官，对戏曲又懂行，肯定不好伺候。没想到，曲老来了，吃什么都行，住哪里都行，碰到摆地摊的有困难，曲老都管，服务员遇到难事了，曲老也过问。没想到这位老人是这样的好相处。曲老住下以后，经常和路人、服务员等聊天，也就听到了各种反响，知道这个民营团有好戏好演员，每次演出，剧场都会爆满，团里还配有大巴，下乡的时候都是五十多人坐大巴下去，曲老对这个团留下了好印象。

曲老没有多说，就走了，这是后来在合作中，他才知道的事情。

曲老原来确实不知道有个梅琳剧团，只知道演《救孤壮歌》的雁门剧社和演《野史亭》的奇芳团，他甚至不知道有个孙永清。听到孙永清这个名字，以为是与李万林同时代的孙铁青，到了忻州，才知道这个孩子叫孙永清，自己办起个民营团叫梅琳团。当时，就只是看到这个团有个唱青衣的孙瑞芳（孙永清的妻子），有个好花脸，还有，名角儿杨仲义也经常随团下乡。曲老就对这个团有了很好的初步印象。

2015年，是抗战胜利70周年，省里要做精品剧目，范亭中学校友会委托曲老写一个关于续范亭的剧本。

剧本写成后，范亭中学校友会把剧本报送给省委宣传部，两天后，时任宣传部部长胡苏平就在太原召集了曲老等人开会。戏是定了，山西的故事，山西的人，哪个剧团来演？上党梆子？北路梆子？晋剧？蒲剧？如果蒲剧演，主演应是第一届梅花奖得主郭泽民，如果上党梆子演，大家看好张保平，如果北路梆子演，曲老首推杨仲义。当时，胡部长一句话拍板：忻州人忻州事，应该忻州演，北路梆子演北路英雄，有感情，能成功。也就定下了北路梆子演，主演是杨仲义。可北路梆子哪个团来演？当时有一团、二团和梅琳团三个团。市委宣传部的意见是让一团二团两个团合起来演。这时，曲老发言了，时间紧，任务重，民营团调动起来灵活，且这个团侧面了解过，团队艺术水准还不错，也比较团结，保险起见，建议定梅琳团。开了一上午会，定了由梅琳团承接这个戏，主演是北路梆子名家杨仲义。

又隔了两天后，胡苏平部长召集忻州市委宣传部、文化局等相关人员下达任务。由曲老找来了中国京剧院的导演李学忠。李导带来了全套的化妆、舞美、服装等等。

这个戏，他发愁的不是艺术，剧本有曲老蹲点修改，导演也请来了好导演。这都没问题，他最发愁的是钱，钱，钱，钱，把人愁死。当时省委宣传部答应给200万的启动经费。但经费流转有个过程，很长时间不到位。

省里的钱不到位，后来从省演艺集团借出30万作为启动资金开张。戏排开后，一项一项的花销都摆在眼前，他着急上火，第一次承接这样的大戏，也没经验，他就到处去借钱，甚至借了高利贷。先保证戏的正常排练。

第一次演出在忻州剧场，请来了北京和省里的20位专家，文化厅副厅长当即拍板，作为省里的十台重点戏之一进北京。接着到太原星光剧场演了一场，演出很成功，胡苏平部长在剧场接待室召集人开了座谈会。

再然后，该进京演出了。在北京，当时王蒙、张虎生、董伟等人以及一些将军都参加，召开了一次很不小的座谈会，在京的戏剧家对此剧评价很高，这出乎很多人预料。

可对于孙永清来说，最缺的还是钱。北京的新闻发布会都开了，都要出发往北京走了，省里的钱还没到位，市里的预算因为市长不在家，也没批下来。钱，借到再也借不出来了，高利贷也不敢借了，正要大部队硬着头皮往北京走的时候，省里的钱下来了，谢天谢地。从北京演出回来到各县巡演，这是政治任务，可是演出经费还是一直没给，后来补了些，到现在，当时答应的钱都没给完全。所有的亏空部分都是他平时演出中赚下来的。

他说："当时就像愣头青一样，一猛子扎进去往前冲，现在想想都害怕。"

至于说《宁武关》，情形又不一样。

在此之前，因杨仲义的提议，曲老就写出了《宁武关》的剧本，并由他们申报了国家艺术基金。初试通过，面试要去北京，孙永清就独自踏上去北京的列车，面对艺术基金那么多的主考官，孙永清是抱着没有希望、姑且试一试的想法去的。倒也没有怯场，他操着一口忻州话，说了自己的实际情况：《宁武关》是个老戏，自己很小的时候就看过，这次之所以改写，就是要把旧戏的许多东西打破，放进时代的东西去，再说宁武关就在自己的家乡，用家乡戏宣传家乡的文化，理所应当，自己是民营剧团，没有排练室，可以借，其他的，自己都可以想办法。十几分钟后，他就答辩完出来了，站在北京的街头，他根本不知道前路如何，在街上找到一个小店吃了一顿涮羊肉，就连夜坐车回到了忻州。

在《续范亭》演出期间，他接到了电话，就是基金批下来了，到这一刻，他都感觉像做梦一样。而艺术基金的申报，曲老是不知情的。

《续范亭》的演出告一段落，他便着急抓《宁武关》的排演，请导演，做服装，抓演员。很快，就排成了。在所有的景区陆续演出后，终于结算清了艺术基金的所有费用。

两个大戏的排演让这个民营剧团一时为人所知，也让孙永清有了膨胀的心思。

他把曲老的又一个剧本《佛光寺》，提上了议事日程。这个戏，一样是宣传忻州、宣传古建的路子，他压上了所有资产，冒险贷款投入。戏排成了，也请了专家，但是，这个戏却没有收到预期的效果，没有申报到国家艺术基金。由于是佛教题材，没有投资决策，也不能演，于是，剧团经营陷入困境。

曲老说，剧本他再一次改好了，但是没有资金，也不敢贸然开排了。

对于这个困境，他的说法是，"真的想跳楼了"。

我想到一个问题，我问他："我给你打电话，你几乎不接，联系你很费劲，是这个原因？"

"是啊，到了年跟前儿，要账的太多，我不敢接电话，如果不是知道你要来，我多留心了一下，不然，你也联系不到我。"

他欠别人钱，别人也欠他钱，他只能到处跑，弄来点钱，先给自己的人员发了工资。

他承认是自己失策，被那两部戏冲昏了头脑，借来的钱都还了，别人也敢借给他，谁知道这容易借，也是问题，戏做出来了，却还不上钱了。

"当时真是处于骑虎难下的境地了，不做剧团吧，要还债，负债累累，做吧，惨淡经营，真是心力交瘁。"他低估了申报国家艺术基金的难度，他也低估了树大招风后同行倾轧的力度，一个失误决策，让自己陷入绝境。

"不是还有送戏下乡政策吗?"

"说到这个政策，市里有市里的安排，要先顾事业单位，对于民营剧团，只能是捡漏式的安排，虽然自己因为排了两部大戏，服装、道具、灯光、音响等等条件是最好的，但面对这个政策的推行，只能是分到原来市场的一部分，加上这两年的影响，出外挣点钱，还外债。"送戏下乡政策的推行，带来的直接后果是市场份额的缩小，对于他来说，有点雪上加霜的意思。

他有点后悔，自己的老婆是个好演员，跟上他也没赚到钱，自己的女儿上了中国戏曲学院的美术系，但真的不愿意再让儿子干这个了。

"能排两个大戏，很多人说，是曲老帮你在运作。"

"这个，你得替我说说，曲老根本不会帮我走关系，曲老很骄傲。用了曲老的剧本，除了第一个戏，给了他少量的编剧费，后来的戏，他连编剧费都没要啊。"

这一点我相信，实际上曲老不仅不会要民营剧团的钱，即使是大型院团排了他的戏，他也不会要钱。但是反过来讲，如今的国家艺术基金给的有编剧费，曲老不要钱，操作的人就不好用他的剧本，必须给了另外的高价编剧，哪怕剧作很烂。曲老为山西文旅写了很多剧本，一个80多岁的老人，心系戏曲，心系山西，笔耕不辍，却会因为这种原因被基金拒之门外，实在觉得世道颠倒。

我曾就这个问题，和曲老谈过，曲老说:"有个民营剧团看得起我，这是我的荣幸。我这几年的心思都在民营团和下面的几个剧团，因此，也就多在南北两地跑，我只要看到有出息的团和小演员，我就特别高兴。"

说真的，听到老人说这个话，我一个人偷偷地落泪。一个80多岁的老人，风烛残年，却辗转于乡下，靠自己的能力帮助民营团和乡下的一些院团，他不喊口号，不怪社会，拖着残躯为戏曲尽力。曲老的眼光是"低"的，他看的是那些不容易的人，哪怕只看到一个苗子，他都想救。

像这样的老人，山西有几个呢？

我心存担忧，问孙永清："未来呢？你怎么办？"

"我现在在等政策，等政府给予公平竞争的机会，因为上边说过了，要扶持民营企业。咬掉牙往肚里吞，如果政策一直不来，我恐怕撑不到明年。"

离开忻州的时候，已经是中午了，天依然雾蒙蒙的，我的心也雾蒙蒙的。

民营剧团的生存，情况都不同。有的是政府扶持不够，有的是一个面临消失剧种的有力补充。有的也确实是草台班子，就是为了套取送戏下乡的政策。有的经营有些年头了，戏价很便宜，戏的质量很差，就是为了演给那些特别穷的山村。存在就是真理，他们各有各的理由。

他们该怎么办呢？

6.那些让我感动到无以复加的戏迷

在庞大的看戏的人群中，还活跃着一大批真正的戏迷。

他们无怨无悔地长期追逐着自己喜欢的角儿，用自己的方式向戏曲致敬。

前面说到的段兴旺是一例，还有许多人真心热爱着山西戏剧，并身体力行地无怨无悔地贡献着自己微薄的力量，还有微薄的积蓄。

在我的采访中，不停地出现一个物件，这个物件经过不同人的转述，成为一种意象。它就是普通得再普通不过了的红枣。

我家门前有两棵树，一棵是枣树，另一棵还是枣树。长在人们家门口或者村子里的枣树，寻常意义上，只是秋后的一种水果，但当百姓们在白露之后，把这样的红枣收罗回家，晒干，再在看完那些戏台上的粉墨幻影之后，颤巍巍地把它拿出来，虔诚地送给自己喜爱的角儿时，这些红枣被赋予不同的象征意义。谢涛说过它，吃过它，孙红丽说过它，吃过它。曲艺团的演员们走在乡间，一把红枣让他们热泪长流。红枣像戏剧的使者，引发了从艺人员的情感，拉近了观演人员的关系，成为戏迷们最有甜味的意象。

最有人情味的一句话：你会不会再来？

　　很多角儿遇到过，不是角儿的演员也遇到过。那些朴实的百姓们，守着自己的山河，守着自己的放着祖宗牌位的村庄，不敢也不会离开，那些地方是极少像城市一样有着自己特定文化氛围的，那是文化的沙漠。甚至有的村庄一年看戏都是极少的，就像曲艺团遇到的，百姓说，只看到过他们这样的演出一次。因此，他们就像拽着救命的稻草一样，眼巴巴地问出："你会不会再来？"

　　会不会再来？这极大地触动了艺术家或者艺人的情感。你是谁？为了谁？不由得一次次地问问自己，也问天问地。

　　文艺始终是为人民的，这句话不再是口号，而是在这样朴实的"会不会再来"中，成为最根本的不能动摇的思索。

　　最有文化的一个戏迷，出现在话剧的走访中。且来看他的《点赞〈甲午祭〉》：

　　　　省话剧院真扶贫，送戏下乡到蔚汾。
　　　　义演五场《甲午祭》，祭奠水师全就义。
　　　　沉痛代价换一理：狼要吃羊性难移。
　　　　甲午之战我失利，丧权辱国签协议。

　　　　台湾宝岛被割据，又赔白银两三亿。
　　　　中堂本来不愿意，朝廷软弱没底气。
　　　　忍辱负重求生存，黑锅已经背在身。
　　　　跳进黄河洗不清，千古往下留骂名。

　　　　一狼吃饱还不行，引来群狼八国军。
　　　　联军来把肥肉争，国宝全被搜刮尽。
　　　　圆明园内烈火焚，强盗行径真残忍。
　　　　屡次蹂躏不甘心，"九一八"占领东三省。
　　　　卢沟桥响枪炮声，全面侵华是野心。
　　　　主子无能民寒心，中国人民被唤醒。
　　　　共产党领导八路军，浴血奋战抗日本。

胜利终于属人民，人民当家做主人。

筑起钢铁新长城，从此再不受欺凌。
看过话剧再觉醒，千万别怀侥幸心。
警惕一刻不放松，如若鬼子再挑衅，
新仇旧恨一账清。

这是一位叫雷丙迎的大爷在自己的家乡看过省话剧院送下去的《甲午祭》之后，随口赋诗一首。

像这样的老人不少，他们因为各种机会，有一定的文化底蕴，经常为自己喜欢的戏，写出一点东西。

这平常的日子，因为有了戏和文，他们得到了一定的精神滋润。

我见过一个庞大的戏迷队伍。

他们的庞大不是因为人多，而是因为是很长的一个车队。这个车队不是临时组建起来的，而是长期存在，他们辗转在乡间，追逐着自己的热爱。

那天是从长治到晋城去看一出新戏《长平悲歌》，我之所以会去，是因为这出戏说到了春秋战国之时最著名的战争之一——长平之战，我想看看上党梆子怎样演绎这样一段真实的历史。随即联系了朋友摄影师傅亚斌，他让我随着车队走。

一看到车队，我就惊呆了。长长的一长溜排在路边，都是私家车，贴着统一的标识，每个司机配备有对讲机，保证随时通话，他们分工明确，具体到几号车承担什么任务，有负责宣传的，有负责后勤的，有负责联络的，俨然是个"正规部队"。一声令下，出发。我在惊讶和感动的同时，也在心底问，只不过一次演出，值得这样兴师动众吗？值得这样不计付出吗？

现在几年过去了，这个场景依然在心头浮现，他们是真正的热爱，为此可以付出所有。

有一个医生，姓苏名敬。他是很多戏曲名家的主治医生。

他的专业很棒，在做人方面也是有德有品，前一段时间救人的一段视频在新华社、人民日报这样的大媒体推出，一瞬间，他成为网红。但他有不为人知的一面，他是个地地道道的戏迷。他爱戏，爱到放低姿态不停地追逐，

246

爱到看到自己心中的角儿，就把朋友圈刷成一道风景线。他自愿给他们治病，他把所有的业余时间都放在了戏上。他还会拉胡胡（胡琴），闲了就去票友聚集的地方，拉上一段过过瘾。他爱唱，有一次同车而行，他便唱王爱爱老师最著名的段子"四月里"。他是朔州人，从小因为父亲的关系，学会拉胡胡，这个爱好陪了他一辈子。前文写到的段兴旺，因为没有保险，没有了钱，连病都看不起，他帮段兴旺看病，帮段兴旺跑着办保险。他就像爱家人一样，爱戏也爱戏曲人。

我佩服他，因为我做不到。

还有许多戏迷，我无法一一记下他们，比如说，为了看戏，在大雨中浇上几个小时的人，因为爱戏，去了美国也要时刻惦记自己喜欢的演员，寄光盘寄书，生怕他回来时他的角儿不如想象中的好，他盼着他回来时，他心里的角儿会更好。还有为了戏曲一生未婚的人，他却收全了能见到的所有的戏曲资料。

在乡下，每当有一个村子里唱戏，四邻八乡的人就会赶过去，甚至是几十里的山路，步行或者赶马车（也有三轮车）赶过去，整整待上一天。看足下午和晚上两场戏，饿了，就买个烧饼充饥，渴了，喝一口自己带来的水。冬天有风雪，就在风雪里站着，夏天太阳毒晒，就在太阳下站着。风霜雨雪不能阻拦他们。晚上戏结束了，再在山路上，哼着熟悉的段子返回家。第二天，再来。这样的场景是乡村一幅画，一幅精神丰足的、与戏曲有关的画。生活在城市的人们，根本不会想到这样的场景。

千百年来，是这样的深藏在百姓中的戏迷们，追逐戏，捧戏，评戏，爱戏，也保护戏剧演员，保留下戏剧的种子，从而才让我们的中华戏剧生生不息。

我们该感谢这样的群体存在，但我们走着走着忘了感谢。

在这里，我深深地向他们鞠躬，说声迟到的甚而隔世的答谢。

第五章

电视戏曲

电视，名词解释很简单，用电的方法即时传送活动的视觉图像。

这个小方块于1925年由英国人拜尔德成功装配成功，从此，这个当时被称为"破玩意儿"的黑匣子占领了人们的部分生活。中国的第一台电视机是1958年3月在天津无线电厂试制成功的。

这个"破玩意儿"在我国普及开来，已经是很久以后的事了。

我出生后，家里还没有电视机，整个村子都没有电视机，一直到70年代末80年代初，由于我生活的乡村来了一座现代化的工厂，跟随工厂来的工人暂时寄住在村子里，他们带来了电视机，那是村里人第一次看到电视。一到晚上，人们不再像以前一样，坐在麻池里一边吃着晚饭一边侃大山，而是争先恐后地跑到有电视的人家去看电视，工人师傅为了照顾大家，也不能过二人世界了，把电视机搬到院子里，方便邻居们都去看，往往是不大的院子，挤满了乡亲们。我记得我看到的第一部电视剧是《霍元甲》。这一部黑白电视机极大地丰富了乡村人的生活。

80年代，也即改革开放后，全面迎来了电视时代。

在我印象里，电视与戏曲结合，是在90年代，中央电视台率先开设戏曲栏目，那时候的《戏苑百家》《燕升访谈》等节目，很受欢迎。

那么，我们就从央视曾经的著名主持人白燕升谈起。

1. 白燕升：电视戏曲的王者，戏曲真人秀节目第一人

多少次痴情地仰望

白燕升

> 仰望那黎明的星光
>
> 晨露也一起醒来
>
> 湿润那年少的情怀
>
> ——摘自《戏梦人生》
>
> （白燕升专辑主题歌）

白燕升与戏曲的缘分开始得很早。

白燕升的故乡在河北，那块燕赵大地上流淌的是河北梆子的激越铿锵、荡气回肠，自然，河北梆子的气韵就沉浸在他的血液里。童年时，他听张淑敏、王玉磬、张惠云、刘玉玲，看戏曲电影《宝莲灯》。追根溯源，他的戏曲之缘还是来自父亲的"洇染"。父亲是方圆十里八乡有名的唱戏师傅，既会教也会唱，逢年过节，村里的大戏父亲都是主演。耳濡目染，白燕升很小的时候就能唱上几段。父亲不让他唱。但他太喜欢梆子戏了，还是偷偷地学会了《南天门》《辕门斩子》《秦香莲》等。7岁那年，他站上了戏曲舞台，一曲《南天门》让他成为远近闻名的童星，被誉为"七岁红"。他当时没想到，童年的这点戏缘竟然在他的生命里生根发芽，并随着他颠沛流离几十年。

上大学，就业，一直到他考入中央电视台，几十年的奔波，尝尽人情冷暖，陪伴白燕升的始终有家乡戏里的燕赵悲声。

1996年，CCTV3戏曲音乐频道开播，时任央视文艺部副主任的尹希元找到白燕升，希望他主持戏曲栏目。他答应了，因为戏曲是他的衷心喜爱，也是他的血脉传承，他说自己是"终点又回到了起点"。他的第一次主持是在民族文化宫大剧院，栏目叫《戏曲直播》。也正是那次直播，有过一个小瑕疵，成为他主持生涯唯一的一次失误，让他铭记终生。这个事情告诉他，所要走的路还很远很远，不能有一丝一毫的懈怠，这种自律，他一直保持到现在。在主持戏曲的道路上，很多央视名嘴给过他鼓励，比如说赵忠祥、倪萍、白岩松等。尤其是谢桂昌导演，在服装、化妆、手势、体态、语调等方面，既给了他指导和帮助，也给了他极大的宽容（因为这个缘分，谢导后来倾情加入他主导的山西卫视大型节目《伶人王中王》）。《九州戏苑》开播后，他和谢导的磨合越来越顺利，他的优势得到了最大限度的发挥，由此还诞生了他久演不衰的河北梆子戏歌《滚滚长江东逝水》。那些年，他几乎主持着戏曲频道的所有栏目。CCTV11频道开播后，他更是十几年如一日地忙碌。除了各栏目，他还主持了好几年的春节戏曲晚会，以及各项戏曲大赛，工作量式大。但他快乐，他找到了他的职业良知和对戏曲骨子里的热爱。观众也喜欢上了他，戏迷们说：打开电视，如果看不到白燕升，还叫戏曲节目吗？

在一次《九州戏苑》的主持过程中，京城名票齐聚一堂，气氛热烈，大家非要让白燕升唱一段。为了不辜负大家，他专门向专家请教，学会了程派名剧《锁麟囊》，节目在央视一套播出后，观众反响热烈。这勾起了他的戏瘾，然后在1998年录制了他的第一张个人专辑，2000年录制了第二张专辑，2004年又录了两张，涉及京剧、河北梆子、黄梅戏、豫剧等剧种，从此，他走上了"主持优则唱"的艺术之路。

从事电视戏曲的几十年里，白燕升和许多戏曲名家，如张火丁、谢涛、裴艳玲、马兰、吴琼、杨俊、王君安等等成为好朋友，他从心底里怜惜这些戏曲人，也被他们引为知己。他和他们惺惺相惜，一起悲喜着戏曲的酸甜苦辣，一直到他加盟山西卫视后，又一次找到梦想启航的地方。

几十年的经历让白燕升明白，通过电视手段来传播戏曲将成为他的宿命，这条路是他自己选择的，虽然艰难，虽然孤独，但他痴心不改，矢志不移。

白燕升的个人专辑《戏梦人生》里的同名歌，是他自己作的词，他说："那不是写出来的，而是流淌出来的，那是我真正的心声，是我所背负的人生。"

> 多少年无助地漂泊
> 漂泊那梦想的舞台
> 人生百转总难耐
> 蝴蝶飞不过沧海

1993年经过选拔他进入中央电视台，刚进央视，在没有转正以前，他只是一个临时工，每天打水打饭扫地挣扎无助。即使是转正后，他也是找不到状态找不到感觉也得不到认同，他咬着牙，坚持着，终于等来了CCTV3的开播。

那些年，戏曲的生态环境并不好，电视戏曲的生态也不好，白燕升和同事们为了戏曲的尊严，努力着挣扎着。可是，他在为戏曲为传统而劳累奔波时，却不得不面对种种排挤非议和磨难。他有时候很想向一些人发问，你们爱戏曲吗？你们是帮助戏曲还是亵渎戏曲啊？可他往往只能是苦水往肚里咽。尽管他带领《戏苑百家》做出了许多脍炙人口的好节目，电视戏曲这个传播渠道在各大城市开花结果，但他还是接到一纸通知，《戏苑百家》被拿下了。在郁闷、伤心和彷徨中，他关闭了自己的博客。

很多人说，传播戏曲，没有人比白燕升更合适，虽然经历过风雨，但他还是在这条艰难的路上跋涉，还是在接续着他与戏曲的缘分。

> 待星光散去
> 沧海重来
> 化作那一片清风
> 与爱同在
> ——摘自《戏梦人生》

这确实就是白燕升的真实状态，他的生命里，始终将对戏曲的挚爱倾注其中。

白燕升爱唱戏也能唱戏，7岁就红了。可是父亲不愿意他唱戏，不让他考剧团，也不让他上艺校，企望彻底切断他走戏曲这条路。可他身上流淌的是戏曲的血液，他的心里犹如火燎刀绞般难受。后来上大学，工作，最后还是主持了戏曲节目。想一想，是父亲给了他戏曲的血脉，让他与戏曲难分难解。

一直在央视主持了很多年的戏曲节目，也创下了一些栏目品牌，但是他不满足，还有什么是他可以做的？是否可以找到更好的环境去做？经过认真思考，他选择了离开。

离开央视后，白燕升走进大学校园，以戏曲布道，为戏曲呼吁。他的听众有少年，有老戏迷，有学生，有老师，也有教授乃至院士。他和大家以戏曲为媒介进行广泛而深入的交流。他希望在纷繁复杂的社会中，利用自己的影响，开启青年人内心深处的传统文化之门，让我们的本土艺术唤醒他们善和美的温情基因，让国家的未来增添传统文化的浸润，因为那是中国人自己的DNA。

在上百场的艺术讲座中，白燕升惊喜地发现，有许多青年人如从迷梦中醒来，从满不在乎到全神贯注，他们实现着他的期许。听众们用各种形式与他交流，他说，他和他们的交流其实已经超越了讲座本身，这也让他由表及里地觉悟、觉醒、觉知，在这如宗教仪式般的互相印证互相砥砺互相欣赏互相敬畏中，他自己也受益匪浅。

有这样的文化使者，是戏曲之幸，是传统文化之幸，也是中国之幸。

说到电视戏曲，他是第一人。当电视在新时代进展到真人秀阶段，他依然领军，成为真人秀电视戏曲节目第一人。

这要从他和山西的缘分说起。

白燕升与山西的缘分找不到一个准确的节点，也没有特定的人，是如同润物细无声的细雨一样，慢慢地切入的，等到发现的时候，已经浑然一体。

他说："怎么能不爱山西呢？雄关要塞，表里山河啊，有黄河之水天上来，奔流到海不复回的雄壮，有精卫填海、神农尝百草那样的远古诗意，有几千年中华文明的源头，有金戈铁马的精魂，也不乏细水微澜的柔情。就连戏曲，也有很深的渊源，《程婴救孤》《西厢记》等都是吧？现代戏曲发展成型之前的元杂剧大家，山西竟然占了三席，关汉卿、郑光祖、白朴，对吧？北方大地因为他们光耀千古。做电视20多年来，走近了山西，也熟悉了许多剧种，山西是戏曲大省啊，产生了几百个剧种，存活下来的都有几十种，这在全国是可以引以为傲的。在山西也结识了许多戏曲人，谢涛、王爱爱、张爱珍等，他们身上都有山西的优良传统和美好品德。山西出人才啊，这些年，向全国院团输送了多少艺术家啊。"

白燕升沉吟半天，又说他几次去过五台山。五台山有纯净的宗教元素，在那里他就可以静下来，甚至可以"和神灵对话"。他把他对戏曲的热爱都讲给神灵听，他的苦闷他的彷徨以及他曾经不可言说的苦痛，他都讲出来，然后心灵重归平静，以便轻装上阵，奔赴人生的战场。他说这一段最好不要写，我却认为，有信仰的人，心灵都在朝圣的路上，没有什么不可以写，五台山只是朝圣的路程罢了。

白燕升所要走的路和他走过的路，一直是同一条路，注定了他要和山西结缘。

2015年，他高调加盟山西卫视，这条消息在网络上热炒了一段时间。

在他加盟山西卫视之前，山西卫视就有一档栏目《走进大戏台》，已经坚持了15年，节目组做了许多工作，只是在品牌的影响上，与竞争激烈的娱乐选秀节目相比，无法站在前沿，基于这样的需求，双方一拍即合。利用电视推广戏曲，白燕升有独到的经验，也有前瞻性眼光，加入以后，当年就推出了《青年戏曲演员电视大赛》《戏曲公开课》《戏曲进校园》《燕升访谈》等精品节目，在戏曲界引起强烈反响。《走进大戏台》被国家广电总局评为"2015年度创新创优节目"。

山西卫视发生了质的飞跃，白燕升则继续走在他要走的路上，这是一个双赢的局面。

他说，他珍惜和山西的缘分。

加盟山西卫视以后，白燕升就琢磨着也许实现自己梦想的机会来了：让全国各剧种放在一起比赛，一定会很好看，并有独特的艺术魅力。他就这个梦想和时任山西电视台台长郭健进行了交流，郭台长当即拍板：我们不是一流的电视台，但这不妨碍我们做一流的节目。这样，便有了《伶人王中王》的横空出世。

做这个节目并不容易，最难的便是向各路英雄广下战帖。白燕升列出的长长的名单上，许多是"梅花奖"获得者，有的甚至是"二度梅""梅花大奖"获得者，他们都已经功成名就，能来吗？而且，把不同的剧种放在一起，这样的比赛，形式不同，地域文化不同，所承载的文化使命也不同，这在全国来说都是首例，能行吗？白燕升苦口婆心地向他们阐明自己的想法和这个节目的意义。那个时候，白燕升接到的基本都是拒绝的消息，这使他很郁闷，这真的没有可能吗？确实是，戏曲人和歌手等艺术人才相比，成长的道路不同，他们几乎是在田野中自由地生长，经风雨熬霜剑，才能长成，非常不易。但是白燕升说："我就是这样，明知不可为而为之，20多年的电视工作，一生的戏曲浸润，这决定了我就是要做别人不能做的事。"终于，许多名家答应了，答应放下他们已有的光环和成就，来参赛，来为自己的剧种鼓与呼。当然，这其中自然有白燕升的个人魅力。他非常感谢前来参加比赛的艺术家，称他们为"英雄"。

白燕升认为，作为传统文化的精髓，戏曲不应该在非物质文化遗产名单里求生存，而要在百姓的喜闻乐见里寻发展。就是抱着这样一个想法，要找到这样一种方式——比赛并不是目的，而是途径。他说，无论是戏曲人还是电视人，都应该放下心中的那个"小我"，去成全那个"大我"。如果为名为利，每个人都可以做更轻松更赚钱的事，之所以选择迎难而上，明知不可为而为之，无非是想证明：我们可以更有责任、更有影响、更能担当、做得更好。或许，这也是各路名家卸下过往的荣誉，为剧种而竞演、为戏曲而发声的那份初心。

他说，这个节目放在山西，与山西的文化底蕴是契合的，这就是非同寻常的缘分。

其实，这个想法在他心里已经酝酿了十年之久，这是他的梦想，也是他在电视戏曲方面的一次能量强度最大的释放。所幸，上天给了他机遇，心想事成。

这是他的幸事，也是全国观众的幸事。

站在《伶人王中王》新闻发布会的现场，他说，在他感觉到懈怠的时候，2016年春节前夕，他的生命中迎来了儿子的降生，看到儿子小脸上透明的绒毛，他知道，自己还必须直挂云帆济沧海，继续远航，戏曲传播的路还有很远，自己必须去走。

生命不止，爱也不止，为戏曲续命的责任自然不止。

2.关于《伶人王中王》

《伶人王中王》到今天，已经走过了四季的路程，也已经迈向了第四个年头。四季来，《伶人王中王》受到热捧，也饱受争议。

我是在第一季《伶人王中王》的现场见到白燕升的，那时得知他要做这样一个节目，我觉得我应该采访他，把他的故事讲出来，于是我托人联系到了他，并现场观看了节目。

对于这个节目，我当时是这样认为的：

第一，《伶人王中王》是山西向中国戏曲致敬。

山西作为中国的戏曲大省，剧种数量占到了全国的六分之一，居全国首位。节目邀请京剧、川剧、河北梆子、豫剧、评剧等不同剧种的戏曲名家、领军人物重返竞技场，通过一定的赛制设置，经过激烈的角逐来争夺王中之王。这种展演竞技的方式，既展现了不同剧种的特色与魅力，也是对异彩纷呈、博大精深的中国戏曲的一次礼赞与致敬。

第二，打破藩篱，实现戏曲大融合。

一直以来，戏曲界没有横向比较的先例，剧种间更无优劣高下之分，而《伶人王中王》以一种从未有过的胆识和气魄，让本已功成名就的艺术家代表各自剧种同台竞争，其本身取得的关注度就是这档栏目的闪光之处。

各剧种貌似无法阐明优劣，但表演还是可以高下立判的，虽不是云泥之别，但那种细小的差别，观众识得出来。一个演员对舞台人物的理解程度、入戏程度、个人文化内涵、表演分寸拿捏等等，都是可以通过表演显现出来的。实际上，真正比拼的时候，观众也会忘了唱腔上的差别，而去注意每个演员离戏曲人物的远近程度。

一个艺术范型，发展到一定时期就会出现瓶颈期，对于戏曲来讲，各剧种在漫长的发展过程中，也竖起了高高的壁垒。这个壁垒从内部是无法攻破的，只能是竖起了门户之见，只有借助外力，给艺术范型僵化的模式一定的撞击，让它从内部的废墟上开出花来。这对于成熟的艺术范型来讲，是有长远的意义的，这也是评委仲呈祥提到的"各美其美，美人之美，美美与共，天下大同"。这16个字是费孝通先生提出来的，被仲呈祥评委用在这个舞台上，真是恰如其分。戏曲名家通过比赛，展示自己的美，借鉴别人的美，大家共同完善，最终实现天下大同。这是《伶人王中王》的审美意义，更是传统文化的一次壮举，具有积极的社会意义。

第三，为山西戏剧助力。

这档节目对山西来讲，也是有一定意义的，时任山西广播电视台台长郭健在北京大学举行的电视戏曲艺术专题研讨会上谈道："我们不是一流的电视台，但不妨碍我们能做一流的节目。《伶人王中王》就是勇敢者的挑战，成功者的游戏，这个节目很有可能成为一档现象级影响力的节目。这么多的电视人、戏曲艺术家参与其中，他们带着伟大的使命，来给戏曲续命。"这样的续命，将带动山西戏剧发展，为山西戏剧助力。

第四，开启戏曲新时代。

《伶人王中王》实际上开启了一个戏曲新时代，那就是每个剧种都必须站在更高的高度上去审视自己，京剧无须太优越，地方剧种亦无须太谦卑，所有的剧种结合在一起，才是真正的中华大梨园；各剧种同步并肩，才能建造起传统文化坚固的长城，真正做到"百花齐放，百家争鸣"。

我当时的期望和预判，一部分实现了，一部分还在路上，但它的价值是毋庸置疑的。

这个节目同时也饱含争议，有人说这是用山西的资源办全国的事情，有人说，这样做，对艺术是伤害。

我听到了许多这样的说法，但我无法一一回复。

这个节目在全国来讲，首开戏曲真人秀节目的先河，就这一个创举来讲，也值得赞扬。从那个时候开始，这样的节目全面开花，而山西是第一个吃螃蟹的。该不该改变原来的情况，不只做山西，而要做全国呢？我认为是应该的，我们要站到一个高地上去，高瞻远瞩，知己知彼，才能确知我们在全国戏曲界的地位，确知我们的优长和短板，这对我们是种促进，是种激励。对于竞演环节的争议，我认为是不必要的，艺无止境，只有朝着最高目标奋进，才能立于不败之地，而所有人都朝这样的方向努力，那将是一个地域的繁荣兴旺，所有地域的兴旺将是戏曲大观园的繁华盛况。

这是我的个人观点。

而评判这个节目，如果用最简单的话说，也是提高了山西卫视的知名度和地位，提升了山西戏曲的鉴赏品位。它最终的影响日后才能有正确的评价。

3.《走近大戏台》的荣光与波荡

前面说过山西卫视早就有一个品牌栏目，就是《走近大戏台》。

电视时代，戏曲与电视结合，山西不甘人后，山西电视台于2001年开办了《走近大戏台》栏目。自开办起，就有许许多多的人投身于其中，为宣传和传播山西戏曲起到了一定的作用。不论在重视收视率还是不重视收视率的情况下，这个栏目的收视率一直是很高的，相对于山西电视台的其他节目来讲，收视率不低，在惯用大数据分析的现在，纵观收视率，这个栏目在全国同质栏目中，收视率也不低。

但这些年，并不是一帆风顺的。

大戏台导演之一的贾宝宝把这个节目分为五个时期，分别是：辉煌期、低谷期、服务期、曙光期、高端期。

初创时期，就是贾导说的辉煌期，由于它是一个新鲜事物，很多观众在很多年里都是看着河南电视台的《梨园春》走过来的，现在山西有了自己的节目，且是自己的戏曲，观众表现了分外的热情，那时候掀起一阵阵的"大戏台热"，戏曲演员也以能参加大戏台为荣。

最初，办过擂台赛，分为专业组和业余组两个赛别，奖品价值很高，有时候是一套楼房，有时候是一台桑塔纳轿车。因而引起了广泛关注，参与的人，和观看的人，一次次刷新纪录。

那些年，除了擂台赛，也走到市县乡村去录节目，基本做到了遍地开花。一年里，在基层录完初赛复赛，到了年底，几万人再回到山西电视台的演播厅录决赛，不是万人空巷吧，也是摩肩接踵。这份热烈，现在回想，都特别让人怀念。

大概就是五年的时间，这份热烈就退去了，进入了低谷期。从大环境来讲，戏曲整体有点萧条，小范围来说，这个节目的"三板斧"过去，自然就是审美疲劳，再加上办久了，可选的演员范围也越来越小，关注度不高。综合起来，就是这个节目走到了很难的分上，必须改革创新才能接续它的生命力。

做不下去的时候，大戏台采取了"三下乡"的路子，进乡村、进军营、进社区，到贫困山区，赈灾义演等等，把戏送下去，也就是服务期。用了几年时间，几乎走遍了山西的每个角落。后来又和其他电视台合作，共同推出一些戏曲栏目，也颇受好评。

这些年来，即使再艰难，这个栏目也一直坚持办，推出了许多高水准的戏曲人，他们中有的获得了"梅花奖"，比如说，运城的孔向东、贾菊兰等人，有的获得了山西的"杏花奖"，许多人成为各自院团的中坚力量，许多人通过参加这个栏目，逐渐成熟起来。十五年办过来，也收获了太多的戏迷，全国各地都有，北京、上海、沈阳、内蒙古、河南、陕西、四川、浙江等地都有固定的观众。至今，年老的人们还会在每周日晚固定地守在电视机前等待这个栏目开播。

十五年艰辛努力，十五年持续经营，终于在2015年迎来了白燕升的加盟，新的力量注入，让这个栏目更加有品质，站位更高，也收获了上级部门的认可。它的观众群也在向年轻人靠拢，有效地传播了山西戏曲，节目本身也从曙光期走到了高端期。

到今天，这个栏目留下两个品牌节目，一是《伶人王中王》，一是《青年戏曲演员擂台赛》。两个节目每年都有小的创新，携带着电视的功能，携带着山西文化的希望，持续地活跃在观众的视野中。

4.孔向东：大戏台走出的蒲剧"三生红"

说到电视戏曲，说到大戏台，有一个人的成长最具代表性，他就是蒲剧名家孔向东。

我是在一个戏友群里找到了孔向东微信的，那个时候，因为经常看戏和写戏评的关系，也就顺理成章加了他好友。

而第一次见到孔向东，是他带着新戏——蒲剧《风雨鹳雀楼》来太原参加山西省首届艺术节。我在山西大剧院找到他的时候，他正在化妆间化妆，同时挂着吊瓶打点滴。那晚的戏，以鹳雀楼下的老中医秦五爷仁心医病、医心也医世的故事展开，孔向东以须生应功，有情怀，有形象，有格局，赢得大家的掌声和赞誉。戏散场的时候，我没有向他道别。大家都说看了一场好戏，却没几人知道，戏里，他是医生，戏外，他是病人，他有"神经性耳聋"的疾病，而这个病对一个优秀演员来说，是致命的。

几次想跟他聊天，他都没有时间。不几天，又得知他腿病犯了，住进了医院。这个阶段，他要下乡演出，还要备战《伶人王中王》，他要代表蒲剧代表山西参加第三季《伶人王中王》，与全国各大剧种的领军人物进行比拼。我问他："你这样拼，不要命了吗？"他说，没办法，他不下乡，老百姓不答应。

一直到了河北霸州（《伶人3》录制地），我们才有了时间坐下来开始畅聊。我才有机会了解到他的艺术人生。那天晚上，我们聊了两个小时后，不能再打扰他了，他要备战第二天的比赛。我向他比了一个加油的手势，离开了他的房间。

孔向东

比赛进行到第三轮的时候，有一家媒体采访他，他说了三个词：紧张，好，完美。再见到我的时候，他就像个小孩子似的问我："老师，你说我说的对吗？"我向他伸出大拇指，他笑了，像得了大红花的学生。

他说的是真的，也是真心的。

1972年，孔向东出生于运城市芮城县山区一个普通的农家，他出生的地方，在中条山下，黄河边，永乐宫的后面，包括这里整个晋南都是中华文明发源的地方，这里随便抓把泥土都能攥出文明的汁液，这里也流淌着腔高板急的蒲剧腔。

他是以蒲剧骨子老戏《赵氏孤儿》开始他的《伶人王中王》征程的。

孔向东有"三生红"的美誉，源自他参加了山西卫视《走进大戏台》栏目举办的首届擂台赛，那年他29岁。他以《清风亭》中的张元秀、《辕门斩子》中的杨延景、《周仁献嫂》中的周仁，老生、须生、小生三个不同角色、不同年龄跨度的表演，令评委和观众叫绝，以几乎满分的成绩技压群雄，一举夺得专业组总擂主。

到现在，山西的很多观众知道他曾是《走进大戏台》的擂主，而他夺冠的难，却极少有人知道。

那时候，他还是一个学生，还在剧团实习。他去参赛，正好蒲剧团在太原参加一个会议，领导也就同意乐队同时给他伴奏，可是进了决赛之后，团里在太原的活动结束了，也就没有了乐队。那年是个冬天，下着雪，他找太原的朋友借了钱，再找乐队，有许多事情摆不平，他住在电视台后面的一个洗浴中心里，一个人急得吐了血。后来，还是领导同意乐队帮助他参加完这次擂台赛，这才有了后来他夺得冠军的事儿。现在我写起来轻描淡写的，可当时的过程，让他体会到了什么是世态炎凉和惊心动魄。

这个擂主让他从大戏台走了出来，也让他成长为蒲剧的中坚力量。一直到他获得"梅花奖"。

那年他37岁。在平顶山的演出中，孔向东在清风亭前"捡子、追子、认子、谴子"几场情节戏中，把张元秀老人养子之艰难，失子之悲痛，追子之心情，盼子之凄苦，谴子之义愤，由喜，而忧，至愤，复杂交加的情感，唱得气息饱满，激昂洪亮，形神兼备，真切感人，把一个衰派老生的形象演绎得声情俱佳。尤其是老生程式和圆场功、跪步、抢背等难度颇大的演技，他表演得淋漓尽致，扣人心弦，尽管存在着地域、剧种、唱腔、念做的差异，但仍使观众掌声雷鸣，喝彩不断。最终他成为运城地区第六朵"梅花"，这部戏也成为他的代表作。

可他夺梅前的经历，也是让人唏嘘不已。

在"谴子"一场中，为了追求一个动作的完美，他一次又一次反复训练，摔裂了膝盖，几乎撕断韧带，到北京诊断时，大夫建议立马做手术。想到术后漫长的恢复时间，想到全团人员已经付出了那么多的劳动，孔向东一口回绝，他说："只要一上台，我就忘掉所有疼痛，只要能捧回'梅花奖'，为我们盐湖区塑造一个文化的品牌，哪怕这条腿不要了……"之后就真的回到排练场，直到拿回"梅花奖"。

很多人在探讨，为了"梅花奖"做这样的付出是不是值得？"梅花奖"和个人长久的艺术道路，孰轻孰重呢？但对于基层的演员来说，这个奖的分量是他们获得地方支持、获得百姓看重、获得发展支撑的重要途径，而这样的机会，在人的一生中又不是很多，只好在那样的冲刺中，孤注一掷，拼了。联想到文学界的鲁奖茅奖，不也是这样吗？路遥为他心爱的文学事业，终至牺牲了生命，也许戏曲演员也一样，追求"梅花奖"的历程，就是他们朝圣的旅程。

这是他的人生历程，而人生背后的苦痛，他却很少谈及。如果不是我追问得紧，也许他也就不会提起了。

这次《伶人王中王》的征战，也是他人生苦痛的大盘点。是因为演出《赵氏孤儿》摔坏了腿，这么多年不曾根治。用《清风亭》"夺梅"，又一次让腿病加重。《周仁哭坟》让他想起了参加大戏台的一幕幕。这几次演出完毕，站在台上，他回忆起了一切经历，又悄悄地咽下，人生一切苦痛都是让自己成长的必经之路。承受多少光鲜，就要承受多少艰难。

当白燕升问起他：来《伶人王中王》之前，耳朵有问题，腿还有病，还要下乡，不要命了吗？

他说，他的命不属于自己，属于蒲剧，属于喜欢他和支持他的人，只要老百姓们还需要他，他就会唱下去。

他也爱家人。

在《伶人王中王》现场，孔向东唱了一段蒲剧传统戏《芦花》，这段戏说的是二十四孝中的"鞭打芦花"。唱完，白燕升问他：为什么拿这段戏参赛？

他说，作为子女，自己对不起父母，作为父亲，自己对不起女儿，只是想在这个舞台上，说一声对不起。

条件好转以后，孔向东把父母接到了城里，就和自己住在一个小区，可是即便这样，也是天天见不到面。妈妈最不支持他唱戏，嫌儿子太辛苦，妈妈无数次地做好饭，也无数次地等不到儿子，再把饭倒掉。爸爸支持他唱戏，知道他要参加《伶人王中王》，爸爸说让他一定好好演，把蒲剧演好。

爱人是他辛辛苦苦追来的，他们在一个团里，为了追爱人，他想尽了办法：提着一壶水去爱人宿舍，一直喝到太阳落山；找人在爱人宿舍打麻将，他管倒水；出外演出，总是他管占座位。所幸，这些年，爱人作为他艺术上的知己和伴侣，一直陪伴他这么多年。以至于别人都说："孔向东，你们两个人就没够？"他说："不够，她陪着我，总是在乡下演出，够吃苦的了。我们要好一辈子。"

爱人40岁时，才有了他们的女儿，由于长年在外演出，没时间照顾女儿，9个月时，女儿就给了孩子的姑姑带着，9岁时，又把孩子送到了北京上学。送孩子去北京的那天，夫妻两个哭成了泪人，两人送完孩子还没到车站，老师就打过电话来，说他家孩子要疯了，他们又返回学校。到现在，想起孩子，爱人还是哭。

孔向东对着镜头，哭出了声："对不起孩子。"

我悄悄地把休息室的门打开了条缝，孔向东的女儿发过来小视频，孩子说："爸爸妈妈，知道你们在参加《伶人王中王》，不管结果怎么样，我永远支持你们。"

一刹那，休息室里，伶人助理、宣传片拍摄组等剧组的人全都跟着孔向东的爱人，哭了。

我也哭了。

他们不是不想照顾老人孩子，他们没办法，作为基层剧团，他们一年演出400多场。只能感叹，做了戏曲演员，只能对不起家人。

孔向东知道，自己不仅仅是演员，还肩负着重任。

蒲剧的男声声腔，音调高，板眼紧，对演员的声带有不同程度的损坏，再好的男声也难以保持到50岁。一直按老方法唱下去，不仅仅是坏嗓子，现在喜欢蒲剧的年轻人越来越多了，孔向东觉得唱腔也应该与时俱进，他潜心研究过发声规律，再融入一些唱歌的科学方法之后，在咬字、喷口、偷气，等细节上打磨，慢慢就唱成了现在的样子，以前连续唱几场下来，就累得不行，现在唱几场下来，嗓子没问题，他自己的摸索和改良取得了成功。唱腔饱满、道白铿锵、行腔舒展、韵重味浓，他也形成了自己的风格。

白燕升赞许他：孔向东这样做是想让百年老蒲剧和各大剧种接轨，非常好。

为了蒲剧的传承，他想尽了办法，他办起孔向东戏校，招收一些家庭困难的学生，孩子们毕业以后，可以进剧团实习演出，也算是给穷人家孩子指出了一条路子。孩子们都叫他"孔爸爸"，他对他们无法割舍。

他还办过《蒲乡红》电视戏曲栏目，为了蒲剧的最大限度传播。这是他让戏曲和电视结合的一个尝试。

但是办这两个项目，他都遇到了困难。因为资金问题，电视栏目已经停播。学戏的孩子越来越少，戏校也难支撑。

他没有怨天尤人，只是说，能坚持多久就坚持多久吧。

以蒲剧骨子戏《赵氏孤儿》开始，以眉户小戏《父亲》结束，孔向东完成了自己的征战之旅。在《伶人王中王》的舞台上，蒲剧的老腔老调，以及孔向东对蒲剧的热爱都获得了观众和评委的一致称赞，京剧武生巨擘李玉声还直说："这个演员太好了，要把关公戏传给他。"就像他自己说的，他是从开始的稍微紧张，到感觉到这个舞台的好，再到完美。孔向东在这个舞台上，每一部戏，每一个唱段都得到完美演绎。也确实，只有王中王的舞台，才能这样让各剧种横向比较，互相刺激，产生化学反应，才能激发斗志，从而审视自己的差距和不足。

最后一轮比赛，孔向东哭了。泪水中，我分析不出成分来，但我的心酸，从认识他，就只有增加没有缩减。

白燕升说，这个舞台是面镜子，照得见人性的好，也照得见灯光背后的黑暗。节目播出后，大家看到了一个憨厚、质朴、为了蒲剧舍弃所有的孔向东。

想对他说：《伶人王中王》只是开始，从这里重新出发，重新定位自己的艺术之路，未来还远，不忘初心，砥砺前行吧。还有，为了戏迷，好好保重自己。

第六章

送戏下乡的成就与思考

在2017年1月14日举行的山西省第十二届人民代表大会第七次会议上，省长楼阳生作了2017年山西省政府工作报告，报告中关于2017年的工作安排共列示了十二条，其中第十二条是"大力推进民生改善"，具体包括一条：免费送戏下乡一万场，就此山西省从上到下的送戏下乡活动持续开展起来，这样的大规模与民生有关的事件也是一个作家关注的范围，于是我也开始了自己长达两年的、断断续续的跟随下乡的步履。

1.从太原到忻州，初下乡的感受，从一篇日记开始

2017年8月5日

忻州五台北大兴村

天气：晴

翻开我的日记，看到这几个字，那一天的场景又出现在我的脑海里。

8月5日，午饭过后，接到省晋剧院演出团团长曹万林的电话，问，他们要去下乡，我去不去。去，当然要去。

用最快的速度打点好自己，赶到晋剧院门口坐车。曹团长问："你坐大巴，还是让其他有车的人载你？"我说："我还是坐大巴吧，这样好，我想和大家在一起。"

大巴是晋剧院的"惠民演出专用车"，哪个团体惠民演出，哪个团体下乡，哪个团体用，专车专用。

我兴冲冲地坐上车。演员们也陆陆续续地来了，安放好行李，他们就全部找位置坐下，没有喧哗，没有过多的言语，互相微笑致意。他们对于我这个外来之人，也没有惊诧，还有一男士热情地过来打招呼，虽然我很蒙，但还是同他握手。

没有一个迟到的。13：30，车准时开动了。

演员们有的戴着耳机听音乐，有的聊微信，有的很快就进入梦乡。我后悔坐在了第一排，没法和大家闲聊，不过，这个气氛也不适合聊天，即便坐在后排，也不一定能聊天，他们每个人都在自己的状态里。

暗自笑笑。也好！有的是时间。

大中午的，都困了，看到他们的神态，听到若有若无的鼾声，我也很快进入梦乡。

车内的冷气驱逐了酷热。车开得很平稳，睡觉还不错。

一觉醒来，车还疾行在高速上，司机师傅神采奕奕地开着车，全车最清醒的就是他了。没多久，车行至乡村土路上，演员们不约而同都醒了，热心地指挥道路，也开始攀谈。他们的生物钟是随着行程自发定的。

北大兴村到了，下车。

这是个远离都市的乡村，坐落在一座小山下，远处是山，绵延起伏。抬头看，白云蓝天，我们站立的地方显然在村外，周围只看到庄稼，不闻人声。有稀疏的杨柳在村庄外摇曳，尽管摇不来凉风。天，依然很热，但与太原相比，已经凉快太多。

我悄悄地步行在他们后面，去村里找一所小学，村里就一所小学，墙壁涂了黄色，很好找。此时正值学校放假，他们这次演出就在这所小学安营扎寨了。到了学校，他们都去忙了，我不知道自己该干什么，但我知道，我带了眼睛就可以，看，便是我的工作。我不急。

我看着他们按部就班去做事。

拉铺盖的卡车也来了，一车铺盖卷儿，卸在地上。都是演职人员的行李，是他们真正意义上的行李，是他们晚上住宿所用的。他们随身所带的行李箱，只是装了换洗衣物和日常用品。全部是用绿色帆布扎起来的铺盖卷儿，堆了一地，铺盖卷儿扎得很好，留有四方口子，寓意：走四方，吃四方。旧时戏班就是走乡串户，吃百家饭，穿万家衣。当年有个电视剧《常香玉》，李娜唱的主题歌，歌词是这样的：

> 你家在哪里，我家岷山头。
>
> 吃过百家饭，走过千村路。
>
> 学过百灵叫，听过黄河哭。
>
> 爱要爱得深，恨要恨个够。
>
> 人民是亲爹娘，乡亲是好朋友。
>
> 为了父老一辈子不生气，心比天大无私天地宽。

当时因为旋律好听，就记住了。这些年从乡村走到都市去看戏，我也渐渐理解了歌词所说的内容，那是戏班子和唱戏人的心声。我一直一直地记着。多少年过去了，戏外的世界早已是沧海桑田，而他们还依然保留着这个习惯：是要吃百家饭的，尽管从粗粮到细粮，百家饭已与过去有所不同；是要走千村路的，尽管从山村的泥泞小路到水泥路、柏油路，千村路也与过去不再相同。他们是无奈，是选择，是命运安排，也是传承。

谁的行李，谁来扛，女孩子也不例外，扛不动的就两个人抬。教室这个时候都是空的，几个人分一间，四张桌子并起一张床，十几个凳子又能拼起一张床。他们不争吵，也不争抢，没有谁的位置好谁的地方差这一说，自己找一个位置，铺床叠被。

铺盖打开的时候，一股潮味袭来。从小生活在一个小山村，这种味道我知道，乡村的窑洞都是潮湿的，有一股潮味伴随着乡村人的一年四季，没有在乡下生活过的人永远都不会懂得。我走完男宿舍，再去女宿舍，无一例外，被褥都是潮的。他们告诉我，上次演出，是住在乡下的一个大库房里，地面是潮的，空气也是潮的，被褥也就都是潮的，靠一块帆布根本挡不住潮气，演出完就打叠起来，堆在库房里，就没有打开过，所以，现在也都是潮湿的。

抚摸着这些潮湿的被褥，闻着这经年不散的气息，胸膛里有一股气直冲鼻子，酸酸楚楚的，难受，我怕我落泪，眼睛使劲眨，抬起头，长出一口气。

我很难过，真的！

住在大城市里的人，你怎么会想象到他们长年累月睡在这样的被褥里，第二天还要精神百倍地唱给百姓们，不卖劲唱，百姓也不答应。

不知谁说了一句，"外面太阳还好，咱们去晒晒吧"。是的，刚刚下午四点，太阳还高悬着，温度够高。

一会儿，校园里几棵树中间就晒满了被褥，花花绿绿的，像旗帜，站在小学的校园里，尽管暑天酷热，我却寒凉如水。正好碰上了晴天，如果下一个台口是雨天，他们是没机会晒被褥的，得接着潮湿着盖，即使出汗出湿了，也只能将就着用。晒出来的都是女人们的，男人们不太讲究，也可能不好意思。

听见有人招呼我，扭头，原来是司机师傅，他姓韩，腰不好，大概是椎间盘突出之类的病症，直不起身，佝偻着腰。他开了几十年车，技术真是好得没话说，腰疼，他也要坚持把演员们送到乡下。这次出门，他还在针灸期间呢，当然，这都是我后来知道的。

他招呼我喝茶，来的时候还有一辆大巴，到一个地方唱戏，怎样节俭，也得有80多人的阵容，各司其职，不然难以运转，所以得两辆大巴出门。另一个师傅是河北人，很健谈的样子。我的思绪还沉浸在他们的行李上，恍惚间，我第一次没有反驳他们称呼我"王老师"。平日里，我不让人这么称呼我，我只是一个在世间游荡、以文字果腹的人，自问才能和德行都不足以当人老师，称呼我小王或小妖都可。后来我纠正了他们的称呼。

茶，也就是一般的茉莉花茶，一冲一大杯，还自寻其乐地找了两根"树枝"泡进去，说是甘草啊什么，反正我也不认得。泡得差不多了，热情地沏给我。想起自己，平时也坐在茶室里，主人燃一炷香，听琴声袅袅，什么茶配着什么样的器物，一道工序一道工序地泡出来，主人殷勤，我也假装自己很高雅，其实我根本无法得茶之三味。而此刻，一口喝下去，觉得茶水竟然是这样令人唇齿生香，肺肠生津。韩师傅的故事就是这个时候讲给我的，他开车的时候，不管走多远，不管走什么样的山路都可以，不会困。有茶喝便好，有二两小酒就更好了，不过，我可变不出酒来。

有人收拾铺盖，有人去吃饭。这个时候吃饭就相当于是晚饭了，因为下一顿饭还在演出完以后，那个时候就半夜12点了。他们的饭是自己人做的。来之前，已经有人打过前站，已经打点好了一切。食堂，我称其为食堂，其实就是做饭的几个师傅，加上粮食和蔬菜，走到哪儿就在哪儿随时开伙。正好，现在学校的食堂空闲出来了，他们就用来做饭，这下子是名副其实的食堂了。这也是长期在外养出来的，走乡串户，不是每一个村庄都能给他们做饭，也不是每一个村庄做出来的饭都让他们吃得惯，十里不同乡，百里不同俗，条件不同，生活习惯自是不同，他们只能这样自带食堂。后来，曹团长告诉我：晋剧院都是这样，最起码饭菜保证了干净一些，可口一些，不一定吃得好，要让大家吃得饱，不然上台没体力。之所以这个时候还吃饭，是因为下一顿饭还在第一场演出完，那个时候大概就是深夜12点了。

小刘，也就是刘红霞，2016年全国戏曲青年擂台赛的冠军，终于认出我了，跑过来，不知道从哪儿找到一个碗，给我盛了一碗面条，其实，我一点儿也不饿，刚刚在出发的时候吃过午饭，西红柿鸡蛋打卤面，还有凉菜，看起来很好吃的样子，吃起来味道也还真不错。

吃过饭，我又去喝韩师傅的自制茶，这时候，曹团长终于繁忙中想起我了，随手递给我一把折扇，暑热，刚好，尽管别人没有，我也假装看不见地享受这一点儿"特权"。曹团长问我："大伙儿安顿得差不多了，你怎么住？"我说："我来了，当然是听你安排啊！"曹团长沉吟了片刻："那给你另外在镇子上找个小旅馆吧，条件好一些。"我忙说："不，不，那不行，去外面得花钱，再说，我要和你们在一起，我吃住都要和你们在一起。"

是的，离开他们，我又去哪儿知道他们的喜怒哀乐？怎么能懂得他们的精神世界？为我花钱，更是不可，即使去外面，也得我自己掏腰包。

曹团犯难了，我估计他也是怕慢待了我，其实，他不知道，我也是农村的孩子，祖祖辈辈是农民，怎么住我都能行，并且愿意。还有就是，大家都是自带铺盖的，包括他自己，而我什么也没有。这时候，韩师傅说话了："不用担心，我有，缺啥咱给小王买上就是。"

我怕他们犯难，也留给他们操作时间，我说："我去看看舞台吧。"

离开校园，我去了戏台下。

戏台，古称舞楼、舞亭、戏楼等，因时代不同，形制不同，称呼也不尽相同。古代唱戏，人们只是站在一个土堆上，慢慢有了高台，世人谓戏曲为"高台教化"，便是这样来的。再之后，有了亭子，盖起房屋，随着演戏酬神的演变，戏台多在庙里，倒座，与大殿相对，也相对讲究起来，而人员聚集的城市，有了戏楼，貌似戏曲人的条件在一个朝代一个朝代地好转。慢慢地，戏曲受到新娱乐方式以及时代洪流的冲击，戏台又走上凋敝与没落，那些承载着乡民精神寄托的戏台多数坍塌了。城市里有了剧场，演戏方式发生了改变，而乡间的庙拆了，戏台没了，有的村子盖起了舞台（俗称），这时候的舞台已不见古时戏台的匠心，只是简陋的砖瓦和水泥浇筑，没有美感，也不见"出将入相"的设置。有的村子经济条件落后，盖不起舞台，每次想演戏的时候，就临时搭起戏棚，条件好的，用的是钢管和篷布，条件差些的，只是木板和树枝，加上篷布。戏曲人员只能入乡随俗、随方就圆，搭什么台子，都得一样唱戏。

好在这个村子是有舞台的，舞台对面就是村委会，院子里锣鼓正响，原来正逢他们村的庙会，锣鼓喧天，也尘土飞扬，他们开心地敲着，这也是他们乡村的欢乐吧，赶一场庙会，释放一次快乐。

院外，啤酒和西瓜卖得最快，小商小贩们早早就占据了有利地形。

舞台很破，旁边供演员进出的小道杂草丛生，舞台坐东朝西，舞台前，给观众搭起了凉棚，一看就知道，舞台也太久没有用过了，有一些边边角角的都掉落了，地面也不平整。舞台外的一角，扑倒杂草，放置了一个大桶，水是用人工拉来的，再用水管接到大桶里，供演员们洗脸用。

地上除不平整外，还都是土，铺了地毯，也还是不平整，我知道，这样的舞台是没办法做出高难度动作的。

站在台下，天依然很热，我怕自己身体不行，赶紧拿出带来的藿香正气水喝了一支。刚刚站了一会儿，锣鼓不敲了，三个女人走到台下，探头探脑的，想知道晚上唱什么戏，我去和她们聊了一会儿，她们一个姓郝，一个姓郭，一个姓孙，她们说，现在村里有庆典都是她们的锣鼓队出面，一年四季都是这样，也不耽误农活，图个高兴，她们村一般是不演这么好的戏的，省里的团来下乡更是稀罕，他们的亲戚都来了，就住她们家，热啊，热死了，可是看好戏的机会太难碰了，必须来，不只是亲戚了，二十里外的人都来了。

看着她们自豪的神情，我恍然，原来，能让亲戚来自己村里看好戏，哪怕自己得招待，也是自豪得很哩。再往四周一望，果真，已经这么多人了，原来都是外乡人啊，早早就赶过来了。

站了一会儿，有个智障者脏兮兮地兴冲冲地跑过来，傻笑，傻看，一会

271

儿又跑走了，原来，唱戏连智障者都这么兴奋呢。

快乐和兴奋是能传染的，戏未开唱，气氛已经酝酿够了，空气里已经都是戏曲的味道了。

看了一会儿，我返回小学。

有人告诉我，把我安排在二楼，我连忙跑上去，四张教案桌拼在一起，算是床，有人帮我铺被子，有人帮我搭蚊帐，我要伸手帮忙，他们不让。

我就站在旁边，看他们忙碌，这会儿，我的心已经潮湿得不成样子，在他们身后，在他们看不见的地方，我的泪终于落了下来。

我说不清，我自己的泪为什么流。

我知道，他们喜欢我和他们在一起，他们给我温暖，给我尊重，他们尊重的是另一个我，一个作家的身份，还有一份我愿意和他们一样吃住的喜爱。从来没有人这样采访他们，也从来没有人没有官话套话没有盛气凌人没有尖酸刻薄地和他们待在一起。

我懂，所以心伤，心伤着我钟爱的戏曲，心伤着戏曲人几百年来的遭遇。

被褥都铺好了，蚊帐也搭起来了，他们扭头问我："行吗？"

我粗鲁地用袖子擦掉脸上的泪，高兴地回答："不是行，是太好了！谢谢你们！"

我转身出门去找曹团长。一楼他住的房间里，铺盖也都归置好了，他正在和村主任商讨演出事宜，就村民想看的剧目和团里准备的剧团以及哪天演哪个剧目进行磋商，之间最后达成共识，每天演什么，为什么演，最大限度照顾和满足村民的需求。我坐下默默地听。

一直到谈完，曹团长送客，才有时间和我说话："给你安排好了，你就委屈一下吧，本来想让你住外面的，既然你愿意住这里，大伙儿就凑了凑，你不介意吧？"

我连忙说："不介意，是我想要的样子。"

曹团长继续说："这里是我们下乡演出最好的地方，还有教室和桌凳，平时下乡，住在庙里，打地铺，有时候是库房，有时候是没有人住的大房子，大家睡地上，又潮湿又有虫子，那样的条件，无论如何不敢让你住，我们习惯了，你来住，身体会吃不消。"

我是感动的，心软到不行，只是我不愿在男人面前落泪，我咽下了我的感谢，嗫嚅着不知道该说什么。接着他说："你自己看你想采访什么，想采访谁都可以，我得去和派出所沟通安全问题。"我点点头。

站在园里的树下发个朋友圈，发我所看所感所想。

不一会儿，收到原国家京剧院著名表演艺术家沈健瑾老师的回话：这么多年了，为什么我们戏曲演员还是身背铺盖、自带食堂下乡？我年年在政协会上提案，希望解决这个问题，希望多盖剧院，让演员有地方演戏，让百姓有地方看戏，不能总是这样不容易啊！

我不知道该怎么回复她。

沈老师啊，城市里是有可能盖剧院的，即使是盖得起，也不一定会盖……城市里都不是每个城市都有剧院，何况偏远的乡下呢？剧院盖不到这里，没有钱的村子，连舞台都盖不起。更何况随着社会的发展，很多村庄只留下了留守老人和儿童，连学校都没了，哪会有舞台啊！怎么能解决了这样的问题啊！百姓们又需要戏，甚至是越穷困的地方越需要戏，怎么办呢？戏曲人只能这样一代又一代地来、一茬又一茬地做，自带铺盖，自带食堂。

著名作家雪小禅也是满腔哭音，她问我：芳，怎么办，我们的戏曲怎么办？这么苦，以后谁还学戏？我们最爱的戏曲怎么走下去？

我也不知道该怎么回复她。

多少年，即使艰苦，也有人在做、在唱、在传承，戏曲至今没有灭绝，就是明证，可是从事戏曲的人，也是递减趋势，这也是事实。人们都会老去，从年轻走到年老，会爱上戏曲。爱戏曲的人，从城市到乡村，总会有，从业人员却值得担忧，怎么样的政策，才能让戏曲人越来越多？怎么能让戏曲人获得社会地位，获得高收入，让他们进来就不想离开？怎么能让戏曲成为一个人人都想来的神圣之门？

我没有答案。

她在传播戏曲，她也没有答案。

太多的人都没有答案。

夕阳落山了。

日出而作，日落而息，兼顾百姓的作息习惯，开戏在晚上八点。不到七点钟，我又来到舞台下，这时候，乐队的人已经在舞台上开始调音、练习，为演出作准备。

19：00，演员们陆续到场，他们开始化妆、练嗓、练功。

19：30，更多的观众来到台下，抱着自己家的板凳或马扎，寻找自己满意的位置。

19：45，演员们化好妆，开始候场。

这个时候却阴云密布，狂风吹起，雷声响过，有了雨星，白天撑起的遮阳网根本不能遮雨，百姓们不走，有的拿出雨布、塑料布蒙在头上。他们不走，我也不走，我就想看看他们坚持多久，坚持的时间代表着他们对戏曲的渴望程度，百姓们能做到的，自然我也能。

20：00，雨停了，雨伞雨布都收了起来，有凉爽的风吹来，很是舒服。

20：10，院子里燃起了烟花，雨后的烟花是暗夜的眼，在此之前我从没有感觉到，烟花易冷，却又是这样的明亮，它照亮着许多渴望光明的心。

这一刻的村庄，犹如盛装的少女，竟然比过年还要热闹。

烟花落下，光明归于沉寂，三通鼓响过，好戏开场。这一天，在正场演出之前，搭了一段《辕门斩子》，我身边坐着一位男士，穿戴不俗，原来是太钢的职工，退休回了老家，从邻村赶过来看戏的。

20：30，人越来越多，院子里到处站满了人。

看着舞台上整齐的阵容，连龙套都是整齐划一的，想起曹团长给我讲过，他们团年轻演员多，包括乐队，要让年轻人一起成长，要把他们一起培养起来，我欣慰了许多。

举目一看，灯光都是新的。

曹团长说过，他们换了新的灯光，又省电，又不像以前一样，烤得人难受，不然天又热，加上灯烤，就没法演了，即使下乡，这些细节一点儿都不能省。

台上一对金童玉女，一个演杨宗保，一个演穆桂英，都是中国戏曲学院的本科生，他们才子佳人式的搭配，那么美，那么好，我恍然觉得我回到了明朝昆曲兴盛的江南，万人攒动，月上柳梢头，歌尽人散，人群都不肯离去。

不等戏演完，我已支撑不住，回去睡觉。舞台下依然是满满的，他们看着他们想看的戏，脸上都是满足感。有的还打着拍子在伴唱。

我寻找缝隙离开。

夜晚的小学校园很安静，只有两位大巴师傅在喝茶，我问他们，怎么没看戏？他们说，看过无数遍了，也是哦，他们当然看无数遍了。他们在等演员们回来一起歇息，相依为命吧。

后来，我才知道，司机师傅就睡在车上。

找到水管，勉强洗了一把脸，好不容易找到厕所，解决了问题。躺在乡下教室里的硬板"床"上，抱紧自己，深深地吐息三次，睡去。

而我至今不知，那些被子是谁的，褥子是谁的，床单、枕头、蚊帐又是谁的，我只记得，那一夜，我忘记一切忧烦，和我怜惜的戏曲人荣辱与共，酸甜苦辣，我们在一起！

2.跟随送戏进社区的一个片断

2017年7月22日。

我打电话给省晋剧院青年团团长赵勇强，知道他们就在太原附近演出，我想经历一下。他让我在晋剧院门口一起乘坐大巴到演出地点去。

赵团长把我交给赵源，赵源是他们团的乐队成员，也喜爱文字，目前做编剧也算写出一点名堂，我们也算相熟一些。自然照顾我的责任就给了他，后来吃饭、坐车、了解情况，介绍演员，都是他招呼的。也在此表示一下感谢。

那天早上我八点出门到达晋剧院门口，天稍微有一点阴，即使是这样，也热的难受，动一动汗就直淌，一上大巴，车上空调开着，舒服了些。

半个小时后到达北营社区。

从停车的地方还要走一大截才能到演出地点。我随他们走。小赵把我领到他们吃饭的地方，早上还有早饭，我因为来的时候吃过早饭了，就四处走走等他们。说是食堂，其实就是临时搭起来的棚子，天太热了，棚子下面温度很高，中间放了一台电风扇。他们把他们吃饭的地方，叫食堂，不管什么样的地方，只要他们的大师傅在，就是他们的食堂，我觉得应该叫流动食堂，他们带着这样的食堂走南闯北，尽量不到老百姓家里去打扰。早餐看起来还不错，有粥有奶，有小菜，菜有冷有热，主食有馒头有油条，大家忙中有序，用最快的速度吃饭。有一位演员带着孩子，说是放暑假了，也没人照看，就带来了，孩子很调皮，来来回回地跑动，周围人的告诉我，这个孩子从小跟着剧团，很会唱呢，我让她唱一段，她羞涩地低下了头。很快吃完早饭，他们都去舞台上化妆了。

离开食堂，我才知道，食堂给他们做饭的大师傅是剧团的武生，功夫很好呢，没演出时就给大家做饭，有演出时化了妆上台，两用。师傅每天出去采买，尽量让大家吃到最新鲜的饭菜，也适时变换花样，保证演员的身体需要。

大家都在舞台上化妆，各自忙活，我也就四处看看。

舞台上到处都有打好的行李卷儿，墨绿色的篷布打包，麻绳捆扎，露出四方的口，寓意吃四方，这在前面已经讲过了。还有两顶小的帐篷，花溜溜的，是舞美队的，他们半夜住在这里，安装拆卸舞台都方便。

舞台的一角供奉着唐明皇，这是戏曲的祖师爷，唐明皇笑容可掬，用红缎子裹身。他们开演前都会祭拜的。这是对先祖的虔诚，也是对戏曲这个他们从事的行业的尊重。

舞台上挂满了行头，都是湿的，这个我明白，天太热了，每一场演完，服装都能全部湿透，我们穿着半袖，还是大汗淋漓的，何况他们穿着他们加厚的有棉衬的服装，还得唱还得演还得武打。花花绿绿的，挂满了后台，他们说，有的再穿的时候都没有晾干。穿湿衣服会得病的呀，我问他们，他们说，都习惯了。

舞台的侧面，有一个大大的冷风机，向后台吹风，这样子还好，还可以待着，不然要热死，舞台后台两边还有两个空调扇，调整着温度，大家不时过来乘凉，画脸，勾眉，贴片，上装，他们一步步变成戏曲里的人物，上场了。

我没有看戏，更不敢到台子下去看戏，台子下，是白色的编织好的篷布，下面的温度很高，刚才没人的时候，我下去了一趟，热得很，现在已经满满的都是人，更热了。我躲在有冷气的地方，演员都上场了，后台空了些，忽然看到满舞台的药，这些药与服装道具放在一起，很是突兀。藿香正气水，葡萄糖，感冒药，盐水，很多药，中药西药都有。他们解释，这样的天，实在不行哪，有的人演一折下来会晕，有的干脆晕在舞台上，不准备不行。我问："就靠这个坚持吗？"他们说："是啊，不能去看医生，没时间，演出排得紧，再说，多年下乡已经养成铁打的身体，吃点药就能坚持。"是的，有位演员说得对，从事戏曲工作，除了有一身好功夫，还得有一个好身板，夏天，热得人能背过气去，冬天，舞台上也不会有暖气，都必须得自己克服，自己习惯。

我听着有点鼻酸。同样都是人，同样都是艺术家，有多少人每天爆出来的都是耍大牌，甚至要高高的出场费，甚至还吸毒。可我们的戏曲人，他们有啥？啥也没有，一样多少年风里来雨里去，为人民演，多艰苦的环境也得克服，没有飞机往来飞行，没有出场费可提供，没有跟班的给端茶倒水，没有可以傲然的资本，可是他们，呈现着老百姓都需要的艺术，承载着我们千年传承的传统文化。

我已经热得不行了，一直喝水。他们说，我来的这天，是他们出来遇到的最好的天。有的时候下乡，舞台上的温度能到45度。

今年因为送戏下乡，他们去了以前没有去过的地方，很荒凉的地方，都是些没有年轻人的村庄，见惯了聚散，依然留恋去过的村庄。

对于送戏下乡这个事，他们说，老百姓是欢迎的，只是对于他们来讲，还是有困难，补助还是不够的，下乡演出，水准不能降，口碑不能降，经济效益就大打折扣。出门一次，运费，车费，吃住都是钱，人员工资，加在一起，超过了给的补助。虽然经济账不好算，好歹百姓得了实惠。他们又补充说。

一直演到中午一点多，这一场戏才结束了。这样演出，也是遵照百姓们的生活习惯。很多年前，人们一直过着日出而作日落而息的生活，早上天气凉爽的时候，要去地里，半上午回来吃早饭，吃完早饭，大概就是十点钟的样子，这个时候闲下来，正好看戏。中午一点多再吃午饭，吃完午饭睡午觉，等天气凉下来，去地里，天黑下来，吃晚饭，闲了看戏。这样的生活祖祖辈辈过来了，所以演出也是按这个时间定，虽然这是个社区，离真正的农村生活已经很远，但这个地方在几年前还是农村，只不过城市像个庞然大物越来越大的时候，才改变了它的性质。但生活习惯却一直保留着。

一点多了，我已经饿得不行了。跟着他们吃午饭，依然是热热的大棚底下，米饭面条菜，样式还挺丰富的。我一口气吃了一碗米饭，半盘红烧肉。

再坐大巴回城里休息。

大巴里，我感到一丝儿不适，我知道身体出问题了，肯定中暑了。怕别人担心，笑着告别。

打车回到住的地方，赶紧买了藿香正气水喝了，躺下休息。

到了六点钟，又爬起来，赶去坐车，我不能让大家笑话这样弱不禁风，实际胃里很不舒服。

天黑了，看戏的人多的不行。舞台前的小广场上更热了。这天晚上是晚会，听说"晋剧皇后"王爱爱要来，他们人传人，村传村，四邻八舍的、周围村子的人都来了。

台下一片喊"好"的声音。我看到王爱爱老师来了，七十多岁，还是那么雍容华贵，气质典雅。我问她："下乡这事，您还来啊，这么辛苦，这么热。"她笑笑说："苦是苦啊，观众需要，就得来，咱从事了这个事，得对得起老百姓，咱老了，不想动了，可是观众们一直期待着，托人说，能不来吗？"

夜深了，困得睁不开眼睛，可是舞台上的灯光大亮着，爱爱腔响彻夜空。想起那首歌《为了谁》：

你是谁，为了谁？我的兄弟姐妹不流泪

我的身体已经坚持不住了，在他们不注意的时候，我悄悄地离开了。而他们却长年累月如此。

3.我们是精准扶贫的排头兵，扶贫要扶文化

说是送戏下乡，除了指定的山区，各院团不约而同选择了他们的扶贫单位或者与他们有渊源的地方。也即在送戏给老百姓的同时，承担了精准扶贫的使命。

在这些院团中，曲艺团作为文艺界的轻骑兵，出发得最早。

曲艺团有自己的长处，可以到大剧场，也可以到田间地头。在山西省"精准扶贫"工作中，他们发挥自己的语言优势，担当轻骑兵，冲在前头。

2017年初，曲艺团就深入吕梁、大同等地采风，吕梁护工、天镇保姆、武乡小米县长等事迹，都变成了相声、小品、二人台、快板、鼓书等形式，发挥曲艺的优势，创作出这些节目，然后再送到农村去。他们深入国家级贫困县演出了100多场。

对于省曲艺团的工作，《山西日报》2017年3月31日以《文艺轻骑兵脱贫攻坚显神威——省曲艺团深入17个国家扶贫开发工作重点县演出百村百场纪实》为题作了一个整版的全面的重点报道。

以下是报道全文：

将党中央和省委、省政府扶贫开发的重要战略思想和精准扶贫、精准脱贫的最新政策及时送到贫困地区老百姓的家门口，用小话剧、快板、相声、二人台等生动通俗、短小灵活、群众喜闻乐见的曲艺，说唱扶贫攻坚中涌现出的先进人物、先进事迹。2017年2月10日至3月16日，山西演艺集团、山西省曲艺团深入17个国家扶贫开发工作重点县、100个贫困村，进行"精准扶贫"主题曲艺作品巡回演出，一个多月演出100场，10万余名群众观看了演出。各地群众深受鼓舞，纷纷表示要坚决打赢脱贫攻坚这场硬仗！省市县乡村五级书记抓脱贫的劲头更足了，乡亲们脱贫的愿望更加强烈，脱贫的信念更加坚定。

2016年我省实现57万贫困人口脱贫，1900个贫困村有序退出，贫困地区农民人均可支配收入6623元，增长9%，实现首战告捷。2017年我省脱贫攻坚任务更加艰巨：要确保14个贫困县摘帽、2270个贫困村退出，66万贫困人口脱贫，12万贫困人口易地搬迁，3万人口同步搬迁，贫困地区农民人均可支配收入增幅高于全省，贫困发生率降到5%。对于今年的脱贫攻坚，省委书记、省人大常委会主任骆惠宁发出再战再胜的号令。

为充分发挥曲艺作为文艺轻骑兵的作用，省委宣传部、省扶贫办大力推动和精心策划组织，省委宣传部副部长刘英魁带领山西省曲艺团深入武乡县等地采风，创作了我省首台以"精准扶贫"为主题的曲艺专场演出。2月10日，"精准扶贫"主题曲艺作品巡演首场演出在武乡县魏家窑村启动。在随后一个多月里，省曲艺团深入长治、忻州、临汾、吕梁4

个市，平顺、武乡、壶关、神池、五寨、岢岚、吉县、隰县、大宁、永和、汾西、兴县、临县、方山、石楼、岚县、中阳等17个国家扶贫开发工作重点县，演出了整整100场，观看演出的群众突破10万人次。

国家一级演员、山西省曲艺团团长王兆麟说："2月21日上午，我们前往大宁县仪里村演出。去的路上，雪就越下越大，风雪来袭，山路难行，所有演员下车推车，演出队伍缓慢地在山路上行进。在陡峭的山路上，辗转3个多小时后，我们终于赶到了仪里村。车子一进村口，我们都被眼前的一幕震慑了，数百名父老乡亲自发地站成两排，大娘、大嫂手里捧着大枣、煮鸡蛋、山核桃，大叔、大哥手里提着热水，最兴奋、最激动的是孩子们。乡亲们热情地往演员手里塞着好吃的，就像当年欢迎人民子弟兵一样迎接我们。很多演员当场流下了激动的热泪，紧紧地握着老乡的手，连声说：谢谢！谢谢！演出开始了，戏台下、人群中，一位93岁的老奶奶坐着轮椅、冒着大雪观看演出，演员赶忙将老奶奶请上戏台的侧面，让老人避开大雪，安心看演出。这期间，我们的演出也受到省文化厅的大力支持。刘润民厅长鼓励我们，为老百姓演出要动真情、献爱心。"

风雪丝毫不影响乡亲们对艺术的渴望。在兴县郭家峁村演出时，露天戏台已经让大雪覆盖。一下车，演员们赶忙和乡亲们一起清扫戏台上厚厚的积雪。演出开始了，当地气温已降至零下15摄氏度。村干部心疼地对演员说："天太冷了，雪又大，你们穿得这么少，就少演点吧！"演员们感动地说："没事儿，这是我们的职责，只要老百姓喜欢，我们就演。乡亲们在雪地里等了我们几个小时，我们心里很温暖，我们不怕冷！"

国家一级演员、山西省曲艺团党支部副书记马晓红，山西省曲艺团副团长王永刚介绍："上车就出发，下车就演出，演完再上车，上车再出发。这一个多月，我们顶风冒雪、披星戴月，穿行在大山之间。有时，一天要辗转3个村子，连续演出3场。大巴车厢就是我们最温暖的家。这个'家里'的人很辛苦，早上7点半到晚上8点，每天演出3场。这个'家里'的人很坚强，有的演员白天演出晚上输液。这个'家里'的人很能睡，因为他们太累了！这个'家里'的人每天只能吃到一种饭，蒸馍和大烩菜。"

　　山西省委宣传部文艺处处长王招宇说，山西省曲艺团是我省文艺队伍中的一支劲旅，被誉为"山西文艺界的轻骑兵"。近年来，在习近平总书记在文艺工作座谈会上的重要讲话精神指引下，为塑造山西美好形象、实现山西振兴崛起做出了积极贡献。

　　这篇报道对为什么下乡作了充分的说明，对下乡做了些什么，有什么样的作用，也作了说明，但并不完全。

　　2017年9月29日上午，我按图索骥，到食品街找到了曲艺团的工作地址。在书记马晓红的办公室，我和曲艺团下基层的几个人开始了长谈。

　　2017年的送戏下乡，他们历经了45天，走了近万里行程，17个县，100个村，100场，这是报纸里没有提到的详细数字。他们最难忘的就是报纸里说到的，村民像迎接自己的亲人一样，站在村口等他们。本来，他们去的时候，车行驶在积满雪的山路上，生命随时会有危险，心底是有一点点担忧和埋怨的，但是当村民们把他们自己认为的"好吃的"使劲塞给你的时候，担忧埋怨和心理波动都没了，心，真的被融化了。

　　村民的表情那么朴实，演出中间，有个大娘哭了。

　　他们忙问："大娘，你是不舒服吗？"

　　大娘说："不，不是，生长在这个村庄，80多岁了，还是第一次近距离看到演出。"

　　他们那一刻知道了，住在村庄的乡亲们，有的人也许一生只能看到一次这样的演出，他们由衷地对大娘说："只要您需要，我们会再来。"

　　主持人刘娟说，那一刻，他们是哭中带笑，笑中带泪的。我想，我懂得这种感受，乡亲的真实和动情，对长久地住在城市的人来说，是种冲击，是种情感的袭击。

　　刘娟说，其实，他们每一个人都有这样的那样的病，像她，腰有问题，严重的时候根本起不来，但是父老乡亲太热情了，不起来去演出，感到就对不起他们，于是咬牙起来，1天3场去演出，连续作战，每个人都是这样的，付出了比平时多得多的艰辛，一直要努力把自己完美的一面展示出来，到最后，全部生病了。

报纸中提到的把老奶奶请上戏台的场景，很感人。当时看到老奶奶并把她扶上台的是杨帆。杨帆在团里是公认的暖男，除了主持，也演出，还照顾弟弟妹妹们。当时，他一眼就看到70多岁的女儿推着90多岁的这位老奶奶，老奶奶坐在轮椅上，身前围着薄毯子，身上落满了雪，杨帆着着太心酸，赶紧把老奶奶请上台来，一方面，这个孩子本身是个很孝顺的孩子，一方面，想着让老奶奶暖和一点儿。等到演出完，看到村主任去背老奶奶，杨帆这才知道，这是村主任的妈妈，村主任到最后才说明，大家都感动得一塌糊涂。

还有一个村子，很荒凉，有一个老太太，就看着他们，一直鼓掌，从头鼓到尾，一下子都没有停。

在忻州市岢岚县三井村演出的时候，演出现场掌声雷动，可演出完后，村民们却围着他们不愿走，有个姓张的大爷很不高兴，找到团长提意见，问了半天，才知道是嫌演出时间短，王团长说："我们已经演了一上午了。"没想到张大爷说："那怎么够啊，像这样好的演出就该演上三天才行。"大家既欣慰又心酸。

在朔州平鲁区郑家营村演出时，村民们说，他们已经有许多年没看过真人为他们演出了。演出完，他们要走的时候，却发现村民们把他们的大巴拦住了，老乡们从家里带来自己煮好的鸡蛋，热乎乎地送到了车上，他们说："你们来一趟不容易，我们也没有什么好东西招待你们，吃点儿鸡蛋暖和暖和身子吧。"这无比朴素的话，让全车人落泪。

看到这些，杨帆很受触动，没想到现在这样的社会，这样的条件下，还是有这样贫困的地方，还是有这样贫困的乡村，还是有这样的文化的沙漠。杨帆感觉到，平时总看到扶贫是送东西送钱，实际上，除了物质的帮助，他们还需要精神上的帮助。

哪里？谁？才是最需要他们的地方呢？由这场触动灵魂的活动，他们都知道了答案。

提起这些，杨帆还是泪光点点的。一个挺好看的大男孩，一直用手背擦泪。

而杨帆没说的是，在这些天的演出中，杨帆给弄得又黑又瘦，有一次，自己去接电线，还摔断了肋骨，在我看不到的背上，杨帆曾经贴满了膏药，继续演出。手被冻裂了，拿不住话筒，继续，平时最讲究的杨帆，为了让老百姓看到自己的完美，穿着一件单薄的西装站在戏台上，冷风吹进了骨头里，继续。杨帆说，自己是大哥哥，得给弟弟妹妹们做个榜样，自己又是党员，得起带头作用，这样才能对得起观众，对得起自己的职业。

杨帆停顿的时候，马晓红书记就会适时作些补充。

采访其他几个院团，大家提到的都是高温和雨，只有曲艺团，说到了雪，这样，就补全了自然界的各种气候。

之所以是雪，是他们出门最早，几乎是省长的政府工作报告一落音，他们就开始工作了。那时候正是春节前后，是一年中最冷的时期。

就像报纸上提到的，把大巴当作自己的家，早上坐上出门，演出完，继续上车，车就是家，团里的人就是一大家子，团长王兆麟是爸爸，书记马晓红是妈妈，副团长王永刚是大哥哥，一家人天天在一起。在临汾的一个村子演出，团长和书记因为要参加会议离开了他们几天，等两个领导也是"爸爸妈妈"赶到村子里的时候，团里的孩子像见到爸爸妈妈一样，扑进了他们的怀里，有的笑，有的哭，那种骨子里的亲，那种感觉，那种水乳交融，真的是没办法用语言来形容。

他们都是做语言工作的，还没法描述那种感觉，而我的文字，此刻也是苍白的，无法形容。

每次演出完，百姓们都舍不得让走，他们不会说，就是拉着你的手，不松开，用一双眼睛看着你，看得你心里发酸，眼睛里都是一句句的话：别走，再待一会儿吧。大家都感受到了，每回也都像生离死别一样和百姓们告别，再赶赴下一个村子。

这种事情，真是剧场里永远无法感受到的，在城市里讲多少的党课，说多少的命令，都不及在乡下的一次真正接触。

刚生完孩子的两口子，把孩子扔家里，自己出门，实际上，这样的情况，在团里有好几对。有一个演员，一直在咳嗽，因为看到百姓们的渴盼，一直坚持演到最后，发烧了也不离开舞台。跳舞的孩子们在乡下总是吃不饱，这些都没能让平时娇生惯养的孩子们打退堂鼓。懂养生的演员自动成了随队医生，照顾大家。年轻人，没有一个请假，没有一个不上舞台，没有一个嫌弃农村的饭菜，不管什么样的饭，端着什么样的碗，蹲在地上，都照吃不误，这在城市根本就不可想象。马晓红书记儿子结婚当天，还在演出。跟医生约好做了小针刀手术，麻药劲儿还没过，就急忙赶到榆次去演出，发着高烧，连演两场。夏天烈日暴晒，演员们本来已经是高强度演出了，而他们还要让百姓们坐在阴凉地里看，他们大太阳底下演，太阳把他们晒成了黑炭，有的人的皮肤还脱皮，直到筋疲力尽。

那天100场演出回来，集团贾新田董事长专门迎接他们，等到他们晚上八点。

说着说着，马书记哭了。那样的美丽的脸，被泪水打湿，我的心里鼓胀得不成样子。

这一路走下来，我以为我不会再被感动了，没想到，还是在这里被一向从事政治任务的人群感动得一塌糊涂，柔软的心涨潮了，心帆扬起，久久不落，泪水无声地落，好久，办公室里，我们都没有说话。

半天后，马书记又说："我们每天都在履行着'两学一做两提一创'的精神，我们不用学文件，这种精神早已融入我们的血液里。经过这次活动，我们找到了演员的崇高感，我们深刻地觉得我们就是党的喉舌，代表着政府，给百姓们传递声音，我们在传递的时候，也在接受着文艺的滋养。我们这是精神扶贫。"

他们经过这样的一次次下乡，找到了演员的崇高感，他们深刻地感觉到他们作为党的喉舌的重要作用，是代表着政府，给百姓们传递声音，在传递的时候，也在接受着文艺的滋养。他们说这是精神扶贫。他们深深地体会到，文艺是为了人民。

最后，她又郑重地补了一句："演员是高尚的，无比高尚。并不是一些人说的'戏子'，那是对我们职业的不尊重。"

我要离开曲艺团的时候，王团长和马书记出来送我，又对我说了一句：希望再走下去，走远一点，想走到更多的贫困地区。我很感动，他们这是把自己的心和贫困地区以及贫困地区的人民拴在一起了。

当我们在家里团聚，在风雪中围炉夜话的时候，他们又踏上下乡的路途了，原来，我不知道这样的团体，现在我知道了，我只能在我的心里默默地给他们送上我衷心的祝福。

2018年初，他们在下乡送文化的路上，一人一件军大衣，冻成了冰挂。

2019年初，他们还在下乡送文化的路上，裹紧那件军大衣，自得其乐。

到2019年春天的时候，他们已经送戏下乡走过了280多个村庄。

4.送戏到老区

在抗日战争中，山西起了重要作用。

从1936年东渡黄河开始，山西成为抗日的重要地区，八路军总部在山西多地驻扎，领导了抗日战争的进行，老区人民与我们的八路军鱼水情深，妻子送郎上战场，母亲送儿打东洋，演出多少生死血泪。那些至今生活在老区的人民还好吗？他们的精神生活是否丰足？在大规模送戏下乡的现在，省委省政府和文艺院团当然不会忘了老区人民。

省京剧院把他们的送戏下乡日程安排在了武乡王家峪。

武乡王家峪是抗日战争时期八路军总部曾经驻扎过的地方，在中国军史上占据着重要地位。朱德、彭德怀、左权、邓小平、刘伯承、杨尚昆、陆定一、杨立三等老一辈革命家曾在这里长期生活、战斗，指挥华北各抗日根据地的游击战争和政治斗争。

1939年11月11日，八路军总司令部从砖壁进驻王家峪，当时朱总司令住在王家峪张昌绪家院，朱总司令住东屋，左权将军住南屋，彭副总司令居东院张富生西房。中共中央北方局驻王家峪（前庄），八路军总政治部驻下合，总供给部驻西堡，抗大总校驻蟠龙、北方局党校驻上北漳，总部特务团驻西营镇，鲁迅艺术学校驻下北漳，总部直属队驻枣林村。

总部在王家峪期间，朱总司令、彭副总司令坚定不移地执行党在统一战线中独立自主的原则，对国民党顽固势力，进行了"有理、有利、有节"的斗争。1939年12月至1940年1月，总部电台曾先后发出《朱彭总副司令通电全国反对枪口对内、进攻边区》《朱德同志就山西"十二月政变"发表谈话》等电讯、晓以民族大义，电请国民党中央杜绝摩擦，巩固团结，坚持抗日，并制止了阎锡山进攻山西新军势态的扩大；1940年2月，朱彭总副司令、左权副参谋长和杨尚昆、陆定一等，在总部和国民党九十七军军长、"摩擦专家"朱怀冰进行谈判；1940年3月1日在城底村召开了晋东南各界群众反汪大会，并于3月5日至8日，集中八路军十三个团的优势兵力，一举歼灭朱怀冰三个师，击退了国民党顽固派的第一次反共高潮。这一时期，朱彭总副司令在王家峪总部指挥太行军民进行大小反顽战斗共135次，进一步巩固了太行山抗日阵地。

1939年12月21日，朱总司令在王家峪总部接见了毛主席从延安派来的印度援华医疗队的柯棣华、马苏华、爱德华等国际友人。是年冬，朱总司令在此奋笔写下了《寄语蜀中父老》这首壮丽的诗篇：

仗马太行侧，
十月雪飞白。
战士仍衣单，
夜夜杀倭贼。

总部在王家峪驻扎期间，为了粉碎日、伪、顽的经济封锁，解决根据地的经济困难，朱德总司令、彭德怀副总司令和左权副参谋长带领军民开展生产自救，并创办了黄崖洞、柳沟、梁沟、高峪沟抗日兵工厂。

1940年清明节前后，总部机关和抗大学员开展植树造林运动，仅在王家峪一带就植树两万余株。朱总司令还亲手在王家峪的寨湾栽下一棵白杨。

省京剧院为送戏下乡做了充足的准备。在送戏下乡之前，他们开了动员会，院领导非常重视此次活动，院长张智亲自做了演出前的动员。

2017年8月28日，我如约独自一人乘坐大巴到达武乡，又央武乡的朋友把我送到他们的演出地点——王家峪。

省京挑选这里也是用心良苦。

那天，我在总部旧址参观。

总部现存旧址主体建筑由东、中、西三个农家院落、14孔窑洞、15间土瓦房组成。这里有朱德、彭德怀、左权、刘伯承、邓小平、杨尚昆、罗瑞卿、滕代远、何长工、张际春、陈赓、苏振华、陈锡联、傅崇碧、李达、聂凤智、洪学智、黄克诚、陈伯钧、张云逸、粟裕、张爱萍等许多老一辈革命家旧居，参谋部、政治部、中共中央北方局等旧址多处。还有指战员们进行体育活动的篮球场，有朱总耕种的菜园，有干部战士修建的水井，有何长工教育长讲党课的教室、讲台。

我在旧址前的空地上站了好久，曾经的战争风云都远去了，我们只能从这些一个又一个旧址上去想象当年的激烈炮火和流血牺牲，而当一代又一代的革命者死去，他们的后代或者曾经支援过战争的后代又成长起来，在岁月的催逼下，一日日老去，他们的心里或者说他们的精神上对我们现在的文化繁荣又有多少感触或者期望？

也许这是我寻找的答案。

我们送戏下乡时，不知曾经在这里战斗或长眠的英雄，是否能听到？听到一些乡音，听到深埋在骨子里的锣鼓声？

村委会外的空地上，已经有许多商贩们，卖布的卖杂耍的卖衣服的，最多的是卖饭的，喊叫声此起彼伏。听着这亲切的叫卖声，仿佛又回到小时候，以前逢着自己村子或者周围村庄的庙会，总是会和大人要一块钱，然后去赶庙会，就吃这些小吃。几十年过去了，我也老了，而庙前空地上依然是只有这些香味。实际上，在此之外，时空已经发生了太大的变化，运动、改革、发展、转型，世道已轮换了几遭，用一句俗话讲：早已不是当初的月亮。而我们的乡民生活的山中，很多习俗依然能与时光对抗，坚强地保存下来，而戏曲，同样是这些荷锄负镰的乡民，用他们的口味与习俗艰难地保存下来的一门艺术。那么，戏曲本来就是他们的，怎么又谈到送戏下乡呢？仿佛是个悖论，却值得我思考。

按捺住对小吃香味的垂涎，我走进村委会的院子里。

有人喊我，我在沉思中，听不到，也或者，我在看到舞台的时候就不再想其他了，我是应该去舞台上直接寻找？还是应该找人打听一下？眼瞅着舞台下"山西省京剧院送戏下乡一万场"的条幅，就像已经找到亲人一样，正在犹豫不决时，有人拍我一下，说，张巍副院长在等我，我笑，得来全不费功夫。

张巍院长在舞台侧面的房子里化妆，他一笔一画勾描着脸谱，我和他，有一句没一句地聊。

"这里怎么样？"

"挺好的，尤其是第一天，院子里站满了人，人都站到墙外去了。"

"他们喜欢京剧吗？"

"应该喜欢吧，有人每天来看。"

"村委会支持吧？"

"当然，你看见没，对面就是书记的办公室，经常会来跟我们聊天，对了，今天还通知全乡的人来看《陈廷敬》。"

"乡下生活怎么样？"

"还不是很习惯，你看，舞台上没有平整过，铺上地毯也是深一脚浅一脚的，走路都不平衡，当然有的戏，比如说武戏就不敢演，演员会受伤。乡下的舞台跟城市当然不一样。"

"那怎么处理？"

"在舞美上当然只能简单处理，但演唱环节一步都不能省，这得维护省团形象，而且我问了一下，这里没唱过京剧，更不能省略一分一毫。"

"演职员们还行？"

"行，我们的队伍是过硬的，事前已经做过思想工作，所以条件再艰苦，大家还能忍，吃可以对付点，住，也是最简单，你也看到了，化妆条件也很简陋，但是大家还挺高兴的，努力坚持，一场一场地演下来，等从武乡到了长治县，从长治县演完，我们这项活动就结束了。"

"对这项政策怎么看？"

"当然好了，这给院团也提供了市场，不然，我们也不会到大同到武乡，到这些地方，但是，也有个困难，就是经费并不是很够，所以经常会商演搭配送，全送可送不起，我们省京的一场演出都在几万块钱左右，出门有时候得十几万几十万。"

我点头。

向外看，确实，舞台在山脚下，一半的山体就作了院墙，舞台周围长满了杂草，地上扔了许多垃圾，村子里在舞台前搭起了长长的帐篷，帐篷下有小推车在卖吃的。舞台上的地很不平，条件很简陋，剧院就因陋就简地放置行头，有的盔头和道具都架不起来，就精心地堆在一起，服装都是潮湿的，上一场穿完还来不及晾干，有的架了起来，有的叠在一起。从舞台上往下看，全部是安静地坐着看戏的人群，他们的眼里都是唱念做打，他们没有城市人的浮躁和慌乱，都是静静的，仿佛天荒地老，就剩下了看戏这一件事。

一直有人从舞台走了，又有人来了，刚下过雨，地上还湿。

每个乡村每场戏都是差不多的，舞台下跑着许多孩子，有一对对的恋人，还有年轻人几个人在一起，并不看戏，只是聊天。好像，看戏一直就是老年人的事情。但我想，这些年轻人，就像此刻的我，走得越远，听到今天响起的旋律，越会思乡，年轻时听到的戏曲会永远存在他们的记忆里，只等某一天，机缘巧合，会重新捡拾起。这些跑着的孩子也一样，虽然在玩，但是锣鼓点儿，唱腔余味儿，还是进入他们的身体里。等一切人生的大事都料理过，再听到戏曲的音儿，会爱上它的。这也是一代又一代地说着戏曲没落的话，却一辈又一辈地有人看戏的原因。

　　旁边站着一个人，穿着很干净，不像村里人，我去找他搭话，他说他姓赵，是西营人，离这个村子还有一点距离，今天是专门跑来看戏的。全家都来了，这个戏，也就是京剧，还是30多年前看过，依着自己的怀念，还跑到台上去看看，有没有30年前的旧人，但是，都不是了，台上不是台下也不是，虽然这样，戏还是这个戏，没变。他也知道，全省只有这一个京剧演出团体，他喜欢看京剧，是因为道白是普通话，他能听懂，而且他小的时候，收音机里都是样板戏，他爱听。

　　再往后走，有母女两个在看戏，女孩坐在妈妈腿上，都看得入迷，我问女孩："爱看?""爱看!""听得懂吗?"她指了指字幕。嗯，有字幕，识字的人当然都看得懂。至于唱戏劝世，能从这里吸收多少哲理，或者多少知识，那又另当别论，喜爱上就是好事。

　　那天下午，演的是《四进士》，传统老戏，全国许多剧种都有搬演，上党地区就有潞安鼓书《铁笔讼师宋士杰》。我不知道有多少人知道这个剧目，这个戏唱段少，道白多，京剧的道白又接近普通话，许多老百姓看着宋士杰在笑。我也笑。他们看的是戏里的宋士杰也怕老婆，我看的是，他们发自内心的笑。

　　宋士杰正要过堂时，我看到这个村书记的办公室门开了，我用最快的速度跑进去，自我介绍，并报上自己的目的。

　　书记姓李，圆圆的脸，笑起来很和蔼，听到我所说，很开心。

　　他说他原来就在八路军总部当解说员，在那里工作，也算是国家公务人员，后来在太原自己组建了包工队，也挣了不少钱。村子里能海选自己的管理人员后，他被村民选上了，大概是因为那个时候，村子里有很多人跟着挣了钱，就一股脑地把他弄成村主任。开始他是不想来的，是村民去做工作，表示愿意跟着他干，乡干部也来做工作，没办法，只好舍弃自己的事业，把精力都投入村子里了。做了几年村主任，这不，又转成了书记。

李书记说，王家峪知名度高，文化厅的人都知道。按说，平时是唱不起京剧院这样的大戏的，这不是正赶上送戏下乡了嘛！平日里，村子里都唱些上党梆子、上党落子这样的当地戏，当地的戏在村子里很吃香，为啥？就是村民们从小耳濡目染就是这个，他们甚至都会唱，即使会唱，每回来唱戏，还是点老剧目，都不怎么接受新剧目。在他的手里，能让村子里唱一回京剧，这真是让自己自豪的事情。村民们在周围人中间谈起来，都有了向四邻五村炫耀的资本，看到十里八乡的人都来看戏，他是非常高兴的。为了安顿好演职人员，他们在村委会后面的文化活动中心，专门支了灶，每天给剧院人做饭。变着花样吃。他说得开心。

李书记很健谈，说着说着，拿出一叠图纸，给我看，说这是他的旅游规划，王家峪要发展，就不能走老路，不能再靠卖煤挣钱，以后要靠旅游，八路军总部是一项很好的资源，而且村子里还有其他景点，周围村子还有景点，他要把它们连成片，做成韩北乡旅游的龙头。

听着这些豪言壮语，我为他高兴，我也为这个村庄高兴，在资源已经被大量耗费的当今，转型不是一句空话，而要变成实实在在的行动，这个村庄自己选了一个好书记，知道把文化和旅游当成村庄飞翔的两翼。

村子里的空气很新鲜，黄昏的乡村自然有乡村的风味，阳光斜铺过来，觉得村庄都是金色。尽管这里人声喧闹，依然觉得乡村是安静的，黄土是安静的，风是安静的，河流是安静的，房屋是安静的，连天空和飞鸟都是安静的。

城市的喧闹走远了。心也安静下来。

我在想几个问题：戏曲到底唱给谁？为什么老百姓爱看的还是传统戏？为什么现在的戏很少考虑老百姓是否爱看？什么样的戏才是好戏？传统戏是怎样保存下来的？

想着想着，戏又要开场了，晚上来看戏的人，男人多了些，哦，整个韩北乡的党员都要来看，接受廉政教育，京剧院的新编大戏《陈廷敬》就是有这样的作用。

演出完，我跟着他们再乘坐大巴到县城去住。等洗漱完，躺下的时候，已经是后半夜了，真累真困。

我想他们更累。

第二天早七点，我起了床，一个人直奔汽车站，直接乘坐大巴返回太原。原计划再跟他们几场，等他们收工的时候一起回太原，后来发现，我跟着他们，是连累他们，他们还得分神照顾我。于是我提早结束了自己的行程。

王家峪的情况不错，并不是每个老区都像王家峪一样，可以获得再次飞翔的翅膀，但老区的文化状况是相同的，他们需要戏，在老区人民的心里，戏就是他们的精神图景，在平时看不到京剧的局面下，有了送戏下乡的政策，他们便像过年一样获得了精神满足。这就是我们淳朴可亲的老区人，战争年代可以牺牲一切，和平年代，安守家园，建设自己的家乡。

我深深地爱着这些人，也爱着我跟随送戏下乡的过程。

我很幸运。

5.我们要回家

在送戏下乡的过程中，别的院团是送下去，省话剧院却是回家。

为什么是回家呢？

从"山西省话剧院"的微信公众号里，我看到这样一段话：山西省话剧院与吕梁老区渊源颇深。1942年，抗日战争的烽火中，在晋绥边区先后诞生了大众剧社、湫水剧社、人民剧社。1945年底，由这3个剧社合并组成了晋绥边区吕梁军区吕梁剧社。于1953年4月22日改编为山西省话剧团。1984年11月20日改编为山西省话剧院。由吕梁剧社起至今，已跨越了72年的岁月。72年过去了，山西省话剧院以"免费送戏下乡一万场"为契机，重新回到了吕梁革命老区，并把这次演出作为锻炼演职人员队伍、对演职人员进行革命历史教育、提升演职人员综合素养的良机。

这段话有一个关键点：省话的前身是吕梁剧社。

提及吕梁剧社，我不由得对这段历史发生了浓厚兴趣，费了点周折，我竟然在孔夫子旧书网上淘到了一本《吕梁剧社纪念文集——情系吕梁》。这让我惊喜。

从这本书中，我去寻找历史脉络。

吕梁剧社是1938年秋天，在汾西县的勍香镇成立的。开始叫吕梁抗战剧团，后改称吕梁剧社，属于牺盟会洪赵中心编制。后期由决死二纵队领导，早期活动在晋西南的汾西县、隰县、灵石、临汾、蒲县、永和县，以后又活动在晋西北兴县、临县以及交城、文水、汾阳山区一带，两次到革命圣地延安。1940年7月与决死二纵队的"黄河剧社"合并，仍称吕梁剧社，1942年6月，合并于120师战斗剧社。然后，就接续上了省话对自己历史的介绍——于1953年4月22日改编为山西省话剧团。

在战斗中，吕梁剧社哺育了许多著名的电影剧作家、作家、作曲家、美术家和电影导演、演员舞蹈家，以及各行各业的人才。

而更让我惊喜的是，我发现我们著名的"山药蛋派"作家西李马胡孙的身影，李束为曾担任党支部书记，孙谦、马烽都曾担任党支部副书记，西戎和胡正都从这里起步，看到这些，我对这个团体肃然起敬。

吕梁是省话的出发地。

送戏下乡活动中，省话把演出地点选在了吕梁革命老区的两个国家级贫困县——石楼县和兴县。

选定石楼和兴县，可并不仅仅因为他们是贫困县，而是还有更深的渊源。

先来看石楼。

时间要回溯到抗日战争时期。

1935年12月17日至25日，中共中央在陕北瓦窑堡召开中央政治局会议，确定把国内战争与民族战争结合起来的方针，决定把红军行动与苏区发展的主要方向，放在东边的山西和北边的绥远等省去，发动东征战役。1936年2月17日，由毛泽东签署，以中华苏维埃人民共和国中央政府和中国人民红军革命军事委员会名义发布了《东征宣言》。20日，毛泽东和彭德怀下达了渡河命令。晚8时，东征战役打响，红一军团在陕西绥德县沟口村强渡黄河，在对岸山西中阳县三交镇坪上渡口登陆。晚9时，红十五军团在陕西清涧县河口村发起强渡，在对岸山西石楼贺家凹渡口登陆，扫清岸边敌军，攻占贺家凹村。23日，毛泽东率红军总部人员从陕西清涧县西辛关乘船东渡，在山西石楼县东辛关登陆，稍事休息，到达石楼县义牒。

登陆成功后，红军南下北上，重创晋军。

红军东征山西后，蒋介石组织了10个师10万中央军陆续开进山西。1936年4月13日至15日，中共中央在山西省永和县赵家沟村召开会议，决定将

"渡河东征，抗日反蒋"的方针改为"回师西渡，逼蒋抗日"。会后，东征红军即且战且退，向黄河岸边运动。5月2日至5日，各路东征大军先后从清水关、永和关、铁罗关、平渡关、辛关渡、于家咀等地回师西渡。东征战役胜利结束。

红军东征在中国革命史上具有重要意义。首先，红军渡河东征，进入山西，迫使阎锡山把入陕"协剿"的两师晋军撤回河东。同时，也使蒋介石部署在陕南、河南围攻陕北的10个师的"中央军"入晋增援，从而减轻了陕北根据地的压力，巩固了这块土地革命战争失败后硕果仅存的阵地和中国革命再次由低潮走向高潮的基地。其次，在东征战役中，红军在山西境内转战75天，奔袭50余县，歼敌13000余人，俘敌4000余人，缴获各种枪支4000余支、火炮20余门、电台1部，扩红8000余名，筹款50余万元，组织地方游击队30余支，使红军在物资和兵员方面得到补充。红军所到之处，大力发展党的组织，创建苏维埃政权，发动群众，播下了革命火种。最后，推动了山西抗日民族统一战线的建立。红军东征沉重打击和教训了阎锡山，使他深刻认识到，对于中共只能联合，不能对抗。面对日益加深的民族危机，阎锡山开始加强了与中国共产党的联系，逐步走上联共抗日的道路。

东征这样重要，作为红军登陆和转战地区之一的石楼也在中国革命史上占据着重要地位。

再来看兴县。

1948年3月23日至4月12日，毛泽东与周恩来、任弼时等在战略转移途中路经山西，历时20天，经临县、兴县、岢岚、五寨、神池、宁武、代县、繁峙、五台等县，于4月12日离晋入冀。在中国革命战略转折的关键时刻，毛泽东安步当车，既关注所到之处的工作与风土民情，又决胜于千里之外，直接指挥着全国的解放战争。

3月26日上午，毛泽东一行到达素有"小延安"之称的晋绥军区司令部驻地兴县蔡家崖村。在这里，听取了晋绥军区司令员贺龙、中共中央晋绥分局书记李井泉等关于晋绥解放区战争、土地改革、整党、工农业生产、工商业政策、支前工作等情况的汇报。毛泽东在这里发表了著名的《在晋绥干部会议上的讲话》和《对晋绥日报编辑人员的谈话》，并起草了《土地改革和新民主主义革命时期的总路线总政策》。

　　4月2日上午，毛泽东接见了《晋绥日报》全体编辑人员，并为《晋绥日报》题写了报头和题词。毛泽东在对晋绥日报编辑人员的谈话中讲了党的群众路线和怎样办好党报的问题，指出："善于把党的政策变为群众的行动，善于使我们的每一个运动，每一个斗争，不但领导干部懂得，而且广大的群众都能懂得，都能掌握，这是一项马克思列宁主义的引导艺术。""我们党所办的报纸，我们党所进行的一切宣传工作，都应当是生动的，鲜明的，尖锐的，毫不吞吞吐吐。这是我们无产阶级应有的战斗风格。"毛泽东还指出，报纸工作人员要教育群众，首先要向群众学习。他以当地一个实际问题举例，说："崞县两个区的农民一百八十多人，开了五天会，解决了分配土地中的许多问题。假如你们的编辑部来讨论这些问题，恐怕两个星期也解决不了。原因很简单，那些问题你们不懂得。要使不懂得变成懂得，就要去做去看，这就是学习。报社的同志应当轮流出去参加一个时期的群众工作，参加一个时期的土地改革工作，这是很必要的。"毛泽东语重心长地对同志们说："要早上想一想，中午想一想，晚上想一想，一日三思，不要犯错误。要做一个自觉的、完全清醒的革命者。"他还以黄河上掌船的老艄公为例告诫大家："黄河上的老艄公，不管风吹浪打，眼睛总是朝着前方，双手总是牢牢地掌着舵。"

　　在蔡家崖，毛泽东一系列高屋建瓴、振聋发聩的亲切教诲、深刻论述，对全国新老解放区的土改、整党工作，以及全国解放战争的胜利指明了方向，产生了深远影响，不仅对战略转折时期的中国革命具有拨云见日的重大意义，而且至今仍然闪烁着灿烂的思想光辉。

　　事隔69年后，习近平总书记在山西考察时，专程来到晋绥革命老区兴县蔡家崖村瞻仰参观，并看望了当年的老战士老同志。他说，来到这里深受感动、深受教育。我们党的每一段革命历史，都是一部理想信念的生动教材。全党同志一定要不忘初心、继续前进，永远铭记为民族独立、人民解放抛头颅洒热血的革命先辈，永远保持中国共产党人的奋斗精神，永远保持对人民的赤子之心，努力为人民创造更美好、更幸福的生活。习总书记的谆谆教诲，让我们不禁想起了69年前毛泽东战略转移路经山西的情景。

　　69年，两任国家最高领导人两次来到兴县，足可以见证兴县的地位。

　　在习总书记离开兴县一个月后，省话选中了这里作为他们的送戏下乡工作点，这是他们的政治智慧。

这里同时还是他们的情感归宿。那是他们曾经的辉煌，那是他们的前辈奉献过革命过努力过的地方。他们要回来看看，吕梁老区变成了什么模样？老区人民的精神生活怎么样？以送戏下乡为契机，他们回家了。他们来，演给他们的父老乡亲看，他们来，唱给他们的父老乡亲听。

必须是这里，也只能是这里。

于是从7月12日到7月23日，25场演出一场一场地演下来，到处是感动，到处是故事。

他们把送戏下乡的队伍分为两支，一支是歌舞小品综合晚会剧组，一支是《甲午祭》剧组。

歌舞小品综合晚会全剧组一共22人，7月12日从太原出发，每天演出2场，平均每天工作16小时。

从太原出发时，大家带着各自的脸盆，分别住在老乡家里，有5位男同志就挤在一户老乡家的土炕上。这5个人一天的用水量只有一桶，分到个人只是一脸盆，大家只能用这盆水刷牙、洗脸、洗脚，把这盆水充分利用以后，一层黑泥已经沉淀在盆底。这样的条件，大家来之前没想到，但是想到村庄的老乡们天天是这样，也没有什么可埋怨的。

尽管住宿条件差，一日三餐只能勉强果腹，但是演出热情丝毫没有下降。高温炙烤下，剧组带的一台照相机机身两处胶皮脱离；部分金属工具和设备盒子，在暴晒下温度接近100摄氏度，人拿着特别烫手，短短10米的距离，得3个人倒手才能拿到指定位置。大家顶着烈日，每天进行两场装台、演出、拆台的高强度运转，虽然有不断中暑的，却没有一个叫苦的，喝一支藿香正气水、忍着中暑带来的身体不适就继续工作。剧组只有两位专业舞美人员，装台和拆台任务繁重，演员们就主动参与到拆台任务中，从不熟悉到慢慢熟悉，再到熟练，大家越来越团结，合作越来越顺畅。女演员曹蓓，孩子还没有断奶就参加了本次下乡演出，在一次拆台过程中，瘦弱的她独自就帮忙搬回一台20公斤重的稳压器，让全剧组刮目相看。

7月16日下午，暴雨突降，综合晚会剧组正在去往石楼县小蒜镇下山村的路上，大巴上的雨刷一刻不停，路边的牛群在大雨里哞哞叫着，忽然山顶的洪水猛冲了下来，狭窄的乡间小路更加泥泞，车轮打滑险些失控，对面有车辆驶来，错车通过就更加危险。车上的演职人员焦虑不安，更担心能不能准时到达村里，能不能准时为乡亲们演出。

7月17日下午6点，在小蒜镇薛家垣，暴雨又突袭，5秒钟之内，哗啦啦的大雨打在了剧组的各类设备上，音响、灯光器材、各种电线被雨水打湿，为了保护剧院财产，保证演出质量，大家谁想都没有想，就冲进雨里抢救设备。大家的动作都格外快，男同志们把设备往避雨处搬，女同志们就赶紧收线、擦电线上面的雨水。刚刚专程赶到当地来探望大家的张凯院长，赶紧给大家递上了毛巾，帮大家擦头发上和身上的雨水。

大家说，每天都是全新的一天，因为每天都会有各种意想不到的新困难出现。9天的乡村巡演，让常常行走于大城市的话剧院演职人员真正来到了最基层，彻底体会了什么是干旱缺水，什么是风尘仆仆，什么是烈日暴晒。在这个过程中，大家也建立起了深厚的友谊，懂得了什么是团结协作，什么是集体温暖，体验了乡村在物质和精神上的贫瘠，更深刻体会到基层群众对文艺的渴望和喜爱，感悟到了一名文艺工作者的社会责任。

大家为什么这么拼？他们说是因为目睹了基层群众对精神文化的渴望，老乡们为了看上省里送来的演出早早就等候在演出场地，还有很多群众开着车专程从30公里甚至50公里以外的地方来看。村民们看得高兴，演员们演得起劲，综合晚会的节目不断增加，开始是加歌曲、加舞蹈，后来不断增加与村民互动的节目，鼓励村里喜爱文艺的群众上台演出，时间最长的一次，演了两个半小时，变成了演员与村民们的集体大联欢。村民们一个劲说"好着哩、好着哩！"

再说《甲午祭》剧组。

这次让《甲午祭》下乡，省话是不考虑成本的，只想让吕梁老区人民在家门口欣赏到难得一见的高水准话剧演出。

7月18日晚8点，话剧《甲午祭》正在石楼县晋西影院上演第三场，由于前两场的演出效果好，省话剧院免费送戏下乡的消息很快在石楼县城传开了。18日当晚，观众爆满，没有座位的观众直接站着或坐在了过道上，连第一排的水泥台阶都变成了"香饽饽"，许多没有座位的观众除了看台上的演出更留心盯着那个台阶，只要有人起身离开就要抓住机会坐到那块空出来的位置上，只想把演员们看个清清楚楚，把故事看个明明白白。75岁的张大爷就站在后排过道里看了这一场演出。19日中午三点，开演前半小时，张大爷就提前来到剧场，选了一个前排中间的好位置，安安静静地又看了一场。张大爷说："这回是看清楚了，也听清楚了，好戏啊，演得好！"

剧组也抓住这次难得的机会，上了一次特殊的党课。

兴县健在的老战士老同志还有115名。7月23日上午，省话剧院《甲午祭》剧组的10名党员、预备党员和入党积极分子分别探望了原八路军120师的三位老革命战士。一个月前，这三位老战士受到了习近平总书记的亲切接见，他们分别是88岁高龄的刘乃前、贺景寿和94岁高龄的张怀林。三位老战士为大家讲述了参加过的一段段抗日战争和解放战争的战斗经历，大家向老战士询问战争时期文艺宣传队的工作情景，向老战士们介绍省话剧院的前身就是晋绥边区吕梁军区吕梁剧社，这一次是回来免费为老区人民演出，并向老战士们发出了观看话剧《甲午祭》的邀请。

23日晚7点，离开演还有一个小时，天下着小雨，88岁高龄的老战士贺景寿在家人的陪伴下如约来到了剧场，两个多小时的演出，贺老看得特别认真，演出结束后，贺老和众多观众一起为演出鼓掌，并上台与演员们合影留念。

他们说：至今还能想起怎么去的石楼，7月15日两点半，舞美队就出发了，平时5个小时左右的路程，竟然走了10个小时，导航不好用，路上限高限宽，特别不好走，绕了好几圈，才走到指定地点，第二天的演员就好走一些了，就那也走了8个小时。到了就是大雨，大家又抢救设备。第一次演的时候，8点开演，也不知道有没有人来。开始没有观众，7点半，来了10个观众，这个时候他们在走台试话筒，到了8点人开始多了起来，为了让更多人看到，就延迟了开演时间，等到8点半，这个时候来了七成的观众。后来才知道，乡亲们都不知道这是干啥，也不知道走进剧场去看，负责宣传和营销的两个孩子，就走到大街上去宣传："我们这是送戏下乡呢，大家免费去看戏吧。"慢慢地，人们也就走进剧场了，走进去就都看进去了。

这么热的天，平时我们坐着都满身流汗，与歌舞晚会剧组相比，《甲午祭》剧组比较悲惨的是，需要穿戴身上厚厚的行头。大家不知道的是，《甲午祭》是冬天排成的，这个时候下乡，每天都要穿很厚的服装上场，汗流了一身又一身，到第二天演出时，服装还是湿的。

在乡下饮食跟不上，住的地方还有虫子，有个别的演员还备了速效救心丸，实际上，在兴县演出时也真用过。

饰演光绪的范亮文，刚结婚3天就下乡了，真没有时间想太多的事情，就和大家一起吃农家饭，他说：这次演出，跟平常在剧场演出一点都不一样，从繁华都市到了乡村，也回归了自然和安静，天天在城市里生活，浮躁又慌张，这次就像散心，虽然很艰苦，却是一次心灵净化，等回到太原时，反倒不适应了。

饰演翁同龢的高小宝，已经66岁了，他说自己是话剧院的二代，从小就生活在话剧人中，生活在话剧中，几十年就和话剧长在一起了。觉得自己身体没问题，还能演下去。这次下乡让他想起了很多事情。他很早就参加工作了，以前去演出，大多是住招待所，行李火车托运，有时候也会住在舞台上。下乡演出这几天让自己回想起这一辈子走过的地方，感觉这样才离老百姓更近，老百姓也是希望他们下去的，山西的老百姓懂戏，他们更喜欢戏曲，在这个过程中，也让老百姓接受了话剧，这一点也很重要。有一旅游景点的解说员，她喜欢表演，看过话剧后，就想跟着话剧院，她说学了话剧，对她以后解说更有帮助。从这一点来看，这次话剧下乡对老百姓们也是一个潜移默化的过程，很多村庄都没有年轻人了，年轻人还是比较能接受话剧的，话剧院下去慰问，也开发老人们的欣赏水平。很多年前，跟着张纪中的剧组在兴县拍电视剧《走向太阳》，正好过年，没有卖饭的，当地的老人们就拖回家去吃，老区人热情哪，特别淳朴，他们觉得能到他们家吃饭，是种荣耀，又是烧水，又是招呼，很多年过去了，再下去，他们一点都没变。总之就是一句话"农村也需要艺术"。

意义大于内容，他们都是这样说的。很多老乡一生都没看过话剧，这也算是推广话剧吧。省话平时演出都在外地，在剧场，平常百姓们是看不上的。省话就这样把文化送到了他们的父老乡亲眼里心里。

省话从吕梁出来，又在送戏下乡的活动中回到吕梁，这是他们的一次寻根之旅。从看戏前百姓们浓浓的渴望以及看戏后满足的神情里，他们找到了他们的文化价值，找到了文艺的根。

6.管理者的一本账

送戏下乡，人们关注到了乡下，而我又返回来关注到了执行者，也即这些文艺院团的主管单位。

我找到了省演艺集团董事长贾新田，我想听听他关于这些年经营演艺集团和对山西文艺以及送戏下乡的看法，毕竟一层有一层的角度，一级有一级的思维。

在演艺集团办公室见到了他。他笑容可亲，坐在茶座前，先给我泡了茶，我其实不会喝茶，应该说一点儿也不懂茶文化，但这是他的待客之道。我也就假装端坐，小口饮茶，然后竖耳听他说些自己的想法，我对他说，随意谈就好，咱们聊天不设话题，不设立场，就是聊天。

他只有一个小时的时间，我知道他很忙。常言道：宁带千军万马，不带戏班杂耍。而他，是好几个戏班（剧团）的上司，且所辖单位中，有事业单位，有转制了的企业，还有纯市场单位需要经营，而把这些性质不同的单位放在一起，经营起来是有困难的。

我问："累吗?"

他："累，但是最让人头疼的还不是累，而是体制带来的后续问题。"

一个小时，他谈了许多问题，确实有高度，而且他是企业的经营思维，且点到为止，让我颇费思量。

关于怎么抓好文艺，他认为需从源头抓起，首先是抓剧本，抓出剧本，才有可能呈现好的作品。

我重点记下了他关于文化市场的说法。

这两年，政府对于文化的购买力度是最大的，送戏下乡活动的持续开展也反映出农村或者说贫困山区的需求很大。这种文化购买是政府的投入，并不增加百姓的负担，满足了农村农民的文化需求，举措还是不错的。

按道理讲，政府购买是一项公共政策，需要满足哪些人？比如说，水电暖，都是个人消费，如果购买一定是面向没有购买力的地区和人群，对于城市和乡镇发达地区应该鼓励个人消费，不能搞没有限制的政府购买。即使是扶持也应该是区别对待，应该培养满足不同地域的文化消费，并实现可持续性，解决不同地区的文化均等问题。

山西这些年形成了一定的文化思维习惯，且随着时代的发展，也没有什么改变，政府的演出不计成本，不考虑对象，总是送票、赠票，所以总是培育不起合理健全的文化市场，这样的市场没有，文化院团也就找不到存在的依据，省城太原尚且没有形成文化市场行为，何况其他地级市以及县城呢？还是应该区分送戏下乡和文化市场培养，不能牺牲文化院团的权利。

对于送戏下乡的政府购买价格也应该有不同的区分，不同地域价格应该不同，同一地区的市区和郊区也应该不同，要公平地购买，不拍脑子，不搞一刀切。

而送戏下乡对文化市场也带来一点点冲击，有的有购买能力的地区也不购买了，农村的市场发生了改变，市县一级以至农村都在等政府送，这是一个问题，今后的文化团体发展走向哪里？

对于这些专业性的问题以及带有发散性思维的导向，我记了下来，他没有给出答案，我也没有成形的思考，我们只是简单聊到一些想法。

那天他给我算了一笔账，我记忆深刻：

比如说，话剧《立秋》，经过上上下下的检验，已经成为经典了，每个人都知道好。国庆期间，做了一次惠民演出，票价30元，按900个座位计算，不过27000元，场租需要20000万，那么剩余7000元，并不够演出的全部开支，包括吃住行，包括运输，包括中间其他花费。他没有算机会成本，诸如设备损耗，人员工资等等已经不够，这还是《立秋》呢，其他剧目可想而知，这还是惠民演出呢，其他市场演出更是可想而知，这样的城市市场养活不了戏曲院团，让戏曲院团如何出新戏出精品如何自己生存？没有收入，便无法给从业人员发足够的绩效工资，无法给他们涨工资，这是一种恶性循环。

还想听他谈谈戏剧的振兴和发展，已经一堆人等着签字，电话响不停，我便告辞出来。

从演艺集团出来，我想了好久，进入一个特定的悖论。

是的，戏曲最好的土壤确实是乡村，而且有一个广阔的市场。这个市场也不是没有问题的，这个问题是社会问题，比如说，个别地区的贫困和空巢。那么，是不是可以这样讲，让送戏下乡的政策真正落实到真正贫困的地区，把乡村情况区别对待，这样就能保留下农村这个市场，从而保留住戏曲的生存状态？

对于城市，市场的培育对于山西来说，是一个大难题。这么多年，一直看戏送票，一直政府赠票，一直养不成买票看戏的市场。文化院团转向市场了，让他们自负盈亏，可受众市场却没有形成，这就形成了一个悖论，这种两方面看似矛盾的局面如何应付？

而中国的现在社会，并没有给戏曲人员足够的社会地位，即使一个角儿，也难以像歌星影星一样暴富，可戏曲人员承载着中国最古老的传统。

也即杨仲义思考的，国家对戏曲是怎么定位的？并不是简单定义为一种"传统文化"就可以解决一切问题。

那么再回到我前面提到的文化体制改革上来，全国改制成功的文化单位，经营得如何呢？因为不能一一走到，所以也不能下过于武断的结论，只能尝试着讲一讲现状。

山西自不必说，改制以后，其实市场氛围并没有形成，这让戏曲院团举步维艰。现在把院团打包捆绑，对于演艺集团来说，只能挖东墙补西墙，让他们活下去。对于市县一级院团，他们看到了改制后的企业运行状况，他们打死也不改制，然后动用各级关系和手段，想方设法保存着自己的事业编制。我问过北京的朋友，改制以后，他们的市场演出最红火的时候，也只能保证正常的生活，而想继续发展，继续排新戏，必须再找项目向上级要钱，这样才能保证像一个好的团体，体体面面地活下去。这是在北京，北京文化部门资金充裕，一般只要有项目，就能拿到钱，配以一部分商演，他们生存是没问题的，就这样，从业人员也不是城市里的高收入人群，依然不能在那样的大城市成为主流社会的一分子。

山西戏曲演艺经营的现状是：政府要拨款，拨款又不够院团用，政府完全不管，又不行，完全走市场，又不是完全的文化市场。

历史上，戏曲是角儿挑班，一个好的角儿可以养活很多人，这与戏曲本体是有关系的，戏曲就是角儿的艺术。所以历史上一个角儿带活一个剧种的情况比比皆是。后来戏曲改制为国营，国家负担了一段，经历了各种运动，人员好像有保障了，可也把许多好东西搞没了。之后又要推向市场，可是现在的市场已经不是旧时的局面，时代发展得很快，传统文化日益式微，推向市场，即使回到旧社会的角儿挑班，也无法像以前一样生存了。

我在想，既然已经改制，那么能不能让他们完全走市场，政府除了给予相应的扶持资金，就不要干涉文艺院团的工作，让他们自己选择剧目，自己排演，自己面对市场。也不要再搞什么评奖戏，越排越多，劳民伤财，连演出的机会都没有，就拿国家京剧院来说，他们新排了那么多的戏，出国演出，依然是《杨门女将》《白蛇传》等优秀传统剧目，我们给外国人看的，能拿得出手的，依然是我们的老戏骨子戏。对于院团来说，大力恢复老戏，慎重排新戏，十年磨一剑，新老剧目一起抓，多考虑老百姓的需求，才是正确的路径。

当我准备找贾新田董事长深谈的时候，他调离了演艺集团。这一笔账，体现了我们需要重视的几个方面或者是几个侧重点，拾遗补缺，也许解决了，会有更好的结果。

这是一个很大的话题，且涉及方面太多，已经引起很多资深人士撰文辩论，文艺院团的去留，成为这个时代让人关注又无法看清前行方向的一个层面。这里只是抛砖引玉，也许不久的将来，我们可以看清。

小　结

这两年的送戏下乡，百姓们收获了实惠，收到了精神上的愉悦，文艺工作者们收到了灵魂的洗礼。尽管还有这样那样的不完美，但总体是好的，方向是好的。

到乡下去，是戏剧选择了回归的一种方式。

文艺为了谁？我想每个人都有自己的答案。

第七章

戏里戏外

1.那些流传千年却从未凋谢的戏文

千百年来，我们的先人们在朝代更迭中悲喜歌哭，守着自己的薄田炊烟，一世又一世、一辈又一辈繁衍到今天。

在这战火与安宁交织的长河里，谁与他们相依相伴？也许你会说是诗书，诗书是读书人的心头爱，读书人或者读书的人，以此为途径，冀望经天纬地，再不济，也坐入乡村的私塾，培养别人去经天纬地，可这样的人在中国是少之又少的，尤其碰上战乱或灾祸，更是凋零。"你耕田来我织布"（《天仙配》的唱词）这幅田园图景，是人们的生活日常，却不能代替精神生活。有一位老师告诉我，千百年来，支撑我们民族发展、相伴人们日月轮换的是戏！

恍然，是戏。

是戏，是那些深植入人心的戏，是那些写在绢帛或纸张上的蝇头小楷，是刻在蜡纸上的笔墨纵横，是戏文。

有了这些戏文，传唱便有依据，代代都可复兴。即使目不识丁，也可以在背诵戏文的过程中，获得"仁义礼智信"的道德教化，也可以在给儿子或孙子的日常讲述中，传输属于中国人的"骨骼清奇非俗流"（《红楼梦》唱词）。

多少年，多少代，戏文没了，只要有人会唱，便可以再次写出。没人会唱了，只要戏文还在，便可以再次恢复。于是，这样的胖足交缠的戏，获得了长久的生命力，它是活态的，远比帝王将相永久，远比笔墨纸张坚硬。

这是中华戏曲千百年来的功德碑。

那一日，听到以清冷著称的京剧名家张火丁唱起《锁麟囊》中的一段：他教我，收余恨，免娇嗔，且自新，改性情，休恋逝水，苦海回身，早悟兰因。程派唱腔就这么呜呜咽咽地唱出来，竟然是这样的美，这样的富有禅意，这样的荡人心魄。我瞬间被击中，那些寻常日子里的挣扎和愤懑终究化作了一潭秋水。

像这样植入哲理又美轮美奂的戏文，比比皆是。

由此想到我曾在运城看到的梅花版《西厢记》，序幕开，灯光亮，一阕词便出现在舞台上：

> 碧云天，黄花地，
> 西风紧，北雁南飞。
> 晓来谁染霜林醉？
> 总是离人泪。

这阕词是第三折"长亭送别"，被放在全戏之前，未曾开言，我已醉，范仲淹和苏东坡次第进入意境，不绝的相思和怅惘便袭上心头，待得张生和崔莺莺出场，早已预见到他们的分别。

这部由元稹的《莺莺传》开启的、经由董解元写成诸宫调的，又由王实甫改造为元杂剧的《西厢记》，后又被昆曲反复传唱，一直流传到今天，又被越剧、京剧、秦腔、豫剧等大剧种反复搬演，早已成为戏曲史上经典中的经典，余秋雨的《中华戏曲史》就给它重重地写了一笔。

而这个故事是有出处的，当我们在运城永济走入普救寺，这戏文和莺莺塔一起，勾搭出你神经中的轻怜浅爱和自由之心。

但我们的戏文又不仅仅像《西厢记》一样，讲一个情爱的故事，讲功名，讲忠贞，讲红娘的成人之美，讲青年男女对自由的向往，更多的还有历史的沉重。

> 晋国中上下的人谈论，
> 都道我老程婴贪图那富贵与赏金。

卖友求荣，害死了孤儿，是一个不义之人。

谁知我舍却了亲儿性命，亲儿性命！我的儿啊！

抚养了赵家后代根，

为孤儿我已然把心血用尽。

说往事全靠这水墨丹青，

画就了雪冤图以为凭证。

老程婴含辱忍垢十六年，把孤儿抚养成人，终于要到昭雪时刻了，心中悲愤、字字血泪唱出来，人们坐在台下，与台上人同悲共痛，潸然泪下。

翻开史书，其事，实有，其人，实有。赵氏孤儿，也即赵武，自其嬴姓先祖造父被周王朝封于赵地，经辅助晋文公的赵衰，辅助襄、灵、成三朝晋公的赵盾，赵氏公卿地位日益显著，直到赵武经历下宫之难，长大成人也成为晋国公卿。

《左传》与《史记》记载不一，但这并不妨碍这个故事被千古流传，自元代纪君祥写成杂剧也有千年，甚至传入西方，被西方戏剧改编传唱，誉为世界级的悲剧。千年来，千秋忠义就这样深入人心。

阳泉盂县的藏山上有藏孤洞，在历史的风声中，回应着这段传奇，也有人说，这个藏孤地在晋南垣曲，理由是晋之都城在曲沃，孤儿出逃定当逃不远。各说各有理，至于在哪儿，各执一词，其实连剧情都与史实有出入，再追究也没有多少意义。各唱各的曲，各念各的经吧。

我们只记住在仁义面前，要有一个正确的取舍，而能舍生取义的，往往是那些平民。

历史的沉重过后，百姓们更喜欢不会忘恩负义的男人，更希望女人若身陷泥淖时，也有男人不离不弃，最后有皆大欢喜的结局。

苏三离了洪洞县

将身来到大街前

未曾开言我心内惨

过往的君子听我言

哪一位去往南京转

　　替我三郎把信传

　　就说苏三把命断

　　来世变犬马当报还

　　一段脍炙人口的演唱，早已成了流行曲，一句"洪洞县内无好人"，也使洪洞县中外知名。当我们走在洪洞的街头，缓步进入苏三监狱时，因为这著名的唱词，我们仿佛能看见黑暗社会里的一点光亮，就像站在铁网内面对着有限的天空，这个挣扎在底层社会，身不由己的、柔中带刚的女人带给我们多少美好的欢愉。

　　这三个故事，三段或优美或伤情或悲愤的戏文，凝聚着历史，润物细无声地浸入中国人心头，化作他们的人生教条，无形中我们在这样的戏文中站立了起来。

　　之所以记下这三段，或者说记下这三部戏，是因为它们发生在山西，我们这古老亦厚重的表里山河，风呜咽，山回响，河震荡，为世界提供了文明的传序基因，这真值得自豪，值得擎酒一杯高歌一曲。

　　而梳理一下，发生在山西的戏，又岂止是这些，《火烧绵山》《铁弓缘》《百里奚认妻》《访白袍》《汾河湾》《千里送京娘》《高平关》《金沙滩》《北天门》，等等，等等，都有一个山西之地来承载。我们是一个戏的王国，戏曲大省，之所以谓大，在于它的宽度、厚度、高度。不服？有戏为证。

　　而在这些戏文后面，隐约行走着许多青衫书生，他们懂礼懂乐有理有节，他们失意时进入戏园，把他们的才情和气节挥洒入戏文，那些抗争、隐喻、教世的意义便出现了，他们有的留下了名字，比如关汉卿、王实甫、白朴，有的连名字都没有，却共同撑起了中华戏曲的审美桌案，他们的锦心绣口为我们留下这么多千古篇章。试想想，若没有这些青衫书生，我们的日子该有多么寂寞。

　　万千感慨，多少年只是化作了一幅场景：

　　一灯如豆，一个斜襟右衽的女人，头发已白，面容苍老，一边缝补衣服，一边对一黄口小儿讲述从戏中得来的故事，故事里的人物在小儿的眼前走出并晃动，然后缓缓与小儿合二为一，小儿便眼神炯炯，身体健壮起来。

　　一代又一代。

2.一篇流光溢彩的祭文

很多年前，我看过毕星星撰写的一篇文章《舞榭歌台，风流总被雨打风吹去——新世纪的忧思》，印象很深刻，捧着文字竟然就泪流满面，在他的文章中，我看到了戏曲的走向和结局，纵使我们再爱它，也觉无能为力。

很多年以后，我才知道这是他《大音绝唱》的最后一节，他写的是蒲剧的历史，却也清醒地为戏曲写了一纸祭文，他说，运城政协的安永全主席曾因为这一纸祭文，当他对酌，相对无言。其实，我看到的时候，也想和他三杯两盏淡酒，把酒当哭。而那个时候，我并不认识毕星星。后来为寻找《大音绝唱》，兜兜转转的，总算认识了，我提起这个祭文，他说也是他的钟爱。

今天提起毕星星，是要引用他的文章（有删节）作为我想表述的：

中国戏剧对民族文化的构成影响，不能算计。戏剧对民族性格民族心理的铸造，这个塑形车间，千山万水，千家万户，忠孝节义，仁义礼智信，就这样一代一代继承下来，成为这一种群区别于另一种群的精神内涵。无形资产，意味着无论你有意识无意识，它都要终生伴随你，成为你做事想事的规矩。

韶光短暂，自九十年代起，戏曲终于盛极而衰，日渐陷入困境，现出了萧条没落的末路征象。

那种万人空巷人流拥堵去看戏的场面早已成为过去。剧院门口早已不见了排队拥挤抢购一票的场面。剧场里也经常是稀稀拉拉的半场或大半场。电视、歌舞、小品、各种各样的通俗表演时尚表演都在分流观众，看戏，已经不是艺术欣赏的必要。

年轻观众转向去追逐时尚艺术，戏曲观众队伍明显老化。进了剧场看戏的大多是中老年人，观众的断代，使得戏曲的前景更加令人忧虑。

一个爱戏的朋友对我说，现在不要说看一个戏剧专场了，一台节目，就是加上一段戏剧清唱，年轻人一见，也站起来立马走人，这已经不是不爱，简直成了讨厌，在剧场看到中途退场的情景，看着年轻人毅然决然的表情，惦念戏剧的前途，感到不寒而栗。

没有观众，没有票房，剧团失去了往日的风光，日子越过越艰难，市一级剧团依靠政府的补贴，还在勉力支撑，县剧团早已放任自生自灭，剧团收入低，待遇差，住房医疗保险等一系列问题没有着落，感觉就是命悬一线。剧团养不了人，当然留不住人，演员人才流失，已经不是新闻。演员的整体素质综合素质也在滑坡，当年的蒲剧五大演员之一的王秀兰能演300多出戏，花旦闺门旦小旦刀马旦青衣样样来得，现在的名角多是围绕着自己的本色表演会那么几出戏。行当不全，好些剧目早已久锁深闺无人问津，大量的配角看到前途黯淡，提前走人，如此种种，又从整体上导致地方戏传统剧目大量萎缩。

这一切，最终一个指向：导致传统戏剧濒临灭亡。

全国的戏曲剧种消亡，在山西尤其突出。上世纪50—60年代，全国共有367家地方戏剧种，其中50个是新生的。到本世纪初，现在还在演出的剧种不过200多个，而且上座率很低，1983年统计，山西尚有49种地方戏剧种，目前存活下来的只有28种，而且不能保证演出。

政府尽管举行过多次活动，加大支持力度，汇演啦，评奖啦，演艺圈内自己热闹，也无力改变"台上振兴，台下冷清"的凄凉局面。评奖活动多了，竟然专门产生了一种"评奖戏"，专家们看完拉倒，回去根本不打算演出，戏曲现在只不过是靠输血苟延生存。

戏曲当然不甘心认输，它拼命挣扎，它移植话剧表演艺术，丢盔卸甲搬弄现代戏，它向歌舞出让地盘，向时尚流行暗送秋波，和通俗表演眉来眼去，这让它越发不像自己。事实说明，所有这些，不过是它消灭自己的另一种方式。

戏曲，越来越失却表演价值，越来越成为看取传统的一扇窗户。

中国传统戏曲已处在消亡的边缘，甚至有人断言：它已经消亡。

二十多年过去了，电视和它导播的时尚艺术早已改变了我们的生活。今天就是在他们的围剿中，传统戏曲已经被逼迫得奄奄一息。通俗歌曲、流行歌舞、电脑网游，各色各样的时尚旋风，把年轻一代紧紧拉拢在他们周围。整个社会风气业已发生根本改变。后起的现代化迅速包围了大地上那些古老的事物，令他们丧失了存在的道理。曾经的价值连城，突然就被宣布为落后的过时的无足轻重的，你甚至来不及反应。

依据克莱夫贝尔的著名定义，艺术是有意味的形式。戏曲这种古老的程式化艺术，更加典型，它是一种具有深厚意味的形式，没有起码的理解训练根本不得入门。于是娱乐的人们遇到戏曲，一哄而散，转过头去接受那些"入口即化"的即食即弃的文化快餐。比如肥皂剧、小品、笑话。再走向极端，就直接收看谈话节目。电视里谈话节目大行其道，和欣赏群体的趣味无疑有关。因为这个，不需要任何欣赏水平都可以进场享用。

生活方式改变，戏曲业已不再成为主流娱乐方式。无论如何振兴，也难以逃脱边缘化的命运。

戏曲，就这样远离了我们。

波兹曼曾经感叹，自从有了电报，事情就出现了预想不到的变化，从此我们进入信息垃圾包围的岁月。电视和互联网变本加厉，进一步使这一切登峰造极。自从有了电视，文化的灾难就开始了。中国传统文化的花树，日益被茂密的无用信息所闷死。它散布的消费至上、娱乐至死的风气，进一步毒化了社会精神。在这种精神氛围中，传统文化定将死无葬身之地。

以美国电视业为象征的娱乐化平庸化，正在把我们心驰神往的现代化，变成一片文化沙漠和文化废墟。美国味道的电视文化消费，如水银泻地，日甚一日覆盖我们的城乡，让人从商业入侵闻到了文化殖民的味道。

文化改造文化建设的同时，也时时提醒我们遗忘和丢弃的罪过。

传统文化的乡土，正在大片大片地沦陷。

今日世道，西风盛炽，美国文化铺天盖地。民族文化在一片全球化的声浪中无可逃遁。中华民族面对的，难道不是三千年未有的大变局么？

戏曲的衰落，实际是中华民族传统文明衰落屈沉的蜕变史。

当然，戏曲的落伍，也有自身的原因。

中国传统戏曲的思想核心，总体上属于封建主义的意识形态。忠孝节义，仁义礼智信，忠孝仁爱，信义和平，智仁勇，尊孝悌，父慈子孝，君臣有道，礼义廉耻，亲爱精诚，轻生死、重然诺，各种表达方式略有差异，大致同一。传统戏曲包含的这些货色，显然已经不能适应时代需要。近代以降，中国传统道德逐渐转型。忠孝分别实现了由一元到多元、由专制到民主的转变进化。贞节也逐渐由酷理制约到真情取舍。旧戏的价值体系、审美理想、戏剧情境，与现代人的精神之间，更加产生了深刻的隔阂。义与利、理与欲、公与私，它们之间的对立关系早已不像历史所书那样尖锐对立，水火不容。所有这些，都剧烈地动摇了传统戏曲的思想之根。如果要和当今最新潮的实用性功利性文化对话，更如夏虫语冰，缘木求鱼。传统戏曲还能不能和当代生活、当代情感相对接，能不能成为现代人审美需求中一个组成部分？面对它，多少人面色凝重。

和面前的新生活相对照，戏曲距离太远了。他诉说的是另一个世界，另一种道理。

戏曲界的朋友们在一起，也经常悲观地议论：戏曲将来究竟是个啥样子，只有天知道。

戏曲还能够和当代中国经验继续对话吗？拟或如一些人所说，它已经丧失了和新生活继续对话的能力？

戏曲的主要阵地在乡村。只有到了乡村，他才感受到了来自心底的支持、友爱和温情。在中国，现在就是这个收入最低，社会地位最低的阶层，养活着最珍贵的传统戏曲。

应该感谢乡村社会这种超态的稳定。它不像城市那么跟风，它也就能够保留过去、保留遗传。本土文化的许多活化石，你只有在乡村才能看到。

你嘲笑农民的愚昧落后吗？不是，毋宁说这是一种从容一种镇定一种坚守。面对流行文化入侵，他们根本不曾乱了手脚。全球化的一个危险趋向，就是民族文化趋同化。声一无听，物一无文。"物相杂，故曰文"。抵抗这种新型的文化统一，保护民族文化个性，保护民族文化的根脉，保留濒临灭绝的文化物种，乡村承担着伟大的历史使命。戏曲的消亡衰微，既然包含着文化殖民的结果，保护这个"赵氏孤儿"，应该赋予抵抗侵略的意义。

一个没有唐诗、没有宋词、没有杂剧、没有戏曲的民族，他们喜欢干干净净没有来路的现代化。看戏，不再是娱乐，不再是闲适，业已成为一种文化反拨、纠正和抵抗。

　　率领我们抵抗的，是一群布衣蓑笠，锄头镰刀，粗茶淡饭，安步当车的农民百姓。

　　每当想到我在历史的残片中打捞的，和他们口口相传的是同一种文明，我不禁驻足凝神，仿佛找到了心心相印的知音同道。一群生死之交绝地相逢，大喊一声亲人啊扑过去，我们的眼泪扑嗖嗖掉落下来。

　　离别是辛酸的，隐痛的味觉总时时袭来。离别是绝情的，但想到已经有过千里搭长棚，今日也就长亭折柳吧。

　　……

　　他这一章，我甚至想完整地引用，那是一篇深切哀痛的祭文，但是太长了，太长了就要变成他的文章了。但是他又比较深刻地阐述了戏曲的衰落和曾经的抵抗。在说明戏曲现状的时候，我不得不引用。

　　戏曲死了吗？没死！

　　还活着吗？活着，但活得不那么敞亮，不那么占据文艺高地。

　　有人说，你没发现吗？人老了以后就开始看戏了，这样看，戏曲不会消失的。我摇头。

　　是的，有一部分人，老了以后会去看戏，这一部分人群是什么样的人呢？据我看，是60年代最晚70年代往前的人，因为这些人群，小时候听过戏，看过那种粉墨舞榭，老了以后，他会从戏曲的韵味中找回他的童年，然后迷上看戏的感受。还有一部分是在乡村长大的，他们的生活状态或许会发生变化，但是老了以后会回归。80年代以后出生的人呢？城市里的孩子面对的娱乐方式如此发达，他不会去看戏了，那些城乡接合部，或者在城市和乡村辗转的孩子，他顾不上看，而中国的乡村已经不再是传统意义上的乡村了，是没有孩子的乡村，是没有年轻人的乡村，是没有乡绅的乡村，是生活方式远远跟不上时代的乡村，已经谈不上看戏。

　　也许你会说，城市里有很多年轻人在玩戏曲。确实是有的，但那相对于中国庞大的年轻人群又占多少比例？戏曲式微，主要是时代的原因吧。高雅如唐诗、宋词，也不可能再现辉煌。现代教育，其实增加了不少传统的内容。找到戏曲的市场、受众、营利模式似乎更重要。多元价值的现代社会，戏曲不会再次成为主流文化，但应有其一席之地。

戏曲受众没有了，戏曲教育断代了，后续的人群无以为继。

再来看从业人群，也在呈递减趋势，文化中心区域发展还是可以的，毕竟也是一条生存之路，人员会纳入国家管理范畴，但是，你仔细分析便会发现，目前为止，成了角儿的，还是那些40岁以上的人，还是吃着80年代戏曲最后一次辉煌的老本的人，年轻人成名成角的太少，像王珮瑜这样的人凤毛麟角。像晋剧院提到的，舞美人员不好补充，它是个实在问题。而不是文化中心区域的城市，已经保存不了一个地方剧团和一个地方剧种，戏曲消亡是危言耸听吗？有多少东西已经只能在古籍里寻找了。那些被列为非物质文化遗产的东西，有多少只是一个记载？

是，农村人的坚守保留了戏曲，曾经采访过北方昆曲剧院，昆曲艺术家们在清末动荡时，躲回乡村保全自己，抗日战争爆发时，也一样躲到乡村去保全性命，是乡村让艺术家存活，艺术家存活，也就把戏曲保存了下来，尽管已经不是原初的模样。前面我们所讲到的晋剧一样是这样，在动荡的年代，全靠乡村以及乡民得以苟延残喘。我们甚至没有来得及说一声感谢。

在我看来，山西省连续两年组织送戏下乡，也算是一种隔世的答谢。

送戏下乡的过程，每个院团几乎都提到了一种情况，这已经成为院团的共性，那就是，乡民渴盼的眼神，他们拖家带口赶庙会的场景。这些情况还在证明着，乡村，不仅仅是坚守和保存戏曲，他们还是戏曲最大的市场。

前两年，曲润海老先生作为资深专家到河南调研，他写了这样的文章：

> 说起艺术市场，一些文化工作领导人或文化艺术宣传人员，就说沿海大城市和中心城市的窗口，别无其他。其实河南和中国中部地区，有一个广阔的农村或基层艺术市场。这个市场不一定窗口卖票，演出却是有价的，不是白看戏。他们走着庙会、包场等形式。这是一个初级市场，却是一个广阔的市场，河南基本上是这样一个市场，这个市场养活着河南县级剧团和民营剧团。这个市场往往不被高级官员和人士承认，却是客观存在。河南则承认这个市场。承认这个市场就是承认广大的农民群众和基层群众，这是一个基本的群众观点。支持戏剧艺术家为这一层群众写戏，导戏，演戏，是不折不扣的为人民服务的立场和观点，不能有

丝毫的动摇。

曲老先生一生钟爱戏曲，曾被人称为"梆子厅长"，他一生也写作了无数个剧本，并身体力行地推广和传播戏曲，他对市场的观察和判定是多少年的积累。

京剧名家叶盛兰生前曾说过：京剧来源于民间，它上过野台子，也进过宫廷，但不是什么戏都能进宫廷，它生长和延续的土壤依旧是民间，这么些演员，能给统治者唱的又有几人呢？观众还是人民啊。

就像杨仲义说过的，对于戏曲，其实国家层面也没有一个很好的定位，只是下大力来提倡，想要弥补二十年来市场经济化对戏曲带来的摧残，但没有好的定位，便无法对症下药，彻底解决问题。

这些年，其实国家投入还是很大的，国家艺术基金那是成千上万往下砸啊，可是成果却不很理想，排出来的好戏凤毛麟角，大部分只是把钱花掉了。

我们生活在这个时代，该为戏曲做些什么？再多的叹息和埋怨，都没用，不如在有生之年，多做点什么，这也是我写这部报告文学的初衷，在戏曲奔向没落的路途上，如果我们都能共同在这幅戏曲长卷上刻上一点划痕，作一点挽留，拖慢它没落的脚步，我们也能死而瞑目。

戏，要立得住，还要有好剧目，好剧目离不开好编剧，而实际上，目前的政策几乎把编剧一网打尽，没有地位没有前景的行业如何持续？作为我们，还要培养本地编剧，真正写得出属于山西的好戏。

全省应该抓好艺校，像抓一流好大学那样去抓艺校，艺校不能只培养唱歌跳舞的人，要为各戏曲剧种储备人才。任跟心用十年时间从娃娃抓起，抓出了一个小梅花蒲剧团，可是任跟心有多少个十年？又有多少个任跟心？所以，抓艺校为戏曲储备人才必须成为一个制度。当然，也得让人看得见从事戏曲工作的前景和希望，如果戏曲没有吸引人的地方，又如何抓起？拿晋剧院来说，它保留着事业编制，很多人为了这个还愿意进来。可，京剧院呢？其他院团呢？即使进来了，收入又怎么样呢？又回到市场这个问题上来了。

这就需要政府除了送戏下乡这个政策以外，把政策设身处地量体裁衣地倾斜向承载戏剧的这个群体。

而我们的戏剧演员，也要主动提升自己的文化素养，让自己的艺术越来越光辉，从而吸引更多的观众和政策进来。

总之，我的思考就是这样，保住农村市场，让城市完全市场化，政府再给予足够的倾斜。记得有人说过，社会的发展是科学和文艺作两翼飞行，文艺也需要像投入科学一样投入资金。而包括戏曲在内的传统文化是中国人的精神支柱，它属于无形资产，脆弱而美丽，但它是与外国人相比，最具辨识性的东西，它不能完全成为产品或商品，不能完全按市场运行，这样的传统文化构建了中国人的精神支撑和社会形态，我们必须保存下来，留住它逝去的脚步。

国家一直在提倡，写于国策，论于政坛，为什么提倡，就是因为它要消失了，快要被时光抛弃。

当我们仿佛从现在的政策中看到一缕曙光的时候，也许看到了一种繁荣，但它成长过程中失落的，被娱乐方式冲击的方面，一时半会儿还补不完全，它也就无法回返当初的辉煌，但只要方向是对的，传统文化的春天迟早会来临。

我相信。

3.唱过戏的父亲和爱看戏的我

父亲病了，病得不轻，差一步就在生死之间。

我再想起他时，却一直记得一个场景，他带着我去赶会，以前每个庙会上都会唱戏，他就把我放在肩头。小小的我就凌驾于众人之上，看那些水袖轻扬。我跟着他看戏，一场一场又一场。

那时候我不懂戏，现在慢慢懂了，也同时懂得了父爱，很多东西却回不去了。

父亲生了四个孩子，不知为什么，只有我一个人爱戏。

父亲爱看，也会唱，很多年以前，父亲年轻的时候，我们那儿几乎村村有剧团。我记得，父亲饰演《二进宫》里的老杨波，他生性温吞，没啥激情。他也在乐队里打小锣。家门口就是村里的大庙，父亲那一辈人总在庙里的舞台上唱戏，我也就一直跟着他。以前唱戏总是要闹到很晚，一出戏总在三个小时以上。我小，支撑不住，他们演着演着，吱哩哇啦唱着，我就在戏箱上睡着了。等夜深人静，看戏的人散了，我才被带回去。冬夏皆是如此。

父亲爱看戏的爱好跟了他一辈子。

后来，剧团没了，但村村到了特定的节日，要唱戏，唱戏敬神娱人，就外请戏班子。他没机会唱了，就一个村一个村地看。村村通工程开通以后，每个村子能通公交车，他去时更方便了。后来，得了脑出血出院以后，还自己偷偷跑出来，搭个公交，去很远的村子里看戏，然后再劳动别人找他。

有了电视，为了看戏，他总是开着戏曲频道，也不管别人是不是爱看。时兴 VCD，他就买 VCD，时兴 DVD，他就买 DVD，这样的东西看坏好几个，因此还存了一大摞光盘。

我记得以前，他还多看其他剧种，像上党梆子，晋剧呀蒲剧呀什么的，到很老了以后，就只看我们的家乡戏上党落子了。一个人看着看着，还能笑出声来。很多老唱腔他自己就会唱，听着听着，闭着眼拍着腿，沉浸其中，已经是背下来了，就那也百看不厌。

我上了中学以后，父亲买了电影机，他喜欢放映戏曲片，也就是那个时候，我跟着他看过越剧《追鱼》、京剧《徐九经升官记》、晋剧《打金枝》、北路梆子《金水桥》。尤其是夏天是坐在树下，电影机"吱嘎吱嘎"地响，戏曲片里唱着，父亲笑着，觉得那时候，很穷，却也很幸福。别人家里过年贴的是领袖啊什么的，我们家永远贴的是戏曲电影画，过了年，再把画取下来，围成炕围子。

在村里，邻居有一句取笑他的名言：老王啊，听不得个铜片响。也就是说，只要听到锣鼓声，他就坐不住了。其实，村里不只有父亲这么一个"老王"，有很多个"老王"，组成一个又一个爱看戏的庞大的队伍。

父亲看戏，浸入我骨子里。年少时看的戏，大约就是那么几部《忠保国》《王宝钏》等。我还能记得几个人的名字，有个唱花脸的叫王现才，第一次听他唱花脸就听呆了，这是啥唱法啊，嗡咚嗡咚的，也不知道从哪个部位发出声音来的。我知道《茶瓶计》，知道《红楼梦》，这些戏都进过京，上学时，常常靠讲这样的故事吸引人聚拢在我周围。我也知道郝聘芝、郭明娥等人。戏文唱的啥，自己是不管的，也不大懂。现在想想，那时候，只是喜欢几个旋律罢了。

这种对戏曲的爱，埋入骨头里后，开始经历求学、上班、结婚、生子，朦朦胧胧的人生几大段过去，尘埃落定以后，忽然戏曲的因子就复苏了，又开始看戏。常常是把孩子扔给老公，自己就出去看戏，好在工作单位就在自己的村庄旁边，也不远，到了夜晚还要劳驾朋友从其他村子里把我接回来。

说来也可笑，因为爱看戏，有一年单位本来要考虑我入党，竟然有人提出反对，说我爱看戏，这样不适合入党。哈哈，党不看戏？由此，让我笑了好多年。

看了家乡戏，不过瘾，开始向外跑，为了跑时方便，自己偷偷揣上钱，去买了一辆小奥拓，当然在此之前，已经有预谋地学了驾照。有了和自己体型相配的小车，自己开车天南地北地去看戏，京剧、越剧、黄梅戏、豫剧、河北梆子、昆曲，都看过了。

后来，还觉得不过瘾，自己把我们家乡一种名叫唐宫悦的酒，编了一个小说，一个与唐玄宗李隆基有关的小说。写的是李隆基别驾潞州时，曾到过我的家乡，与酒家女阿凤相爱，多年以后，李隆基返回京城一步步走上权力中心，而阿凤在没有告别的分离中去世。家乡人把这种酒送进皇宫，已是唐明皇的李隆基闻酒而醉，想起阿凤，遂赐酒曰：唐宫悦。一个很凄美的爱情小说，并不算成功，但是我把家乡的风土人情与酒结合在一起，一下子引起了市委（我的家乡是县级市，名叫潞城）领导的注意。后来这部小说被改编为上党落子《唐宫悦》，导演和编剧就是谢涛生命中最重要的两个人：雷守正和赵爱斌。我跟着看了一场又一场，唯一觉得不满意的是，这部戏没有出现我的名字。但我想，这是我的家乡，我为家乡而写，没有名字就没有名字吧，从此再不追究。这个戏后来被评为"山西省五个一工程"奖。

即使这样，也不过瘾，后来在参加作家们的一次采风活动中，我借出了老家剧团的行头，也是傻大胆，觉得都是作家、诗人，没有唱戏的演员，我也就敢露一手，记得唱了一段《程婴救孤》中晋国公主也即赵朔夫人的一段。台子下的掌声很热烈，我却浑身冒汗，下了台子，我就彻底打消了再唱一次的念头。穿上行头，嘴里唱着，手脚根本不知道该往哪放。这才知道，唱个戏，哪有那么容易？那是我唯一的一次扮上装。

后来，我学了《文王访贤》里周文王的一段唱，这段唱成为我的拿手段子，每次作家们活动，我都唱这一段，我开玩笑地说："我这辈子哪，就指着这一段活了。"但是开始还有人觉得好听，时间久了，终于有人提意见，我们都听了七遍了。好吧，终于腻了，可我还没学会其他段子，只好让他们再等等了。

有很长的一段时间，我都跟着剧团下乡，我吃他们的大锅饭，我也随他们住在乡下打地铺。在乡下，可以住的地方，都是村委会的大院或者大庙里，不可能有床，他们必须睡在地下。我跟着他们睡了一晚，就眼泪汪汪的。乡下的百姓爱看戏，这是他们最重要的精神生活，而我们的戏曲演员必须过着这样的物质生活。

我在心里发誓，我要帮他们，我买了好篷布，为剧团的每个人都配上一米多宽的一块，铺在地上可以挡潮。他们的身体已经多数有伤痛，这让我心疼。我拉着这些篷布送到乡下时，他们高兴地一块一块地裁开，一个劲儿地谢我。我却躲到角落里，莫名其妙地垂泪。

我追过戏，也因此受过委屈。去多了，闲言碎语就多起来，有人骂，有人嫌，当我知道以后，我痛痛快快地哭了一场，跟自己喜欢的家乡戏曲作了一个暂时的告别。其实那时候，我是不懂的，为什么我只是爱戏曲而已，他们要糟蹋我，即使到现在我也想不通。后来，我就谨记，我再爱戏，也要和戏曲人保持一定的距离。

这一点，更催成了我在外看戏的频率。对戏曲的了解就是在那个时候、那种条件下，一点点成熟起来的。

及至我到了太原，省城的氛围让我舒适，这里演出多，我更是由此结识了以前我不可能结识的戏曲人，看了许多以前要费很大的劲才能看到的演出。看了演出，我偶尔会写点戏评，写出我对戏曲的热爱，写出我对戏曲的感悟。没想到这样的评论竟然有了一些市场，以至于2018年登上了中国文艺评论网的平台。我撰写的《傅山进京发出的时代拷问》，在很短的时间内被热传，进而成为中国文艺评论网2018热门文章，连著名作家陈为人都说，这篇文章能被主流媒体认可并推崇，实在出人意料。我由此开心着。这些都积攒成今日我写作这本书的素材。

而我的父亲，越来越老了，家里陪伴我长大的电影机形同朽木，再也不会动用了，VCD、DVD，他也不会再用了。电视机买了坏，坏了买。没生病的时候，他在家里总是开着电视，在几个戏曲频道之间转换。哪怕看着看着就睡着了。

父亲在医院治病，我在床前陪着。那一天，一个即将进入手术室的癌症病人，小心翼翼地跟我说："让我听一段戏，好不好？"

我瞬间就泪如雨下。

那天，我的手机已经没有流量了，我依然开了手机，搜索到他爱听的上党落子唱段，直到他穿起病号服，被推入手术室。

尾　声

　　歌德曾说：戏剧是一个民族文化的集中体现。因为戏剧是综合艺术，集中了一个民族的文学、音乐、舞蹈、绘画和雕塑的成分，又体现一个民族的历史、文化观念和美学观念。

　　是的，一千多年来，中华戏剧容能容之形式和内容，既传承又革新，源远流长一直到今天。在古希腊戏剧、印度梵剧都已不见踪影的时代，中华戏曲还一枝独秀地坚强挺立，从而也影响了其他戏剧形式，话剧、曲艺等莫不以戏曲为滋养，在娱乐方式日益多元的情况下，它依然呈现着一定的生命力。

　　这是一个光彩斑斓的世界，用著名剧作家郭启宏在《李煜传》里的一段话可以言尽这里的美妙：这里可以疗伤，可以濯垢，可以打开深锁的门，进入另一个天地！这里无兵戈，有天籁；无鄙俗，有性灵；这里大音希声，大象无形；这里可以兴、可以观、可以群、可以怨；这里谢朝华，启夕秀；这里揽古今，抚四海；这里指事造物，穷情写物；这里见出自我，文不随人；这里气从意畅，这里思与境偕，这里雄浑，这里冲淡，这里自然，这里含蓄，这里绮丽，这里疏野。这是一个我们进来便不想走出的世界。

　　千百年来，无数的人沉浸入其中，不可自拔，为之欢乐为之忧，为之倾尽所有。是中华文化支撑着他们人生的光彩，又是他们呈现出来戏剧的风采。这样的戏剧，它直接或间接地塑造着中华民族的性格，使太多人尤其是没有机会接受教育的人，形成了一定的人生观、价值观和世界观。这个过程和结果是纯中国的，不可复制，不可超越。

　　我为了寻求一个秘密，开始了我长达两年多，甚而是倾我一生的寻找。

　　这个秘密就是戏曲流传千年的秘密，就是中华民族存在的秘密，也是中国人区别于其他种族的秘密。有了它，中国审美中国意象中国情怀都在，没了它，世界一片荒凉。

而这个秘密就在这些与戏剧有关的人身上，就在眼巴巴地看着戏剧人的百姓身上，他们的爱恨情仇，他们的悲欢离合，都是诉说。读懂他们，也需要爱与情怀。这个戏剧世界是敞开的，等你们进来，听他们诉说，真正去了解属于我们中国人的文化秘密。

一路走来，伴随着我记事多久，就喜欢了多久的戏剧，说不尽的悲凉横生。也一路和戏曲人缘聚缘散，像数学里的交集，创造出集合，也分离出空白。戏之源远流长，人之悲欢离合，都在这些文字里了，写到这里，百感交集，我的情爱、我的欢悦和疼痛都在这里面了。

在这本书里，我尽量用我的经历去串起山西戏剧的全景，用我遇到的那些人的故事，去串起山西戏剧史。我知道我的笔力不逮，自己也常常叹息，但我尽力了。

自从2017年开始，我走在采访的路上，与他们一个一个相遇，我挖掘这些人的故事，当我遇到讲述困难的节骨眼，我再去找别人问情况。这样一点点补全这里每个人的丰满，让他们的人性光辉更多地散发出来。这个过程，我甘之如饴。

断断续续地写了两年多，曾经一度想放弃，是这些人的丰采，是父亲进手术室前的一句话，把我拉了回来，我终于磕磕绊绊地写完了，终于可以跟自己说，无愧，无悔。

之所以有这本书，缘于张锐锋先生，那一年，我在写作的困倦中打转，他对我说，我们要写自己熟悉的题材，有这样一个事，你愿意写不？与戏曲有关。我一听就来了精神，喜欢戏曲多少年，文章写了不少，还没有正经写过一本书。当然，他是知道我喜欢戏曲的。当时，正是山西省送戏下乡一万场的开始。于是他把我介绍给了时任山西省演艺集团董事长贾新田先生。很快，我便开始了我的采访。写完第一稿8万字，我发给他看，心里是发怵的，他在散文界的造诣，我是仰望着的，很怕他批评。他确实也指出了存在的问题。我便返回去，重新写，写到第四稿（24万字）的时候，再发给他，他还是摇头不满意，我又重新再改。就这样，几番提点和重视，我才有了勇气一路写下去，一直到我改完第7稿。包括书名，也是他点头定下来的。在定稿的今天，我要郑重感谢张锐锋先生。

还要感谢杜学文先生、赵瑜先生，我也与他们有了几番沟通，才有了一改再改的想法和思路。

我在《映像》杂志社工作几年了，知道我爱戏，边新文社长总是有意识地把戏曲采访分配给我，这些积累也成为今天写作这本书的底气。我应该感谢我工作的《映像》和我的同事们。

还要感谢山西省演艺集团的一部分人，他们帮我联系采访，我的书中却没有出现他们的名字。但我在心里记得。

还有老厅长曲润海、郭士星、戏迷王培宾等人，无私地为我提供资料。

还有人我没想到，还有人我没写到，还有人在删减中遗失了身影，我只能在这里说一声对不起。

那一日，和一个朋友聊天，他叹息，活在戏里，有温暖，但总基调是悲凉的。我同意，因为我这本书的基调虽然有许多温暖，但整个走势是悲凉的，这由不得我。我想邀请更多的人，我们一起，把这点悲凉去掉，感受更多暖意。那有多好。

我曾经说过，戏曲是没落的贵族，它作为一个艺术范型，必然有着自己宿命的轮回，兴盛过就会衰落，并终究会从这个世界消逝，在这个消逝的过程中，使之留下印迹，我觉得这是我的使命。为戏剧做力所能及的事情，已经成了我的日常。我想，和这本书有关的人，都是这样想的。

不在看戏，就在看戏的路上，我还在行走。

70年庆典就要来临，还有很多名家戏友我还没有写到，好在，这只是一个阶段的总结，我还会继续写下去。

也许我和戏剧的缘分还没有终结，那我将在这本书付梓之时，稍作休整，继续出发。关于戏剧和山西戏剧发展，我还在求索的路上。

如果爱，请深爱。

那些水袖已经轻轻地飞舞，那些锣鼓已经密密地敲响，那些山西梆子腔已经高高地唱起了，你感受到了吗？

如果你看了这本书，还能有一点感受，以后，我们约在剧场吧？行不？

等你，如果要在前面加个期限的话，我不希望像周星驰一样是一万年，那太久，我希望只是一个电话的距离。

　　朱元璋还未做皇帝时，曾给一个戏班写过一副对联，上联是：日月灯，云霞帐，风雷鼓板，天地间一场大戏；下联是：汤武净，文武生，桓文丑末，古今人俱是角色。好一个"古今人俱是角色"，所有人都在戏中，好一个"天地间一场大戏"，天地便是舞台。遂拿来用作书名。

参考文献

［1］陈彦.说秦腔［M］.上海：上海文艺出版社，2017.

［2］毕星星.大音绝唱［M］.北京：作家出版社，2010.

［3］郭士星.山西戏曲概说［M］.太原：三晋出版社，2017.

［4］郭士星.孔尚任咏晋诗评注［M］.太原：山西人民出版社，2002.

［5］王芳.明心梅韵［M］.北京：中国戏剧出版社，2017.

［6］郭士星.王爱爱流派艺术论［EB/OL］.［2014-05-09］.http：//xi-jucn.com/html/jinju/20140509/56971.html.

［7］史玉秀.王爱爱戏曲表演艺术研究［D］.临汾：山西师范大学，2012.

［8］白燕升.大幕拉开［M］.北京：清华大学出版社，2014.

［9］毕星星.《三上桃峰》台前幕后［J］.中国报告文学.

［10］王国维.宋元戏曲史［M］.上海：上海古籍出版社，2011.

［11］余秋雨.中华戏曲史［M］.武汉：长江文艺出版社，2013.

［12］易中天.帝国的惆怅［M］.上海：文汇出版社，2005.

［13］临汾蒲剧院.蒲坛巨擘赵乙.内部图书.2014.

图书在版编目(CIP)数据

天地间一场大戏：一个作家眼里的山西戏剧 / 王芳
著. — 太原：山西人民出版社，2019.10
ISBN 978-7-203-11105-4

Ⅰ.①天… Ⅱ.①王… Ⅲ.①戏剧家－访问记－山
西－现代 Ⅳ.①K825.78

中国版本图书馆 CIP 数据核字(2019)第 213238 号

天地间一场大戏： 一个作家眼里的山西戏剧

著　　者：王　芳
责任编辑：阎卫斌　孙宇欣
复　　审：刘小玲
终　　审：秦继华
装帧设计：阎宏睿
出　版　者：山西出版传媒集团·山西人民出版社
地　　址：太原市建设南路21号
邮　　编：030012
电　　话：0351-4922220　4955996　4956039　4922127（传真）
天猫官网：https://sxrmcbs.tmall.com　电话：0351-4922159
E-m a i l：sxskcb@163.com 发行部
　　　　　sxskcb@126.com 总编室
网　　址：www.sxskcb.com

经　销　者：山西出版传媒集团·山西人民出版社
承　印　者：山西出版传媒集团·山西人民印刷有限责任公司

开　　本：720mm×1020mm　1/16
印　　张：21.25
字　　数：360千字
印　　数：1—3000册
版　　次：2019年10月　第1版
印　　次：2019年10月　第1次印刷
书　　号：ISBN 978-7-203-11105-4
定　　价：49.00元

如有印装质量问题请与本社联系调换